自由呼吸

王秋杨"7+2"探险全纪录

王秋杨　著

漓江出版社

序

多年来养成的习惯，写东西总是在大清早，万籁俱寂，安静的黑暗中蕴藏着无限随性自然的生机，仿佛混沌初开，元气充沛……后来发现，王秋杨登山的最后冲刺——登顶，大抵也是在这样的清晨，随着天空与世界的苏醒，一步一步迈向最高的地方，那时的艰难、喜悦、感动、震撼……我没有真正体会过，但我可以想象。

是什么驱动着她一次次的远行，徒步南北极点，登顶七大洲最高峰。

几年前，我写过一篇小说，一个来自沙漠的少年，听从内心声音的呼唤，按着北斗七星的指引，历尽流沙、强盗……最后寻找到属于自己的宝藏，小说的名字叫《天命》。

其实每个人心中都有自己的天命，从你降生的那一刻起，它就在你心中，伴随着你的生命成长……但在日常生活的侵蚀下，一切慢慢模糊，以至于面目全非，当某一天我们从梦中醒来，你突然发现，你找不到你自己，你不认识那个躺在床上的你，你不知道你在什么地方丢失了你……

王秋杨是个不学佛而天生具有佛性的人，她对尘世层面的自己和生命层面的自己有着本然的清醒……

王秋杨曾经说，在路上，那种快乐，那种感受，是唯一的，是谁也拿不走的。

路与规则只是为胆怯和懦弱的人设定的。当四面八方的风袭来的时候，只有勇敢地上路的人，才能体会到生命中最深沉的感动与领悟。而穿越了这样的风的灵魂，必然能够直面世界的真相，在那里，生命将焕发出无法言喻的尊严与光芒……这是十年前我给王秋杨第一本书写的序里的文字。

其实我们每个人骨子里都有"风的属性"，风从每一个人的身边吹过，从未停息。只不过太多的人，在时间的流逝和世事的磨砺中，不再去聆听我们耳边吹过的风声，淡漠了血液中属于风的那一部分的激昂与回荡。

我始终相信，这个世界有神的存在，那是人类共同意识凝聚的一种非物质的力量，它聚合在宇宙或另一个时空里。如《圣经》所说：上帝无处不在。亦如佛陀证悟：般若无知，无所不知。

王秋杨攀登北美洲最高峰麦金利之前，其实她的内心也有过挣扎，因为她觉得麦金利是她"7+2"必须去完成的"任务"。同时，麦金利作为"7+2"里最危险的技术型山峰，给了她某种心理压力，身体也随之抱恙，发烧、腹泻。一天晚上，她问小儿子多多："妈妈不登麦金利了好吗？"多多毫不思索地说："你怎么能不去呢？妈妈，这是你的使命！"

我始终相信，那一刻，是这个世界在向她预示，通过孩子的声音，说出她心底早就懂得的东西，"7+2"是她的天命。

第二天，王秋杨的身体出奇地"痊愈"了，背起早就准备好了的行装，踏上了麦金利的攀登之路。

王秋杨登顶阿空加瓜是2009年元月2日，我在柿子林写剧本，早晨5点起床，出卧室门时，忽然听见王秋杨叫我的声音。我诧异非常，这种异样从未经历过。望着窗外的黑暗，我在手机上记录下这个时间和这个奇怪的征兆，心里翻腾着各种可能，不祥之感如同翅膀在寂静中无声地滑翔……直到上午9点半，收到王秋杨秘书群发的短信："王秋杨于北京时间今天早晨成功登顶，现已撤回3号营地。"我悬着的心这才归于平静。第二天傍晚，王秋杨从山下小旅馆打来电话，说昨天登顶时，遭遇暴风雪，身体失温，一度进入弥留状态。我找出手机上的记录发给她，王秋杨说，那时候她的"灵魂"好像已经离开了身体，漂浮在北京的上空，看见了爸爸和贝多在客厅吃饭……就在那天晚上，家里一只养了十多年的乌龟，忽然死了……

那年发生了阿空加瓜史上最大的山难，先后七人陨落了生命，王秋杨其实是第一个遇险的人，但她的灵魂奇迹般地在天上飘荡了一会，又安然地落到了地上……

王秋杨在几乎失去生命的昏迷中醒来的第一句话是：登山真好……

我为她的这句话感动不已。这是那个"真正的她"——不是王秋杨，更不是她身上的头衔、光环，就是那个最真实最本真的"我"，对世界万物、对自己，发出的最真诚最感动人心的告白与呼唤。

人只要有梦想，天地万物就会赋予你实现梦想的力量，山川河流、万事万物，都会在你心的感召下律动。当梦想照进现实，无论你在哪里，刚刚启程，还是在路上，或是已经到达终点，你都会有一种谁也拿不走的快乐和感动……这是真正的你在快乐，在感动。

登山也是一种修行，让你在极端的环境下，不知身处何处，不知今夕何夕，甚至不知道自己是谁，当"自我"在瞬间崩塌的时候，我们的心便裸露了出来，坦露在阳光下，接受着自然和微风的洗礼……是的，只要坚持，只要相信，我们就能到达自己生命的"极点"与"最高峰"，我们就能在那里尽情地——自由呼吸——

是为序。

张宝全

2012年6月24日凌晨　于柿子林卡

王秋杨·户外历程

1998年	随中国科考队穿越"西风带",赴南极探险。
2000年	背包乘坐火车漫游欧洲。
2003年6月	自驾车由青藏线进、新藏线出,考察阿里地区原生态教育。
2003年7月	自驾车穿越新疆罗布泊无人区。
2003年10月	出版第一本"在路上"之书——《极度体验》。
2003年10月	捐款1000万元,在西藏阿里地区修建四所"苹果学校",创办"苹果基金会"。
2003年10月	登顶云南哈巴雪山(海拔5396米)。
2004年5月	登顶四川四姑娘山二峰(海拔5454米)。
2004年7月	登顶欧洲最高峰——厄尔布鲁士(海拔5642米)。
2004年8月	登顶新疆慕士塔格峰(海拔7546米)。
2005年2月	攀登非洲最高峰——乞力马扎罗(海拔5895米)。
2005年4月	徒步北极,到达极点。
2005年7月	登顶西藏启孜峰(海拔6206米)。
2005年8月	在阿里地区"苹果学校"开学、"赤脚医生"工程启动之际,自驾车再赴阿里,由川藏线进,滇藏线出。
2005年12月	登顶南极洲最高峰——文森峰(海拔4897米)。
2005年12月	徒步到达南极点;
2006年5月	携两个儿子登顶四川四姑娘山大峰(海拔5025米)。
2006年10月	登顶世界第六高峰——卓奥友峰(海拔8201米)。
2006年11月	出版第二本"在路上"之书——《风过高原》。
2007年2月	携两个儿子登顶非洲最高峰——乞力马扎罗(海拔5895米)。
2007年5月	登顶世界最高峰——珠穆朗玛峰(海拔8844.43米),成为首位到达"地球三极"(南极点、北极点、珠峰)的华人女性。
2008年1月	自驾车穿越世界第二大沙漠——新疆塔克拉玛干大沙漠。
2008年6月	出版第三本"在路上"之书——《只为与你相遇:王秋杨的珠峰日记》。
2008年6月	作为2008年北京奥运火炬手,在西藏拉萨完成奥运圣火传递。
2008年10月	徒步西藏墨脱——当时全国唯一未通公路的县。
2009年1月	登顶南美洲最高峰——阿空加瓜峰(海拔6962米)。
2009年5月	西壁路线登顶四川雪宝顶峰(海拔5588米)。
2010年2月	登顶大洋洲最高峰——查亚峰(海拔5030米)。
2010年7月	登顶北美最高峰——麦金利峰(海拔6193米)。

厄尔布鲁士
"菜鸟" 的欢乐之旅

2004年7月，登顶欧洲最高峰厄尔布鲁士，我的"7+2"第一站。

那时的我真的不曾想过，有一天我会完成"7+2"。

2003年我才开始登山，登顶过云南的哈巴雪山和四川的四姑娘山二峰，还是不折不扣的一枚"菜鸟"，也就像所有"菜鸟"一样兴致勃勃、热情高涨，一大帮朋友兴冲冲地要去登欧洲最高峰，一声招呼，我就很开心地跟着去凑热闹了。

厄尔布鲁士峰（以下简称"厄峰"）在俄罗斯西南部，属于高加索山系大高加索山脉的博科沃伊支脉，海拔5642米。真正开始登山之前，我也和很多人一样，以为欧洲最高峰是阿尔卑斯山的勃朗峰。原来在上世纪50年代之前，厄峰是否属于欧洲，一直没有定论，也就让海拔4810米的勃朗峰权且先当了许多年的"老大"，后来学术界达成共识，以大高加索山脉的主脊作为亚欧分界线，正好把厄峰给分到了欧洲，凭借高出800多米的优势，它毫无争议地成为了欧洲最高峰。

我们7月1日出发，从北京飞到莫斯科，到酒店集合起来一数人头，16个！真是一支不小的队伍。而且队员的"成分"还真复杂——

有国家级的专业人士，比如我们的队长王勇峰，我们都喊他"队长"或"王队"——登山圈里不出名字直接叫"队长"的，就他一位，别无分号。

有经验丰富的高手，比如王队的两个助理次落和孙斌；还有来自深圳的曹峻，他曾是北大山鹰社的社长，后来成为深圳市登山协会的秘书长。

也有德高望重的登山圈的"老大哥"，比如万科的王石，说起来，还是他将我带进了登山的世界，也是他介绍我认识的王队，对我来说，他是我尊敬的"大哥"。

当然还有像我这样的"民间登山爱好者"更是来自五湖四海，身份五花八门，有《新周刊》的主编孙冕（人称"孙爷"），华大基因的科学家汪建、蔡大庆，央视的江万红，建筑设计师于露，商界精英王克明、王威、孙弘……平心而论，也不能说都是"菜鸟"，应该说水平"分布不均"，因为也有"自学成才"的"民间高手"，比如《华西都市报》的记者刘建，人称"建哥"，算得上中国记者圈子里登山的"第一人"；比如湖北佬杨险峰，外号"两个塘"，实力也很不错，只是相比较而言，不是那么"专业"。但这又有什么关系呢，我们对山的感情，并不比那些"专业彪悍"的登山者来得少。所以我们自我调侃，说我们是一帮"老弱病残"的"麻膜队"（小儿麻痹症和脑膜炎的队伍），可是我们也爱户外，也爱山，用我们的方式，一样的真诚，一样的充满喜悦与感动。

后来，"麻膜队"的优良传统就一直保留了下来，我们设计了队标、队旗，组织了论坛，经常聚会和活动，直到现在。

回头说厄峰，在莫斯科待了一天，我们飞往矿泉城（Mineral Vody），这是前往厄峰的"中转站"。这一趟的飞机可真让人开眼界，是一架老掉牙的TU134，行李舱都没有盖，就用橡皮绳拦着，座位都是晃晃悠悠往后倒的，安全带也系不上，提供的食物和水还不是免费的，大家叹为观止。

矿泉城的机场不大，我们十六个人，加上大包小包的登山装备，感觉满机场不是我们的人就是我们的东西。没有手推车，所有的装备都得自己搬运。中间还出了点小意外，王克明被警察带走了，因为他在机场拍了张照片，最后好说歹说才把他"捞出来"，还是罚了1000卢布。

下了飞机又坐上大巴，破旧程度和飞机有得一拼。大巴开着就进了森林，夏日里俄罗斯的森林非常美，像油画一样，每次到俄罗斯，我都会觉得这片土地真是丰富而深厚，"地大物博"。

4个小时的车程，到了厄峰脚下的小镇（Terskol）。厄峰也算是自然条件得天独厚了，登山、度假、滑雪、观光都很适宜，所以从前苏联开始，就致力于在这里打造一个运动基地和观光中心，也算是初具规模。尽管如此，小镇给我们的感觉还

在莫斯科机场，我这么"争分夺秒"看的书是一本普京的传记——普京是我的偶像。

第一天的适应性训练，我的状态很好，非常开心。（从左到右）我、孙弘、我们的女向导伊莲娜。

是有一种"旧日老时光"般的悠闲缓慢，质朴简单。

我们住的小旅馆也是如此，房间很小，床也很小，吃晚饭的时候看到许多肌肉发达的俄罗斯壮汉，原来是俄罗斯摔跤队在这里进行赛前训练，和我们住一个旅馆。我一直在琢磨他们怎么睡得下那么小的床。

旅馆外就是厄峰。厄峰是"双子峰"，主峰在西，海拔5642米，辅峰在东，5621米，因为它不在大高加索山脉的主脊，周围没什么特别高的山峰，而且大高加索山的北坡比较平缓，就显得厄峰格外高大。

我们这次登厄峰有两个向导，一男一女，女向导叫伊莲娜，听说她和她先生都是理科博士，登山是爱好，当向导是副业，真牛。

更牛的是另一个向导弗拉基米尔，他的父亲列别斯基上世纪五十年代曾担任中国登山队的教练，1958年还曾经和中国队在珠峰进行勘察，确定1960年中苏联合攀登的路线。后来联合攀登的计划没能实施，列别斯基一直很遗憾。如今老先生已经不在了，弗拉基米尔在厄峰脚下见到我们这队中国人，还是觉得特别亲，一直说他和中国有缘分。

适应性训练途中，厄峰一直没有离开我们的视野。

　　开始两天我们进行适应性训练。第一天登一座3000多米的小山峰，一路上风景极美，厄峰一直在眼前，好像跟着我们走一样。总有一种伸手就能碰到，走着走着就能上去的错觉。

　　汪建和蔡大庆不愧是科学家，带了一个华大基因出品的血氧仪，以科学的态度进行登山运动，到了山顶就给大家测血氧。这个血氧仪特别简单，只要把手指放进去，就能够显示出血氧含量。孙弘觉得这个动作很"微妙"，给这台小仪器取了个别名——"赛老婆"，大家笑坏了。我的血氧含量居然比次落还高，表明我的高山适应很好。

　　适应性训练用了5个小时，回来吃东西特别香，我们还痛痛快快地喝了啤酒，睡了个舒服踏实的午觉，这里纬度高，又是夏季，到了晚上九点天都不黑，总是阳光明媚，让人感觉很幸福。

　　第二天的适应性训练有点"来真的"了，先坐一段缆车，然后爬上3500米，厄峰的雪线在3200～3500米，所以到3500米，地形已经是冰雪和岩石的混合了。但我们走的还比较轻松，太阳很好，雪地里一点都不冷，周围很多游人都穿着短裤，好几位男士都光着膀子，我也脱得只剩一件单衣。如果不了解实际情况，只看照片，肯定以为我们都发了疯。

休息了一会儿，分吃了曹峻带的葡萄干。然后几个背了滑雪板上来的弟兄们潇洒地滑下山去，我们也跟着优哉游哉地下了山。到了山下，又是一顿啤酒烤肉！好吃！深深地感觉到登山过程中，每一刻有每一刻的美好，都值得好好品味享受。

第三天我们进大本营，早起听说山上有一个人遇难了。登山就是这样，比在日常生活中更清晰地感觉到生死之间只有一瞬，而这也是登山的组成部分。

进大本营要坐三段缆车，每人每段100卢布。滑雪的人很多，坐缆车要排大队。因为不冷，滑雪的人都穿得很少，所以动作和体态特别清晰，也特别漂亮，好多女孩子穿着三点式比基尼，衬着雪山和雪地，太梦幻了。

大本营（Barrels）在3900米，被叫作"厄峰易拉罐"，是一间间圆滚滚像大铁桶一样的房子，每间5～6张床，就登山大本营来说，条件相当舒适，厕所也很干净。还有很舒服的餐厅，厨娘拉吉尔是典型的"俄罗斯美女"，非常丰满、非常爽朗，孙爷和建哥都大为倾倒，"两个塘"便送了厨娘一个外号，叫"吴妈"，笑话孙爷和建哥的表现很"阿Q"。后来我们才知道，拉吉尔可不是普通厨娘，她曾经是滑雪运动员，还得过苏联全国冠军。常常看见她忙完厨房里的事儿，就夹着滑雪板上山，潇洒极了。

在大本营安顿好，我们又出发去做适应性训练，继续往上走，一直走到4200米的"大碉堡"。王队告诉我们，这个"大碉堡"曾经是著名的"厄尔布鲁士大饭店"，是前苏联为那些登顶后不能当天返回大本营的登山者修建的"公益建筑"，一座圆形的二层水泥建筑，窗户很小，能够抵挡强风和严寒。可惜这座"大碉堡"已经在一次火灾中被烧毁了，不过现在登顶的人都是当天返回大本营了。

二战的时候，围绕着这座"大碉堡"，苏军和德军还曾经展开过激烈的厄峰争夺战。这也是厄峰乃至世界登山史上重要的一笔。

因为厄峰是里海与黑海之间地峡上的最高点，早在1829年，俄国将军埃马努耶尔就认识到厄峰的战略地位，曾指挥士兵攀登厄峰，确立军事制高点。但到了二战期间，1942年8月，德军的高山部队几乎没有遇到什么反抗就占领了厄峰，并以"大碉堡"为据点，升起高空载人气球，把炮兵观察人员送上了天。

对苏军来说，这是一件很麻烦的事，从厄峰大碉堡升空的德军观察气球，正好将前苏联主要石油产地巴库油田看得一清二楚，而那时德军已经占领了巴库油田，厄峰4200米的"大碉堡"内部，烧毁它的那场火灾痕迹依旧。

苏军每次向油田派遣军队，动向都被高空气球上的德军观察哨看得一清二楚，德军等于是通了"天眼"。所以苏军下了狠心无论如何要夺回厄峰，干掉德军的"天眼"。

但是对于没有受过登山训练的苏军士兵来说，厄峰实在是太难打了，尤其是受到黑海和里海冷暖气流的影响，厄峰上气候变化非常快，苏军士兵常常是还没有接触到敌人，就因为高山反应或严寒失去了战斗力。

后来苏军召集了战前攀登过厄峰的登山者，以他们为核心组建了一支2000人的高山部队，经过艰苦战斗，在1943年12月，消灭了厄峰的德军，重新夺回了这个战略制高点。

在烧毁的大碉堡前听到这个故事，对于军人家庭里长大的我来说，真是心潮起伏。想想60多年前在这里浴血奋战的苏军战士，他们中的许多人，在和平时期，应该也是像我们一样的登山者，也曾经像我们此刻一样仰望厄峰，一样为了登顶而进行适应性训练，一样期待着登顶的时刻。可是面对侵略，他们从登山者变成了军人，他们的登山经验成为打击德军的有利武器，我不知他们中有多少人牺牲在这里，但我在心里默默地向这些前辈致敬。

按照登山的惯例，我们这支大部队被分成了AB两组，A组队员计划第二天攻顶，我被分到了B组，比他们晚一天，多了一天的适应性训练。

　　A组登顶的那天，我起床后就远远看到咱们A组队员的身影在山峰上，他们已经到了4900米的位置。

　　下午4点左右，接到A组队员的消息，他们成功登顶，开始下撤，除了次落，都说累得走不动了，强烈要求我们开出"秘密武器"去接他们。

　　所谓"秘密武器"，其实是一种履带式雪地拖拉机，驾驶室坐不了几个人，但顶上可以装不少人，视野好，还挺威风。于是我们就开着拖拉机，把登顶成功的弟兄们装在顶上拉回来了。

　　回来后他们大谈登顶感受，都说比想象的艰苦。特别是汪建，大家描述他躺在顶峰"仰天大吐"，一拍照就爬起来摆pose，拍完了继续躺下仰天吐。虽然听起来很辛苦，但想象一下也挺有趣的。

　　正说得热闹，王队轰我们去睡觉，我们B组计划凌晨两点半起床，4点前出发，先坐雪地拖拉机到"PASTUKHOV"石堆下面，然后攻顶。

　　我一夜没怎么睡好。凌晨两点半，王队一个房间一个房间开灯叫起床，3

初升的阳光照着我们的登顶之路，积雪在我们脚下闪闪发光。

点吃饭，3点半准备，4点前出发。坐上两台雪地拖拉机，我们不到5点就到了"PASTUKHOV"石堆下面，然后向着顶峰前进。

　　我一直有点忐忑，因为正好这两天我来例假了。登山就是这样，即使你觉得把一切都安排好了，还是会出现无法避免的意外。这个时候，山不可能迁就你，你也不可能因为出现意外就放弃登顶，所以最正确的做法大概就是"见招拆招"，克服意外继续向上。

　　开始的时候我感觉很好，5点半就到了4700米，这时太阳出来了，明亮的清晨的阳光照着雪地和山峰，壮丽极了。走在洒满阳光的雪地上，感觉雪地就像波光粼粼的湖面一样。"厄尔布鲁士"这个名字的来历，有一种说法是这个词在古代有"闪烁"、"熠熠发光"的含义，形容积雪在阳光照射下反射闪亮的景象。我觉得这个说法很有道理。

　　但是随着太阳越升越高，我的兴致越来越低，越走越吃力，因为一直在爬坡，都是那种"熬死人"的大缓坡，感觉翻完一个坡又是一个坡，永远到不了头似的，而且爬着爬着就看不到顶峰了，更觉得没有了希望。说实话我有点怕这样的大缓坡，望山跑死马，走了半天，海拔也没有上升多少，特别消耗人的意志力。到后来我开始不停地问向导还有多远，他总是回答"不远了不远了"。我明知他的回答没什么意义，就是在安慰我，但还是忍不住要问，说明这时候我的精神已经有点脆弱了。

　　8点的时候，我们终于走到了主峰和辅峰之间的"鞍部"，这里是5400米，我已经累得不行了。好消息是到了鞍部，可以把背负的东西都放下，轻装上阵，走完最后的这一段。坏消息是这是厄峰最危险的一段，攀登厄峰出事故，多半都是在这里。

　　我们在鞍部休息了一会儿，放下东西向上攀登了大约40分钟，然后开始向顶峰"横切"，这一段坡度挺大，我亲眼看到前面有一个人从上面滑下去，一动不动了，还好后来听说只是受了伤。

　　到最后一段要挂上安全带，王队拴着我，向导在旁边。

　　拴好安全带，继续爬坡，这段坡不仅走起来很艰难，更难受的是顶峰正好被挡住了，人在艰难前进中看不到目标，就会对前行失去信心。攀登到此刻，体力已经消耗得差不多了，再没有顶峰在视线中起到激励作用，我都要崩溃了。实在忍不住又问向导还要多久。向导回答还有25分钟。我一点也不相信，觉得他肯定在骗我，

欧洲最高峰，我们来了！（图为我和孙弘）

还得走几个小时也说不定。又去问王队，他也说还有25分钟，然而这时候我连王队也不相信了。

但就在这个时候，翻过山脊，顶峰几乎是一下子蹦到我眼前来了！

真的就在眼前！真的只有25分钟的路！

那一刻，我简直不敢相信自己的眼睛，眼泪哗地一下涌出来，又惊喜，又感动！又像是"啊，我终于见到你了！"的激动，又像是"你怎么才来啊！"的委屈。明明在掉眼泪，但感觉真好。

果然人们都说攀登厄峰，看到顶峰的时候，与登顶就只有一步之遥了。

但就是这最后25分钟的路，我彻底体会到了什么叫"强弩之末"，什么叫"道行百里九十其半"，都不记得自己到底休息了多少次，好像怎么也走不完这最后的25分钟。只记得最后眼看着真的就只剩几步路了，还休息了四次。这时孙弘和曹峻挽着胳膊，唱着《婚礼进行曲》就上去了，我各种羡慕嫉妒恨地看着他俩的背影，状态真好！

11点15分，我终于登顶了！

一共用了6个半小时。

顶峰地方不大，一侧是悬崖，我站在那里，感觉还是特别不真实，有点恍惚，糊里糊涂地拍了照，就跟着王队下去了。

下到鞍部，我累极了，垫着背包，穿上所有的衣服，倒头就睡。睡了一会儿，被王队和杨险峰摇醒了，杨险峰说："不死就走！"

那就走吧。

走了一会儿，忽然就清醒了。后来和大家说起来，好像都是走到那个地方的时候，觉得特别累。因为热爱化石所以对地质也颇有研究的建哥认为那里有特殊的矿藏，影响人的状态，让人头晕。

也不知道往下走了多久，遇到来接人的雪地拖拉机，王队说我的状态挺好的，鼓励我自己走下去。我才不听他的，赶紧爬上雪地拖拉机，抢了个座位。

回到大本营，是下午4点，我坐在暖和的餐厅里喝着咖啡，人还是木木的，一句话也不想说，埋头吃了点东西，回到房间，栽进被子里就睡着了。

睡了一个多小时，快7点的时候我醒了，又摸到厨房吃东西。慢慢地，觉得就像有一层什么东西一点点地融化了，一种喜悦的感觉像一点小芽一样冒冒地蹿起来——哈哈，我登顶了欧洲最高峰！

很奇妙的，随着我醒过劲儿来，周围的气氛仿佛也跟着越来越热烈，不知是谁领头开始唱歌，歌声越来越响亮，我们也越玩越疯，男队员们拉着伊莲娜和"吴妈"开始跳舞，孙爷最疯狂，跳着跳着跳上了桌子，开心得一塌糊涂。

第二天我们回到小镇，接下来的几天就是休整和玩儿。

真的是难以言喻的幸福时光，厄峰还在我们身边，而我们已经到达过它的顶峰，整个人仿佛再没有任何忧虑，一种近于圆满的单纯的放松状态。

回到小旅馆我先洗了个澡，真温暖、真干净，经历了山上的寒冷和疲惫，对这种温暖干净的感觉会觉得特别享受和留恋，所以登山下来的人只要条件许可，洗澡都会洗上老半天，舍不得离开热水。

洗完澡才发现自己的右脚上磨出了三个大水泡，前一天竟然一直没有发觉。

午饭还是烤肉啤酒——这些天我们跟烤肉啤酒干上了，大家都喝高了，东倒西歪，又唱又跳。在大本营时孙爷的疯狂就把大家惊了一把，没想到下来了他更疯狂，脱光了上衣跳上桌子跳舞。在他的带动下，建哥、"两个塘"他们几个比较豪放的男生都脱了。又不知谁从哪儿翻出了油彩笔，大家抢着在他们身上涂鸦，涂得乱七八糟，一个个乐不可支。刚从山上下来，人的感觉会变得特别敏锐，一些平时觉得很寻常的事情，都变得很享受。好像掌管喜悦的神经变得特别灵敏，一点小事就觉得很开心，就像小孩子一样。

说到小孩子，就看见一群小孩踢足球，"返老还童"的弟兄们都冲上去和小孩们"对阵"，边踢边叫，踢的人看的人都笑得东倒西歪。在镇子上集训的那帮摔跤队员正好路过，看到我们在和小孩踢足球，纷纷跑上来为孩子们助阵，大人小孩闹作一团，旁观的我们都笑疯了。

厄峰还是滑雪胜地，所以登顶下来还在大本营的时候，大家就曾集结着去滑雪。可没想到这个"胜地"太"盛"了，滑雪的人多得和下饺子似的，满眼帅哥美女，太阳下的雪地上，穿得曲线毕露，做着各种优美惊险的动作，从我们眼前"嗖嗖嗖"地过，赏心悦目、美不胜收，看得我们眼睛都不够使了。就算没挤上去滑雪，在一旁欣赏着过一把"眼瘾"也是好的。

王石更会玩，他又带着次落飞伞去了。我们则去徒步当地一条非常著名的山沟。一路上，戴着耀眼的"白帽子"的雪山接着墨绿色的松林，松林又接着山脚下路边潺潺的溪流，溪流里又倒映出松林和雪山，真是美得无以形容，而且是流动闪烁、生机勃勃的美。

溪水极清澈，虽然反射着午后的阳光，给人的感觉仍然很冷冽，但还是有人耐不住挽起裤腿下水了。

在溪边遇到一群出游的中学生，老师带着。不像我们的孩子出门远足，总是大包小包的背着零食，这些孩子们都空着手，也没背包，只带了水，顶多加一包口香糖。

徒步在美丽的山沟，心旷神怡。

厄尔布鲁士 北极 乞力马扎罗 南极 文森峰 珠穆朗玛 阿空加瓜 新几内亚 麦金利

　　建哥感慨起对孩子的教育，说他在机场就看到两口子带一个小孩，小孩自己背着一大包东西，大汗淋漓，额头上直冒热气。当时他就被震撼了，打电话给他妈，说要把儿子接过来锤炼一下。我也想起了我的两个儿子，真想什么时候带着他们一起登山啊。

　　又遇到几个出来玩的老头老太太，更是老当益壮，个个精神矍铄不说，走得高兴了，都脱掉了上衣。这下子大家都感慨了，真希望自己老了之后，也能有这样的健康、兴致与豪情。

　　下午我们在溪边钓鱼，还真给钓起了不少，大家都觉得这里的鱼应该很好吃。建哥一直嚷嚷："留着留着，晚上我给大家做'赖皮鱼'！"但还是一个没看住，最大的一条被孙弘烤了，把建哥心疼坏了。

　　晚上建哥真的在公共厨房里做了"赖皮鱼"，用他不远万里从成都背来的调料，据说是"赖皮鱼"火锅店的秘方。川菜嘛，很香很好吃不用说，看上去总是红彤彤热辣辣的，旁边的老外都吓了一跳，不知这帮中国人吃的是什么可怕的东西。我们却吃得不知有多香。那几条小鱼果然不够塞牙缝的，建哥又把洋葱啦、土豆啦、紫甘蓝啦都扔进去煮，吃得真过瘾啊。

　　有的时候我会想，"7+2"的魅力究竟在哪里，吸引着全世界这么多人乐在其中。我觉得绝不仅仅是挑战极限的乐趣，因为"7+2"里固然有珠穆朗玛、麦金利这样的高难度山峰，但也有相对容易的山峰，比如我们这次攀登的厄峰，最后攻顶的时间只有一天，难度并不很大。如果单纯从登山探险的角度来说，确实有比

"7+2"更好的组合。

但在我看来，"7+2"的乐趣，还应该包括登山和探险之外的其他的东西，它不是一个个的"结果"，是一整个不可分割的"过程"，在这个过程中，我能有机会好好地看一看、好好地感受感受我们生活着的这个世界，世界上不同的风景、不同的世态人情、不同的风俗特色。而所有这些，都是我们生活的这个世界的组成部分，都值得我们去感受和珍惜。所以在回忆我的"7+2"之旅时，我不会只回忆那些山，那些路，那些攀登和探险的过程，我希望我的回忆更丰满、更完整，能够把我带回那些美好的地方、那些闪亮的日子。

在厄峰山下小镇休息了几天，我们一行人又回了莫斯科，然后去了圣彼得堡，继续着我们快乐的旅程。

在山上还好，大家有一个共同的目标。等下山"进了城"，那才叫放了鸭子，闹哄哄一大帮人，有的要去博物馆、有的要去美术馆、有的要吃俄国大餐、有的要吃日式料理……只好经常分散行动，而分散行动的结果就是常常要等人。有一天中午，因为七等八等，耽搁了午饭，把我饿得前胸贴后背，忍不住嚷嚷了几句，结果被王队"严厉"批评，给我扣了顶特别大的"帽子"——不服管教，聚众闹事！

到底是王队，他开口，我服气。

说起王队，别看留着大胡子的他慈祥得像健壮版的圣诞老人，在山里，好像没有难得住他的事儿，哪怕只看到他的身影，就让人觉得特别踏实。有人说他是一员"福将"，不仅自己运气好，也能带给队友们好运气。但我们都知道，王队的"好运气"背后，是长年积累的丰富的登山经验，既小心谨慎，又当断则断的心态，以及对每个队友状况与心情的细心掌握。平常的日子里，他絮絮叨叨，事事操心，大家都说他"像个外公"；而在山上，尤其是遇到特殊情况，或是冲顶的关键时刻，王队又沉着冷静，一派大将风度。所有这些加在一起，他的"运气"怎么能不好。

但是到圣彼得堡的那个晚上，王队把我、于露和孙弘"陷害"了一把。

那天晚饭的时候，向导征求大家的意见，晚上是看芭蕾舞还是土风舞，所有的人欢呼："土风舞！"还有人浑水摸鱼地叫："脱衣舞！"只有向来绅士的王石大哥，一脸深沉地说："芭蕾舞！"

王队一摆手做了安排："我、王秋杨、于露、孙弘和王石去看芭蕾舞，其他人去看土风舞。"我们三个被点名的女生非常郁闷，但还是乖乖地跟着他们去看芭蕾哈哈哈……次落敬礼敬错边儿了。（从左到右）建哥、王队、次落。

应队长要求并在他的带领下，我和于露、孙弘也高雅了一把，和王石大哥一起看芭蕾。

舞了。

平心而论，俄罗斯的芭蕾舞还是很好看的，演员更是赏心悦目，于露和孙弘从一开场就在那里咬耳朵："哇！你看王子的PP好翘哦！""哇！你看王子的腿好长好直哦！"王队则是从一开幕就趴在那里呼呼地睡着了，每当幕间的掌声响起，他就惊醒过来，条件反射地跟着大家噼里啪啦地拍一阵巴掌，然后倒头接着睡。只有王石可能是认真欣赏的一个，并且还时不时地拍张照片。

一场芭蕾舞也看得笑死人。所以我总觉得，登山的乐趣和魅力，真的有一半来自一起登山的队友们，大家凑在一起的时候，就总有那么多乐子，那么多欢声笑语。

在圣彼得堡乘船游涅瓦河的时候，我们一时兴起，开始放声高歌，唱起了当年耳熟能详的俄罗斯歌曲，当然是中文版。还别说，大家的歌声混在一起，飘荡在水面上，那是相当之嘹亮动听，引得路人们纷纷拍手叫好，还有人吹口哨起哄，大家更是兴致高昂，唱了《喀秋莎》、《莫斯科郊外的晚上》、《三套车》……还有好些我根本不会唱，只能跟着瞎哼哼的歌。俄罗斯的革命歌曲唱完了，又开始唱我们自己的革命歌曲，唱着唱着就手舞足蹈起来，大家站成一串，搭着前面人的肩膀，又唱又跳，都仿佛变成了小孩子，开心得不得了。

要说我们这帮人里谁最疯狂，大家肯定都选孙爷，登顶成功下来，乐坏了的孙爷就没一刻消停过。结果回莫斯科之后，孙爷消停了。

那是一个典型的"乐极生悲"的故事，因为一直玩得很疯，回莫斯科的火车上，大家都睡得特别沉，到站之后所有人都下车了，只有我们这帮人还都在蒙头大睡。

最后还是孙斌年轻警醒，惊醒过来催促大家赶紧下车，大家这才慌慌张张地起床下车，一群人闹哄哄地往外涌，走着走着，孙爷一摸身上："我的包呢？！"

孙斌就和孙爷一起往回跑，跑回车厢一看，除了孙爷昨晚挂在床头的一条金手链之外，他的钱包，连同钱包里的护照、驾照、上万人民币和几千美金都没了。

结果一直到我们回国的时候，孙爷的护照还没补办好。孙斌年轻灵活，英文好，大家就把他留下来照顾孙爷。机场送别的时候，我们都把身上所剩无几的现金给孙爷留下了作应急之用。

当时的场景特别喜感，每个人走过孙爷身边时，就往他手里放几张纸币、几个硬币什么的，孙爷就在那里捧着一把钞票硬币，又担心自己前途莫测，搞得眼泪汪汪，可怜兮兮的。可是后来听孙斌说我们刚走，一转脸，孙爷就兴冲冲地对孙斌说："走！今晚我们去夜总会！"

接下来孙爷的经历更加曲折惊险，不知怎么搞的，他在圣彼得堡办的护照遗失证明是假的，结果上了俄罗斯当局的黑名单，差点回不来了。大家都替他着急张罗，王石在当地找了个朋友照应他，孙爷和人家一接触，听说他这种情况，只能"偷渡"回来，要绕到中俄边境，想法子扒火车什么的，孙爷经过激烈的思想斗争，结果还是不敢"偷渡"。实在没有别的办法，最后还是想办法找了外交部，用外交豁免的方式把孙爷给弄回来了。

虽然过去了好几年，每次有人回忆起那趟厄峰之旅，最后的高潮肯定是孙爷的

玩High了乐翻了的孙爷，估计怎么也想不到自己随后"乐极生悲"的"悲惨遭遇"。

这段传奇经历。

　　其实呢，不只是孙爷，我们这帮登山的朋友们，每个人有每个人的"传奇之处"，每个人有每个人的精彩。厄峰之后，有些人没再和我一起登山了，也有些人继续和我做"队友"，还有的人几乎陪伴了我"7+2"的全过程，又有些人还和我一度成了体育竞技意义上的"竞争对手"，还不断地有新的朋友和伙伴加入进来，但我们始终是好朋友、好哥们！而无论何时，回想起来，我对他们都是满心的感激之情。

　　前面说过，登顶厄峰的时候，我根本还没有开始"7+2"的自觉，但尽管我没有意识到，厄尔布鲁士那一段充满了欢声笑语、开心热闹的经历，已经为我的"7+2"打下了鲜明的基调和底色。

　　所以对我而言，"7+2"从来不是什么"宏伟目标下的艰难历程"，也不仅仅是登上七座山头，踏足两个极点的体育活动，而是一段段有快乐也有眼泪，有困难也有感动，有朋友陪伴也有家人鼓励的人生经历；完成"7+2"的日子，既特殊，

　　无论何时，回想起共同攀登厄峰的兄弟姐妹们，我都满心感激。（后排站立从左到右）我们的向导弗拉基米尔、伊莲娜、王克明、曹俊、江万红、杨险峰、汪建、孙晁（孙爷）、蔡大庆、王巍、王石、刘建（建哥）、孙斌；（前排从左到右）我，于露，王勇峰（王队），孙弘，次落。

又平常，和我日常的生活一样，都是我生命的组成部分，因此，它们和其他的人生经历一样，不论当时有多少困难挫折，日后回忆起来，印象最深的往往还是快乐和感动，对我而言，这是最弥足珍贵的。

到达矿泉城机场，先来顿俄式大餐。

矿泉城机场没有手推车，把这大堆的行头倒腾上大巴，可费了我们老劲了。

从机场前往厄峰脚下的小镇Terskol，这是途中一个买蔬菜水果的路边摊，我们也买了一些水

第一天适应性训练，登一座3000多米的小山峰，一路上风景极美，阳光明媚，更像是徒步出游。

适应性训练经过一条小溪，溪水清澈冰冷。

厄峰不仅是欧洲最高峰，还是旅游胜地，度假、滑雪、观光都很适宜，所以被打造为一个度假中心，有些路段可以缆车代步。

远眺厄峰，白雪皑皑。

次落拿着DV拍得不亦乐乎。

矿泉城—Terskol—厄峰大本营

看看我们的"阳光男孩"、"攀岩小子"——孙斌。

山上悬挂的冰川有时会形成奇特的图案。

第二天的适应性训练一直上到厄峰的雪线之上。

我给王队拍的酷照，后来很多杂志都用过。

换个高山靴也要摆这么搞笑的pose，我们这帮人真是够二了！

有太阳的时候，厄峰雪线上并不冷，但这帮哥们之所以脱成了"光猪壮士"，为的是我和孙弘手里的赏金——其实只有一美元。（左起）蔡大庆、孙爷、我、王巍、孙弘、江万红。

这就是我们"偷懒"省路节约脚力的"秘密武器"——履带式雪地拖拉机。

厄峰也是滑雪胜地，常常能看到滑雪高手们潇洒的身影。

适应性训练——登顶厄峰

一天的适应性训练下来，脚会很难受，我们的向导光脚踩在雪地里，用这个法子洗脚，消除疲劳。

清晨出发开始登顶。

通往顶峰的这道坡，真的是很陡。

孙爷身边的石头和经幡，是厄峰顶峰的标志。

兄弟们喝高了,玩疯了,又唱又跳。

估计酒醒了再看这照片,当事人都得脸红。

在当地一条著名的山沟中徒步时,擅长攀岩的孙斌带着王队一试身手。

涅瓦河上的欢歌笑语,以及弟兄们笑到走形的开心的脸,将是我们许多人一生的美好回忆。
(从前到后)次落、孙斌、建哥、曹骏、孙爷、江万红、王克明、王石。

溪边垂钓，晚上建哥要做"赖皮鱼"。

建哥一个没看住，钓上来的鱼被烤了一条。

登顶后的欢乐之旅

莫斯科街头，我和杨险峰的"搞怪图"，大家都夸我们表情到位。

圣彼得堡街头的画摊。

看这神气的大炮，看这神气的我。

我们一帮"老弱病残""二并快乐着"的队友，后来成立了"麻膜队"，这就是我们又二又欢乐的队旗。（左：杨险峰；右：毛毛）

北极

在凝固的惊涛骇浪中穿行

3月24日，在北京举行了此次北极之行的新闻发布会，但之后几经波折，又过了半个月，我们才正式启程。

2005年4月，我完成了徒步北极点。

这趟北极之行，从一开始就一波三折。

我们一行九人：队长是王勇峰，队员有王石、次落、刘建（建哥）、孙冕（孙爷），曹峻，钟建民、吕钟凌，还有我。我是唯一的女队员，所以大家跟我开玩笑，说我回来后可以写本书，书名就叫《一个女人和八个男人不得不说的故事》。

原本计划4月7日出发，后来改到9日，又改到10日，接着又通知是14日，再后来又说14日的机票卖完了，改在了13日，中间还听说可能不去了。

朋友众多的孙爷在广州天天喝壮行酒，从4月7日起就没有清醒过，说再不走就要醉死了。我们在北京也是，大小赞助商不停地搞各种"出征仪式"，"上马酒"喝了一轮又一轮，就是一直没"上马"。

可努力训练了那么长时间，正浑身是劲儿的时候，忽然说可能不去了，那一两天，真的好失落，每天早晨醒来，都不知道自己该干吗。

实在急坏了去问王队的时候，他总是笑呵呵地说什么"等待以及行期不确定之类的事，都是探险中常会遇到的"，"这也是探险活动中当然的一部分"，等等。意思就是叫你回家去，老老实实地继续等。

不过回想起来，那些每天单纯地训练，单纯地等待着出发的日子，那份越来越浓的期待，其实也是很好的感觉。

最后，我们终于在4月13日——小儿子多多的8岁生日那天，出发了。

人类前往北极点最早的交通工具，是狗拉雪橇，1909年第一个到达北极极点的美国人罗伯特·皮尔里就是乘坐狗拉雪橇。后来北极探险的形式也越来越多，最省事的是直接乘直升飞机到极点，开瓶香槟庆祝一下，再飞回去；最"顶级"是从俄罗斯经北极点穿过整个北冰洋到加拿大，要走3000多公里，需要一百多天。

我们此行采用的是目前比较"常规"的方案，从北纬89度开始，踩着滑雪板、自己拖着装备，步行到北极点，行程正好跨一个纬度，大约120公里，要走6~8天。

从1994年开始，俄罗斯每年都会在北纬89度左右的冰面上建立一个季节性的考察站Barneo，这个考察站也就顺理成章地成了北极探险的基地营。俄罗斯人挺会做生意的，所有经Barneo前往北极的探险都需要得到俄罗斯方面的许可。到Barneo基地营最方便的途径，是从挪威最北部的小镇朗伊尔宾（Longyearbyen）乘飞机前往，这条航线也是由俄罗斯独家运营的。

我们先从北京飞挪威首都奥斯陆，然后从奥斯陆飞朗伊尔宾，曹峻已经先期去朗伊尔宾打"前站"了。我们在奥斯陆休整了两天半，等待探险公司安排我们去朗伊尔宾。

我一向很享受这种因为登山而来的"偷得浮生半日闲"的机会，而奥斯陆又是个非常悠闲的城市。北欧国家给我的感觉就是这样，每个人好像都很愉快，很平和。他们对你笑的时候，眼神很真诚。城市也是如此，有一种慵懒的感觉，没有其他大城市那种拥挤快速的人流。走在高纬度的大街上，阳光的角度总是很小，色温高高的，很是悠闲。

我们逛一逛公园，走一走海边，在捕鱼船上买两桶北极虾，坐下来就着啤酒边吃边聊，很轻松开心，我喜欢这样的氛围，团队中的每一个人，都放下了在原来的生活里扮演的角色、背负的责任和压力，简简单单轻轻松松地在一起，那份感情，因为简单而特别真诚。

北极虾是渔夫一早出海捞上来就煮了的，80克朗一小桶，非常鲜甜，我从来没大吃北极虾，"日啖鲜虾三百只，我愿做个挪威人"。

有吃过那么好吃的虾。忽然就想起"日啖荔枝三百颗，不辞长作岭南人"的句子，要是每天来这么一桶北极虾，我也愿意在这里一直住下去。

所以我总是说，登山的快乐不仅限于登顶，探险的乐趣也不仅限于探险本身。就像在奥斯陆，一帮人啥也不干优哉游哉地聊大天的感觉，平时在繁忙的都市里怎么会有。

我们找的这家探险公司很正规严谨，和我们开了好几次会，反复讲解注意事项。每年能徒步极点的时间只有一个月，而我们来得晚了一点，是今年最后一支徒步极点的队伍了，4月中旬北极的夏季就要来临了，冰面已经开始熔化，冰河多了，通过起来会更困难，要找路，同时我们掉进北冰洋的机率也会增大。所以探险公司的向导很认真地给我们讲过冰河时的注意事项、动作要领。还有遇到北极熊怎么办、帐篷着火怎么办，不厌其烦。

又仔细检查我们的装备，王队让先检查孙爷的，因为孙爷是最迷糊的一个，只要他的装备没问题，估计我们的问题都不大。孙爷很认真地把大家领到他的房间，像小学生似地把装备都掏了出来。探险公司的几个"北极探险专家"看过他的装备后，分明露出惊奇的表情——尽是好装备！

这回孙爷表现得如此精彩，被大家猛表扬了一番！

看完孙爷的东西，我就知道我的装备也没问题了。从去年的厄峰，到这次的北极，期间我还攀登了慕士塔格、乞力马扎罗两座山峰，原来不知不觉中，自己的户我们的装备"震撼"了北极探险专家，真得意。

外经验也多了不少，觉得很受鼓舞。

我们这次有三个向导，主向导查理来自苏格兰，小个子，浅色的眼睛，很干练的样子。他曾四次到达极点，是个很有经验的极地专家。

一个助理向导德克是美国人，是来自美国芝加哥的大男孩，性格很温顺腼腆，比较神奇的是他会说一点中文，说是跟他的女朋友学的。

另一个助理向导米克是英国人，原来是英军中高级官员的保镖，高大威猛，看上去像头大熊，性格却极单纯，说话时表情很丰富，动作也多，还有一个引人注目的特点是他身上有大片的纹身，说是为了纪念一个跳伞死去的战友。

在奥斯陆休整了两天半，我们飞往朗伊尔宾，它是世界上最北端的小镇，是Svalbard群岛上最大的岛屿——Spizbergen的首府，位于北纬78度，已经在北极圈里了。

在那里打头阵的曹峻曾给我们发邮件，说小镇的人口才2000多，但周围的北极熊有5000多只。所以在小镇上如果出门不带枪支的话将被重罚。

果然，在朗伊尔宾机场的一个橱窗里，我就看见一只巨大的北极熊标本。据说这还只是只中等大小的。我趴在橱窗上仔细看了半天，真切地感觉到"北极"这个遥远的名词，已经近在身边了，有点兴奋。

曹峻来接我们，他已经在这片皑皑白雪中住了一个多星期，见到我们那是分外亲切，一直咧着嘴在笑，一副"终于找到了组织"的样子，就差没说："亲人哪！总算把你们给盼来了！"但一开口就有点结结巴巴语无伦次，不知谁说了一句：

"怎么曹峻搞得像是《甲方乙方》里那个趴在村口上把人家老乡的鸡都吃完的主啊？！"估计是有段日子没听到也没说中国话给闹的。

朗伊尔宾周围全是山，被白雪覆盖着，小镇其实在一个山谷里，边上就是北冰洋。镇上的房子都是木头的，五颜六色。雪地摩托很多，连钥匙都不拔地搁在那儿，淳朴的小镇气息扑面而来。

我们住的地方叫Spitsbergen Guesthouse，是一家类似于青年旅馆的酒店，离镇中心有两公里。我们住的是一栋两层小楼，9个人3个房间，上下铺，房间很温暖，走廊的对面有卫生间、浴室、洗衣房，设施一应俱全，干净卫生。

楼下有个自助的厨房餐厅，曹峻已经给大家订了披萨饼，只见他一面回答大家的问题，一面在操作台上很熟练地切着瓜果蔬菜，就像我们到了他家似的。

4月份，北极已经进入了极昼期，天不会黑，睡觉时得戴上眼罩，感觉很有趣，像是坐飞机。

我们在朗伊尔宾住了一天，进行适应性训练，并补充采购一些东西。我们的炉具由探险公司准备，而食物得自己准备。朗伊尔宾有一家超市，很大，日用品一应俱全，我们所有的食品都是在这里采购的。

酒店的自助早餐非常丰盛，每个人都吃得不少，尤其是钟建民，明显比前几天吃的多了许多。他很认真地告诉我要"储备"，因为进去就要开始"消耗"了，我觉得很有道理，更加努力多吃。

适应性训练时我们领了自己的滑雪板，比国内的野雪板略宽，下面有一层止滑带，材料好像是动物的毛皮，因为毛有生长方向，行走时感觉涩涩的，只能向前，不担心向后滑，感觉很好，心里也有底了。

训练结束后，我们去了小镇中心一家叫KROA的酒吧餐厅，很有情调，座椅是海豹皮的，木墙上装饰着老枪和捕鲸的渔具，还有老矿区的矿工生活照片。因为周围住着不少俄罗斯人，吧台上竟然还有马克思、恩格斯和列宁的像，让我们觉得很亲切。

最有意思的是这家店里的留言簿，在这样一个"世界的角落"里，每页纸仿佛都有一个来去匆匆的身影，不知道离开这里后，他们又都去了何方。这样想一想，就觉得很有意思。

我们也写下了自己的留言，我给儿子们留了一句话，希望他们长大后能来这里

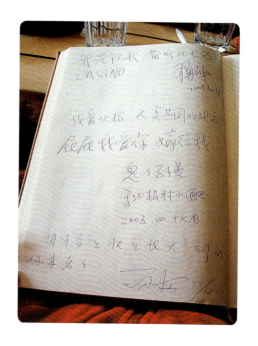

在朗伊尔宾KROA餐吧的留言薄上，有世界各国文字的留言，我们也写下了心愿——

王队：我是队长，都听我的。

孙爷：我爱北极，人类共同的地方。

我：贝贝多多快快长大，到北极来看看。

看看。很老套，但确实是我当时的想法。

回到酒店，尽职的向导们又抓着我们上课，反复地讲怎样整东西，雪橇车怎样合理配重，怎样使用炉子、搭帐篷、试雪橇。装备已经整了不下三遍，我们一共分了三个组，我和王队、次落一组，刘建和王石、钟建民一组，曹峻，吕钟凌，孙爷一组。

第二天出发前往Barneo基地营，早上得到消息说前面有一支法国队伍里四个人掉进了冰河，无功而返。大家笑说不行了，是得赶快出发了，否则就得游泳进去了。

飞机下午一点起飞，上午我们又去了一趟镇中心，我和王队、建哥的毡靴都不合适，想去镇上换换。

在开往镇中心的出租车上，次落忽然说："回到北京，我们会想念这个小镇的。"随着他的话音，车上静了几秒，然后，大家都会心地微笑了。

是的，在这个北纬78度的小镇，在北极圈里，在远离大陆的一个小岛上，时间王队"话音未落，鼾声已起"的本领，天下无双。

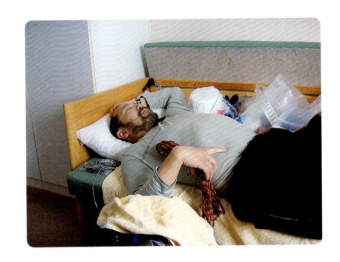

忽然变得宁静而遥远。在这里想我们的城市生活，仿佛是另一个世界的事，可以不去想，人也的确变得什么都不会想了，也什么也不用想了。

这几天，大家的状态都不错，平均几分钟就会爆发出一阵大笑。探险就是这样的团队活动，一群人在一个时间段里，非常近距离亲密的生活在一起，共同为一个时刻准备着、努力着，各自的优点、缺点、性格、喜好、脾气等等一切，都那么坦然地表现出来，又彼此接纳。我不知道该如何形容这种关系，只知道它让我很感动。

建哥的鞋换了，我没换成，曹峻和吕钟凌就给我买了厚厚的鞋垫，说肯定没问题。好吧！听他们的。

临出发前，王队还把大家"震撼"了一下。那时大家都在楼道里忙着整东西，就听他问："次落！有落下什么吗？没有我就睡二十分钟。"

话音刚落——真的是"刚落"，我们就看见他倒在边上还放着一大堆东西的一张床上睡着了，还没等到大家反应过来，鼾声就起来了，刚才王队正用着的那一大捆登山绳还拿在手上呢。

大家都傻了，钟建民惊叹："啊呀！太了不起了！所以他才可以登山呢！"

的确，在登山过程中，这是一种非常让人羡慕的天赋或者说能力。王队真的是随时随地就能睡一觉，而且说睡20分钟，时间一到，大家刚要出发，还没叫他，耶！他就醒了，站起来就走。不佩服不行啊！

飞往基地营的飞机是AN74，前苏联制造，人货混装。登机的时候也没有机票，只有工作人员拿着一份名单来核对。飞机前舱有32个座位，但只有前两排有两个小窗，后面都是黑的，看不见风景。

机长告诉我们基地营今天的地面温度是零下19摄氏度，这已经是很高的温度了，前几天还是零下33摄氏度呢。在这个温度下，冰会化得很厉害。的确，前两天我们刚到时，从空中看，朗伊尔宾周围500米以内都还结着冰，可今天从飞机上看下去，冰都退出去好远了。

查理再次强调我们是今年的最后一支队伍，冰开始化了，明天能否出发，要根据今天到了基地营后看到的情况再决定。有可能会安排飞机把我们再往前送一段，越过融化得比较厉害的浮冰区域，再往前走。

飞行时间是两个半小时，下降的时候，飞机上的人都兴奋地站起来，试图从那两个仅有的小窗洞往外看。曹峻看过后传话说外面什么也没有，只有白茫茫的冰原，可大家依然很兴奋。这些天，我们始终都处在"给点理由就快乐"的状态中。下飞机的场面就像战争片似的，轰鸣！飞雪！卸货！跑动的人！大声的喊叫！很壮观！很激动！很冷！

不到一会儿功夫，我面前的头发，已经被我呼出的水汽凝成的冰霜染白了。

伴随着更大的轰鸣声，AN74在冰面上滑行，起飞，很快就消失在云端里了。白茫茫的冰原上忽然变得很寂静，听得到雪的声音。望着远方灰蒙蒙的天际线，我心里忽然有种说不出的感觉，不知是失落还是孤独，或者是被遗忘的恐惧，种种情绪"嗖"地就冒了出来。但只持续了几秒钟，也许更短，就被另外一种极端寒冷的感觉给打断了，原来片刻的失神停顿，已经让身体快速地在失温了。

来不及矫情，得赶快干活，从这一刻开始，我们就要住在冰上了。

我们选的营地，在降落点往北几百米的地方，我一面跟着大家搬运雪具装备，一面观察周围。

基地营建在一片白茫茫的大块浮冰上，下面就是3000米深的北冰洋。所谓基地营，看上去其实就是几个大帐篷，两架直升机和一片旗子。

基地营本来的职能是季节性的科考站，每年的4月1日至30日，会有许多来自世界各地的极地科学家到这里，利用这个基站开展科学研究。

但近年来也开始同时接待些旅游的人群。今天和我们同机来的还有四拨人，但他们都是乘直升机去极点站一站、开开香槟的游客。

到达Barneo基地营后,我们迅速开始建营。

刚才还有一只由人装扮的大北极熊出来欢迎我们,这会儿也不见了,估计是被冻回某一顶帐篷里去躲着去了。

同机来的还有六只爱斯基摩犬,此刻被放出了笼子,拉着雪橇撒欢地向主人们的营地跑去,速度很快。

我们开始建营,先平整场地,然后支起帐篷。在这里用的帐篷是四人帐,结构简易,就像个折叠大伞。因为不用过多地考虑大风和重量等问题,所以比起登山用的高山帐大多了,内部空间宽敞,甚至还分里外间,外间是个厅,可以做饭。

按事先分好的组,我们十二个人一起动手,快速地搭建起四个帐篷。在这种温度下,人不能在外面呆太久,所以建营要非常快速。

收拾停当,次落开始在帐篷里烧水,我暂时没什么事,就去了一趟基地营边上的那个我觊觎已久的厕所。

厕所有两间,一间有篷顶,一间是雪墙垒的,雪墙垒的那个厕所很漂亮,而且门前还有一行字:让你的梦想成真!

到基地营没多久，极端的寒冷，迅速把我变成了"白毛女"，脸也冻僵了。

和我们"同机抵达"的爱斯基摩犬在雪地上撒欢。

基地营雪砖垒的厕所，一个让人"美梦成真"的地方。

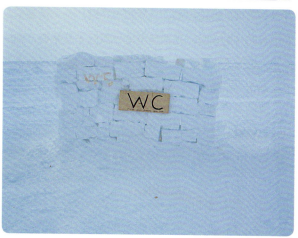

Barneo基地营上空升起了巨大的热气球。

看到这话，我就会心地笑了：嗯，感觉把握得很准确。没错，在这样的环境里，能好好地上一次厕所，有时真会是一种梦想成真的感觉，只有体验过的人才会明白。

而有篷顶的那个厕所能挡风，当然更舒服，只是蹲坑的腿间距的设计也未免太宽大了，难怪先去体验了一把的王石哈哈大笑着说："估计王秋杨能掉进去！"

不知为什么，雪地里有人在点火，要把一个巨大的热气球升上天去。气球鲜红鲜红的，在雪海中显得特别生动！

真是滴水成冰的地方，我生平第一次体验到这样的寒冷，人躲在帐篷里都不能摘绒帽和手套，也不能空手去摸金属制品，比如水壶，否则会粘掉皮肤。

炉具烧的是白汽油，一顿饭用一罐，使用前要先打气，再点火，弄得不好会蹿起很大的火焰，所以向导一再提醒我们千万小心，别烧了帐篷。

晚饭吃的是意大利"馄饨"，培根煎肉。次落做的，很香！

建哥他们吃的是炒米饭，建哥还特意送了一点过来，建哥不愧是四川男人，日子总是被他过得有滋有味。

好容易忙完赶紧睡觉，看看表已经12点左右了。可太阳却一直在和地面呈15度夹角的方向照耀着，整天都是一样的，只是围着我们转了一圈。

我戴上了眼罩。黑暗中心情还是有点混乱，毕竟刚来。而这里实在太冷了，是不适宜人类生存的地方。

接下来，就是我们徒步极点的日子。

徒步第一天（4月19日）：

早上8点，我醒了。听到炉子呼呼的声音，知道次落已经在烧水了。

昨晚睡得很沉，睡袋里很温暖，竟然不觉得冷。摘下眼罩，从睡袋口的小缝望出去，蓝色的帐篷顶挂满了霜，睡袋口也因为我的呼气而结了一层薄薄的冰。

帐篷外响着呼啦啦的风声，想来今天外面肯定很冷。也许是好事儿，天冷意味着冰面情况会好，我们成功的机率就会高。

吃早饭时查理说，因为这一段冰面情况太不稳定，估计队伍无法通过，决定让基地营派飞机把我们向前送到北纬89度30分再开始徒步。要求各帐篷11点前完成所有撤营的工作，11点半到基地营的大黄帐篷集合。

出帐篷的那一瞬间真的好挣扎！那种痛苦感觉是这辈子都难以忘怀的记忆。风吹得人呼吸都很困难。动作稍慢，手脸的皮肤就觉得生疼。好在有那么多队友在寒风中和我一起共同经历感受着这一切，否则自己真能被这种感觉吓着。

拔营装车，拉着各自的雪橇去大黄帐篷，才几百米的路，竟然搞得手忙脚乱，觉得挺艰难的。

奋力进了大黄帐篷，耳边一直持续着的大风的呼声忽然就没有了，风镜也迅速开始起雾。定了定神，哦！这才发现，人家的这顶外表看着没什么特别的大帐篷，原来是有暖气的！

真暖和，厚羽绒服立刻就穿不住了。

帐篷很大，里面人不少，大多是来旅游的团队。我忽然注意到身旁桌子下有一套潜水服。天哪！难道在这里还有人潜水吗？曹峻告诉我，确实有人到北极点附近，找到冰裂缝，进行潜水探险。因为海水的冰点就是零下两三度，所以在北极点附近的海水里潜水，实际上就和冬泳差不多。

12点半直升机到了，我觉得就是个大破盒子。这是俄罗斯的一款经典直升机：米8，飞机的内饰非常粗糙，就像一个大库房，但机械部分很皮实，非常适合这样的极端环境。45分钟后，我们到达了预定的出发位置。

飞机低飞悬停的时候，机舱里一个戴着大皮帽一直面无表情的俄罗斯人很果断地打开了机门，"嗖"地就飞出了一把带着尾绳的铁矛，稳稳地扎在了冰面上，然后他开始示意让飞行员降落。估计是他认为这里的冰面硬度符合降落的要求。

同机的有两支队伍，除我们12个人以外，还有一队是三个西班牙人和他们的向导。

直升飞机把我们送到徒步起点，卷起冰风雪粒绝尘而去，那场景堪比好莱坞大片。

　　我们和昨天一样，快速地下飞机，快速地卸货。刚把东西归拢好，一直没熄火的直升机螺旋桨就又开始迅速旋转了。震耳欲聋的声响中，米克示意我们卧倒，压住所有轻的东西，飞机要起飞了。

　　我赶紧趴下，但出于好奇，一直看着飞机，想看起飞的场面，只听见轰鸣声越来越响，就在飞机将要离开冰面的那一瞬间，天哪！飞起的冰粒打得我的雪镜噼啪乱响，吓得我赶紧掉头。就在那一刹那，地面的振动忽然消失了，我就觉得身后的一股气浪袭来，差点没把我掀翻，而且在这紧急关口，不知是谁的帽子被吹飞了，还被我一伸手抓住了！完全是好莱坞大片的镜头嘛！觉得自己好厉害。

　　我们又一次被飞机撂下，而这次，四周完全没有了人烟。

　　西班牙人的队伍已经上路。

　　还没等我多想，查理和王队就招呼大家集合。查理说风大天冷，冰面的情况挺理想，我们也该出发了。要求每个人之间的间距大概控制在20米左右，不能掉队。

　　1点半，我们正式开始徒步。大风，气温是零下22摄氏度。

所有的人都包得严严实实，看不见脸，服装又都差不多，只能通过一些小细节分辨出谁是谁。

风很大，很冷，比想象中冷得多。我的风镜很快起雾并立即结了一层薄冰，什么也看不见。王队把他的风镜换给了我，他的比较透气，视线还好，而他掏出了一幅备用的高山用墨镜戴上了。

大家继续往前走。顶着风，逆着光，透过风镜可以很清楚地看到浮雪碎冰被风吹起，在广袤的冰原上形成了一层像薄薄的纱样的东西，而且一直在飘动着，非常壮观。可是没人拍照，都顾不上了，我也只能努力地关注着自己的脚下的路。

一路上大部分路段还算平坦，但有些地方会因冰块间的相互挤压而破裂隆起，形成一道道冰堤。这种"冰堤"的专业术语叫做剪切带（shear zone），原指地壳变化中形成的岩石变形带，而在北极，指的是浮冰与浮冰之间因为撞击、挤压而形成的剧烈变形的特殊地貌。王石把它们比作"凝固的惊涛骇浪"，很形象。在这种起伏不平的地型上，穿着雪板很难找到平衡，再加上身后还拖着几十公斤重的雪橇，更是步履维艰。

王石大哥紧随着查理和米克，走在我们前面，他非常自律，尽管年纪比我们都大，但始终要求和大家承担同样重的物资。我紧跟着王队，次落在最后，看得出他走得很辛苦。他不仅和王队分担了我们组的公用装备，还要带着摄像设备，光那些电池的分量就够惊人的了。

一路上我几乎什么都顾不得想，必须非常地专注于当下。无论想到什么事，都只能想几秒钟，一闪就过去了。

偶尔会想到孩子们，但他们的模样始终是我电脑桌面上的那张照片。还会想到全家人在一起吃饭的情景，但饭桌上有谁也分不清，还是像一张模糊的照片。而所有这一切好像都只有一瞬间，能感觉到自己是在思念着什么，但思念的对象似乎不是某一个人，而是那种温暖的感觉。

因为周围实在太冷了！

同时莫名其妙的，我一直在心里翻来覆去地唱着《只要你过得比我好》，完全是下意识的，唱得咬牙切齿似的哼哼，"……不知道你过得好不好？……有烦恼……只要你过得比我好，什么事都难不倒……一直到老……"断断续续地、一遍又一遍地唱着，眼前不断闪现着那些照片一样的情景，心情很复杂、很感动，有点骄傲，又有点委屈，还有什么？说不清楚，但肯定没有后悔。

不知走了多少个小时，也不记得中间休息了几次。每次也就是休息10分钟，因为一旦停止运动，人体会迅速失温，时间久了受不了。

每次休息，第一件事就是迅速穿上厚羽绒服，然后喝水吃东西。我看见钟建民只要一休息就拼命地吃，还打着手势示意我也赶快多吃。开始时我还不明白他为什么那么赶，因为太累了，风又大，也就没问他。两段路走下来我就明白了，体能消耗实在太大，不多吃根本扛不住。还是钟建民有经验，之前走过这段路。

最后一段路，队伍已经被拉得很长了。徒步极点的确和登山很不一样，好处是没有高山反应，不难受，吃得香睡得好。但问题是实在太冷了，加上走得快，大量出汗，体能消耗很大，所以得拼命补充能量。

我们希望能在24日前到达极点，因为24日是满月，有大潮，潮水会导致冰河活动加剧，我们很有可能会被困在漂开的浮冰上，就没法到极点了。如果真遇到那种情况，就得全队人坐在一块大浮冰上，等直升机来救援。

当太阳转到我们两点钟的方向时，队伍停止了前进。虽然说天色还很亮，但因为是极昼，实际上已经是晚上时间7点半了，我们开始扎营。

仍然是快速干活，在这种温度下，一刻都不能停。再累都不能停，太冷了！

好不容易忙完了，我躲进帐篷，摘下头套时才发现，整个头套已经是一个冻成冰的硬壳，脸的前部一直到脖子几乎就是个"冰面膜"。这时我才知道，原来人的皮肤和冰接触一整天都没关系，想想也是，冰毕竟只有零度嘛！。

因为靴子太大，我穿了三双袜子，这会儿也全是湿湿的了。

王队有点惨，他把风镜换给了我，结果眼下方没有保护好，裸露在眼镜和面罩之间的那块皮肤，朝着风的一侧给冻黑了。我很过意不去，但他一直安慰我说没事儿。

我和王队、次落都是爱吃肉的人，昨天晚餐的培根真好吃，担心带的不够，就没敢多吃。今天一翻食品袋，竟然有三大包！王队当即决定：今晚干掉半包！太过瘾了！

其实一天下来那么饿，吃什么都香！当然如果是肉就更好了！

晚上睡下后，次落忽然问王队："下辈子还登不登山？"队长被问住了，支吾了半天，又反问次落："那你呢？"

次落的回答特别棒，他很坚决地说："下辈子我肯定不登山了。不过这辈子除了想登山，不想干别的"。

临睡前，我满脑子都想着次落的回答，想着想着就着了！

今天我们走了6个小时，4.5英里。

徒步第二天（4月20日）：

昨晚竟然是很温暖而且无梦的一夜，但早起发现勺子和碗都被冻裂了！

查理钻进我们的帐篷笑着说，GPS显示昨晚我们扎营的这块大浮冰往回漂了半英里，也就是说昨天最后半英里算是白走了。整个北极就是一大片冰封的海洋，天气越来越暖和，随着洋流的运动，冰块在不停地融化、分裂、漂移，所以徒步北极的过程中，因为冰块的运动而来回反复是很正常的，我们早有心理准备，也就一笑置之。

今天我们12点出发。依然刮着大风，依然冷得出奇，但大家的感觉却比昨天好多了，昨天我们和北极还在"磨合期"，不是这个人的手套不合适，就是那个人的眼镜不合适，我也一直觉得背带不合适，今天都调整得差不多了，加上昨天走下

在冰雪中远距离行走，每个队员都要步步跟上，一定不能掉队

来，对一整天的路程也有了一定的心理准备。

但不论怎样，还是很艰难的一天。

风从雪地上吹过，逆着光，宛如梦幻，但没有人敢掏出照相机拍照，太冷了，实在不敢摘掉外层的羽绒手套，所以没法操作相机。大家都只顾一步跟着一步持续不停地前进着，这种远距离行走过程中，一定不能掉队。

我今天后半程感觉好多了，但还是一直在心里无意识地咬牙切齿地唱着昨天那首《只要你过的比我好》，反反复复，怎么也停不下来，好像心里某个地方不受控制了似的，我也就随它去了。

吕钟凌一路听着MP3，刚上路的时候我也想学他，但感觉不太好。不管是什么声音，都市的人声还是森林里的小鸟鸣叫，或者是温暖的海浪声，都让我觉得别扭，行走的节奏也不对了。所以干脆不听，专心地走路，什么也不想。

渐渐地也就习惯了，知道每天就是这么走着，也就不太去关心时间，尽管一直是很艰难的一步、又一步，但心理上已经有准备了，也就并没觉得时间很长，就这么一天又过去了。

钟建民的手指头昨天冻伤了。在北极，手很容易冻伤，尤其是休息的时候，要在很短的时间里摘下外层的羽绒手套，只戴着内层的分指手套，方便脱衣穿衣喝水吃东西，这时手很容易就会冻僵。

休息了几次我也就有了经验，只要开始走，不论手冻得多疼，都要不断地在手套里抓挠，慢慢地手的知觉就回来了，一但手开始发热，我就知道没事了。这是王队教我的一个诀窍，关键是要坚持。

显然，比起昨天，我把自己照顾得好多了。

休息时，我吃的是巧克力、奶酪、果脯、果仁等。因为体力大量消耗，每个人胃口都很好，加上风大，所以休息时一般没人说话，都在默默地大吃特吃。还要喝水补充水分，比起吃东西，喝水更是技术活儿，在那种极度的寒冷中，吃饭喝水都不能取下面罩，所以要先在几乎和脸冻结在一起的面罩上，找到嘴的位置，用一只手的拇指和食指"定位"，另一只手再拿起水壶找准了把水倒进去。说起来好像不难，但如果面罩略有歪斜，嘴的位置没有对准，或者手指冻得不太灵活，水很容易就会洒了出来。好在那是真正滴水成冰的环境，洒出来的水很快就会冻住，而面罩也早就冻成了冰坨子，不在乎多结一层冰。

但对于像王队这样的大胡子，就比较悲催了。今天一天，为了喝水吃东西，他

我们休息时补充能量的食物，都是像这样一袋袋混合好的，倒出来就直接往嘴里放。

动了两次"手术"。

第一次是中途休息时，大家都开始吃东西，就听见王队有气无力地对次落说："快！次落！怎么找不着嘴了？快把我嘴弄出来，我要吃东西！"

次落"咔——"地拨出割路绳的刀子，在他脸上比划了半天，然后同样有气无力的问："冻住了，你看是割胡子还是割面罩？"

"这会儿胡子不重要，头套重要，当然是割胡子保面罩啦！"王队回答。接着就听见一阵"吱吱嘎嘎"的声响。一会儿手术结束了，可他还在那儿嘀咕："难道没有别的口子了吗？怎么这么小？！"

我和次落都没再回头理会他了，想笑都没有力气了。

第二次是到达扎营的时候，王队累得叫我快给他弄点吃的，但他的胡子和面罩又冻住了，我就像次落那样又给队长动了一回手术。尽管在大风中我的手不听使唤，心里又着急，但又忍不住老想笑，心想人都说王队的大胡子是保暖用的，这下可麻烦了。又想到弟兄们虽然都是剃了胡子出来的，但几天下来胡子又会长出来，到时候会不会遇到和王队一样的麻烦呢？

我们今天到宿营地是晚上8点，也走了八个小时，依然是太阳在我们的2点钟的方向时休息的。今天我的状态不错，但腰痛得厉害，搭帐篷时还是都不能弯下腰。晚饭是我做的，王队和次落太累了。我炒了一整包培根，肥肉里有我们极需脂肪和热量，再加上建哥从国内带来的各种调味料，香味马上溢满帐篷，让我觉得自己还是很有用的。

待大家缓过劲儿来之后，就是每天例行的烤干衣物的工作，每天出大量的汗，北极又那么的潮湿，头套、帽子、手套这类小件东西我们准备不太足，只能先在炉子上烘半干，再塞到睡袋里用体温接着捂一宿。

卸东西时，发现王队他们带的啤酒罐也冻爆了，雪橇车里的东西上都是奇怪的啤酒霜，因为这里已经没有液态的东西。太冷，什么东西都被冻住了，防晒霜硬邦邦的挤不出，各种药膏也都挤不出来，不亲身经历，真是不可想象。

收拾完睡下时，已经1点，知道依然会是香甜温暖的一夜好梦。这种感觉真好！

徒步第三天（4月21日）：

早起查理说，我们昨天走了6英里，但是又往回漂了1英里！

今天天气好，风和日丽，加上路过的冰河多，风景壮丽之极。但走起来很较劲，整整一天就是来回来去地过冰河，查理时不时地爬到高处去了望，我们就只好等待，顺便站着休息一会儿，大家便纷纷开始照相。毕竟已经第三天，我们已开始适应了。

可我今天的感觉糟透了，才出发就觉得脚踝疼得厉害，到第三程休息结束时，已经累得一句话都不想说了。这时王队过来，叫我先穿上羽绒服再喝水吃东西，可我真是把羽绒服拽出来的力气都没有了，又累又渴，只能小声地念叨："给我口水喝！给我口水喝！"

但王队坚持让我先穿衣服，我一连说了五遍，眼泪都快下来，但还是坚持着没让它掉下来。

可走在路上，还是掉眼泪了，在这里哭起来都和别处不同，风镜后面的眼泪还没等流出来，立刻就在睫毛周围结成了冰，眼皮变得很重，而且能看得见自己的上下睫毛白花花的被粘在一起，睁不开眼，扎扎的，人立刻就不敢再哭了，又觉得这种情形很有意思。

最后一程，我走得真是咬牙切齿，腿也像灌了铅一样。本来想像昨天那样边走边在心里唱歌，可怎么也找不着昨天的调，一唱就是什么"爱情是无边无际的网"那首歌，又是"困在网中央"，又是"迷茫"，低沉得很，都能感觉到自己的脸在面罩后不断地扭曲。好在前后队伍越拉越远，我索性任由自己在面罩后面喊着叫着，反正也没人听得见。

我们的帐篷是撑开的像大雨伞一样的单层帐篷，但在这样严酷的环境里，要支起来也是挺费力的。

　　尽管如此，却一点也没有退缩的心理，反而意识到能够这样宣泄情绪，其实也是一种户外经验的积累，真是一种"痛并快乐着"的体验。

　　当太阳又从正前方运动到我们的2点钟的方向时，看到前面的向导扔下雪橇和手杖，我知道今天的路快走完了。

　　最后一段路，是王石大哥来接上我的，他看我累得不行了，把自己的雪橇车放下之后，折回我身边，二话不说，帮我拖起雪橇车，直到我们搭帐篷的地方。

　　松开鞋带的那一瞬间，我再一次感觉到眼泪要落下来了。

　　搭帐篷时，在寒风中，我忽然对王队和次落说："一会儿进帐篷后，我想哭一下。"但我是笑着说的。同样很累的他们，头都没转一下，只是有气无力地说："哭什么哭啊！还好几天呢！"

　　干完帐篷外的活儿，我们钻进帐篷，又忙完帐篷里的活儿，终于就可以坐下来了。我摘下头套，脱掉冲锋衣裤，发现自己浑身冒着热气，像个刚出笼的包子，连外层的小羽绒服都被汗湿了。今天对我来说真是不容易，几乎一半力气都在和自己的脚较劲，体力消耗实在太大，鞋都是王队帮着脱的。

　　脱掉鞋，我蜷缩着身子，脸趴在腿上，冰冷的脸感觉到了久违的温暖，为眼泪创造了尽情流出来的条件，于是，一点酝酿的过程都没有，我的眼泪立刻就无声地淌了下来。

　　我保持着这个姿势过了好一会儿，不知为什么，心里觉得很舒服。

　　是的，我是一个不愿意压抑自己情绪的人，但仔细想想，又有什么必要压抑自己的情绪呢。

王队和次落都不说话，帐篷里除了呼呼的炉子声，显得很安静。过了好一会儿，次落忽然推了我一把，递过来一大盘子切好的肉，说了一句："煎肉吧！"

也不知怎么，我忽然就笑了，理所当然地接过了煎锅，快乐地干起活来，不再理会那种让自己酸酸的感觉。

一边煎肉，一边想起今天的路上的另一个"委屈"。

当我咬着牙坚持着但是实在走不动的时候，王队曾和向导一起分担过我雪橇上的一些东西，在他们往外掏东西的时候，我才发现我的拖包里不知道什么时候被王队悄悄塞进了一大罐啤酒，是那种特别大罐的啤酒。大概是看我昨天的表现挺好，他就想偷偷让我多分担一下。

想起来我心里就委屈得不得了，觉得王队太无聊了，怎么能在这种情况下还带着这种无聊的东西！有这点力气背点什么不好？而且居然还放进我的雪橇里！

一直到晚饭时我还在唠叨这事，正好建哥来串门，带来了几根烤香肠，听到后就笑说："谁会和啤酒过不去呢？大家喝了它吧！"

于是建哥拿刀切开了啤酒罐，次落把冻成冰坨子的啤酒倒进锅里，放到炉子上化开，大家一人一口地分着喝了。

当他们把这锅"回锅啤酒"递给我时，我表示坚决不喝，他们都笑了，问我"真的不喝啊？"我经不起诱惑还是喝了一口，感觉真好！很难忘的一种味道。

喝完酒，王队给我受伤的脚包扎，用了很多棉花把我的脚包成了个大粽子，很难看。但他坚持说没问题，还说他有经验。我还是不放心怀疑他的"包扎术"。

正好建哥来了，他可是很有些医术和治疗经验的，虽然那点本事都是自学的，但估计怎么也够当个赤脚医生吧。于是我就请教建哥，王队包扎的合适不。

没想到建哥是个"王队什么都对"的家伙，一看我的脚，比王队还一本正经地说："对对！对！哪儿都对！"弄得我哭笑不得。

就连把脚包起来这样简单的动作，都必须很快速的完成，因为一会儿脚就冻麻木了。所以能把它包起来就已经很不容易了。不说别的，就说胶布吧，那也是次落一条条撕下来，又放在锅盖上烤了半天，才恢复了一点黏性的，否则根本粘不上。不论怎样，今天还是笑得比哭得多。

其实次落今天也很累，他脱衣服时，我看到他的冲锋衣的里层全是汗霜，和抓绒衣沾在一起，揭都揭不开。他的雪橇车太重了，今天连休息的时候他也只是用手在北极的冰天雪地中包扎受伤的脚，真是难得的体验啊。

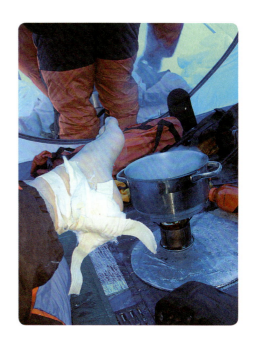

支着雪杖，尽力地把身体弯成九十度，脸趴在手背上，一动不动，也不说话。我知道他的习惯，那是累的。

晚饭后，次落忽然对王队说："回去后放我一星期假吧。"队长问他干什么。他说："我要训练！"

听他那么一说，我忽然被感动了。王队没说啥，只是笑了一下。

徒步第四天（4月22日）：

今天早上7点钟就起床，提前一个小时出发，一共走了10个小时，绕了不少弯路，直线前进7英里。大家的状态不错。

昨晚我12点半睡的，可半夜醒了，再也睡不着，一直到天亮。太累了，浑身痉挛，尤其是脚，疼得厉害，怎么都不舒服，还觉得很冷。很奇怪前两天怎么不觉得冷呢？估计是昨天体力消耗过大的缘故。

早起收拾时，我又悄悄地抹了抹眼泪，很担心自己的脚，太疼了，穿鞋的时候都很难受，真担心今天走不动。

出帐蓬前，我望着帐篷顶，满心忧郁，次落一眼就读懂了我的担心，还没等我问就说："今天不冷，因为风不大，但有大雾，查理说路会难找。"他这是在安慰我。

我想了想还是犹犹豫豫地对王队说："我很冷。"

正在绑防潮垫的王队笑着说："那就对了！"

我又说："我脚疼。"

他仍然头都不抬地笑着说："走走就不疼了！"

我还不死心，又说："我昨晚只睡了三四个小时！"

这时，王队才终于转过脸来看着我，说："那就够了！"

我还能说什么？咬牙上路吧！

咬紧牙关冲出帐篷的那一瞬间，一时没忍住，又掉了几滴眼泪，正忙着往帐篷外搬东西的王队，上来就用他那穿着大厚羽绒服的胳膊往我脸上抹了一把，就这么一下子，吓得我赶紧戴上头套，不敢再哭了。

多冷啊，那么一抹，我的脸都麻了。

在这样的环境下，人想娇气一下都没可能，真的觉得哭是很多余的动作。

其实我心里也明白，大家都不容易，个个都带伤了，听说钟建民和孙爷都冻伤了手指头。这就是极限运动，所有这些都是正常的，我知道。

今天没风，果真不冷，头一段因为我脚疼，王队就让我走到队伍前面，跟着王石，走得还不错。

其实这种大距离行走，走在后面并不好，因为不论是前面的队员停住了，还是你自己耽搁了，结果就是得赶好半天。这就和汽车队伍里跟车的道理一样，不管怎么走，跟在后面的车总是在赶路。

脚还是疼，走第二段时，我索性把鞋带松开，拖着走，感觉反而好多了。

虽然是同样的漫天冰雪，但真正走起来，其实每天的感觉都不同，今天出发遇到大雾，没有风，防风镜上很快起了雾，可如果不戴防风镜，就什么也看不见。只见天地远方到处白茫茫的，一片浑浊。没有太阳，就没有光影，什么地形也看不出，甚至脚下都看不清距离，人就跟雪盲了似的。

这样的气候里，查理要找路真的不容易。

我和孙爷索性不戴眼镜了，还自作聪明地模仿西藏人用牦牛的尾巴挡住眼睛防止雪盲的方法，当然我用的是自己的头发。正得意呢，王队远远地看见了，他呼哧呼哧地赶上来，把我和孙爷狠狠地教训了一顿，我俩立马又老实地戴上了风镜。

这样一路走下来，我的脚真的就如王队所说的，走上一会儿，就慢慢适应了。

这样的日子，专心走路，任由一些很遥远的事在脑子里不经意地飘来飘去，也不再去关心周围的情形——反正看了三天了，哪儿都一样，也不着急，自然而然地一天也就过去了。

没有表，只需要时不时抬头看看太阳，太阳差不多到了右前方2点的方位，就知道快到了。路虽然长，却没觉得，不知不觉10个小时就过去了。

今天一路上过了非常多的冰河，其实那是冰面裂开形成的开放水面。有的地方重新结冰形成新的冰面，但会比原来薄很多。为了减少绕路的距离，向导会判断新凝结的冰面是否可以承载人的重量，即便是选择从此区域通过，也会要求队员间保持不少于20米的距离，这样可以减少冰面的压强，避免冰面破裂导致落水。每当这时，我们都被要求解开拉雪橇的背带扣，这样万一落水时，不至于把东西带下水。因为如果东西掉下水了，就算人能被捞起来，都没有干的衣物替换和取暖，还是非常危险。

我们从一块浮冰运动到另外一块浮冰，边缘处明显感受到冰块的起伏，甚至会感觉到脚底下的冰缝在裂开，还能清淅地听到冰河裂开的声音。有时候可以透过晶莹的冰面看到下面黑暗的海水，以及菱形的冰花，形态各异，很美。

尽管很美，还是没人有心情照相，查理大声喊着让我们快速通过。

今天的后半段，我心底里一直在唱的是毛主席的语录歌，什么"下定决心，不怕牺牲，排除万难，去争取胜利！"只是后两句不知怎么就被我改成了"坚持到底，就是胜利！"

我一面唱着，一面感动着，不由自主地回想起以往生命中的那些经历，开心的、难过的、艰难的、幸运的……眼泪不知不觉地又在眼眶里打滚了，"坚持到底，就是胜利！"心里反复叨这两句话，觉得太深刻了。不仅仅是在极地行走，其实人生中的许多时候，都是需要坚持的。再回想自己今天所拥有的，真的是深深地受益于这两句话。

因为昨天和右脚的疼痛较劲，左手柱雪杖太用力，结果今天左胳膊肘也很疼，总之，浑身都痛。但心情却变得很好，每次休息完要再次上路时，都会对自己大声喊："谁怕谁啊？！"

今天我走在吕钟凌身后，感觉很好，他的体力最好，走路也最聪明，很会选路。比如每次遇到坎时，吕钟凌就会回头看我一眼，示意我跟他走，结果我们总能次落在烧水，在北极，每烧一锅水、每做一道菜，都是对"厨师"们耐力、体力和精神头儿的考验。

比别人更顺利地通过。

而且每次他通过后，都会回头看看我是否也顺利地通过了，有没有翻车。真的，寒风中这样的一次回头，可能就是这一路上仅有的交流了，但会让你觉得很温暖，觉得自己不孤单。

似乎从今天开始，我才真正适应了这样的日子，心里想的竟然是：再走几天也行啊！

走到最后，我们被一条很宽的冰河挡住了，绕来绕去怎么也过不去，沿河走了很久，查理上上下下到处瞭望，河面的薄冰上也反复试了好些地方，终于还是没能通过，最后大家累极了，决定就地扎营。

于是我们住在了水边上，是那么多天以来最美的一个营地。

晚饭时次落先做了个奶油汤，我们喝了。在这么冷的地方，饭菜只能是做完一个吃一个，不可能几样做好了一块儿吃。

王队又做了个肉卷饼，他干活有个特点，恨不得一大帮人给他打下手，结果我们俩被他支得团团转。

但肉卷饼真好吃，太香了，如果再有点酱和葱就好！好几天没吃到蔬菜了。

晚餐快结束时，建哥过来，手里端着个平锅，他们今天竟然做了个肉丝炒干子，干子是建哥从四川带来的，甚至还切成了丝，真不知道他是怎么弄的，太厉害了！

今天天气真好，帐篷里一点也不冷，当然我们也有经验了，一进帐篷就先把湿了的头套和袜子给换掉，湿的衣裤换成干的羽绒裤，就舒服多了。总之，得不厌其烦，再累也得先把这些事做好。

不过每个人的经验显然不一样，曹峻去三个向导的帐篷参观，回来报告说他们竟然光着膀子围着炉子，那也未免太厉害了！

徒步第五天（4月23日）：

早起就听到一个好消息，我们所在的这块浮冰往极点方向漂了1英里。

今天上路的第一件事，就是通过昨天一直没过去的这条冰河。查理带着我们一队人沿着冰河，反复找路，最后终于在一处相对狭窄的地方过了河。

当队伍终于过了河，前面的查理一下子就躺在了地上，望着天空长舒了一口气。

查理说如果不再遇到很多裂缝和冰河的话，今天很可能就能顺利抵达北极点。

路途依然艰难，但我们决心今天冲刺极点。

不过我已经学会了不着急，尽管还是浑身疼，但不再会被疼痛的感觉左右情绪，心想疼就让他疼去吧！已经不觉得自己是在"走"了，雪板和脚好像合为了一体，一切都习惯了，心里也就没了杂念。

查理不断地停下来看GPS，让我们意识到终点真的离我们越来越近了，终于，前面传话过来，说还有3英里了。一听这话，我忽然有些按捺不住，提前兴奋了起来，步伐的频率也加快了。

尽管这时天空忽然开始阴沉，并且刮起了大风，气温明显在下降，可大伙儿都不顾了。

但走了一会儿，前面又传回话来，说还有3到4英里，听起来怎么又远了？可我还是保持着兴奋的劲头，甚至曾经高兴地走到了队伍的前面。

走着走着，又说还有2.2英里，我一听激动极了，可身后的次落慢悠悠的说："2.2英里？那是直线距离，估计还要走4个小时。"我一听他这话，想想也是，也就不在那儿瞎兴奋了，老实地走回了队尾。

又走了好一会儿，前面又传回话来，说还有2.7英里。我在心里苦笑起来。但尽管时远时近，极点已经在期待之中了。

这时，天空中传来了直升机的轰鸣声，大家都向那个方向望去，不一会儿，浓浓的云端里忽然冲出一架直升机，越来越近，在我们头顶上盘旋了一周，然后落在了离我们几公里之外的地方，不一会儿，又看到那里扬起漫天雪尘，飞机又飞走了。

整个过程中我们兴奋极了，拼命地挥舞着手中的雪杖，对着天空大喊大叫。尽管我们不知道这飞机是为了什么而来，而且很清楚它和我们没有什么关系，但这毕竟是几天以来第一次看到我们之外的人类痕迹啊！

查理在前方大叫："GO！GO！GO！"我们才从飞机带来的兴奋中被拉回了现实。

没有了那巨大的轰鸣声，我才发现，原来我们的周围是这么的寂静。忽然间我想，回到都市，想起北极，可能我最怀念的会是这几乎绝对的安静。

收收心，继续上路。

又走了一会儿，听说只差1.4英里了！

这时，前面的人忽然停了下来，围着什么看，又比手划脚地招呼我们过去，我想反正不是极点，在这白茫茫的冰原上，还能有什么值得赶过去看呢。所以依然按

遥望极点，离我们越来越近了。

着自己的节奏，不紧不慢地走过去。

　　没想到过去一看，哇！赫然是一个巨大的动物脚印！那当然是北极熊的脚印啦！

　　风卷起雪粉的冰原之上，清晰的熊的脚印！意味着有熊刚从这里经过！

　　在极点的附近看到这样的痕迹，太让人兴奋了！

　　据说北极熊的势力范围在300公里以上，立起来有3米多高，时速能达到每小时60公里，很难射杀。但兴奋的我们光顾着给这个脚印拍照，完全忘了潜在的危险。只有查理和米克显得非常紧张，尤其是米克，很警觉地拿出了步枪，压上了子弹。四处观察着。

　　查理说，4月份是熊的繁殖期，按说这时候在这个位置不应该有熊，而且这熊的脚印很大，我们得赶快走！

　　剩下最后1英里的时候，我反而不着急了。甚至在行走中途停下来解小手。这是几天里第一次。忽然想起平时总会有人问我，作为女性，在户外怎么解决这些生理问题，其实都走到这儿了，女性不女性的，算啥问题！我解手的时候，队伍就在前面等着我。

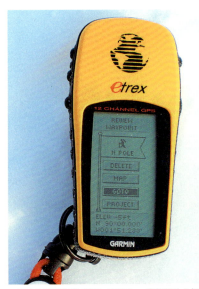

GPS上显示北纬"90° 0000",我们到达北极点了!

　　走着走着,查理停下来的次数越来越多,他手里一直拿着GPS,那就是在找极点的位置了。

　　因为北极不是大陆,而是冰块,冰块是漂动的,所以北极点的位置也一直在变。过了一会儿,查理要求我们互相走近点,缩短间距,因为快到极点了。

　　就这样,在一块范围不大的冰原上,大家跟着查理像老鹰抓小鸡一样地绕了好几次,终于,查理让我们站成了一排,并很慎重地让次落先在一个点上架好了摄像机。然后,随着他的一声口令,我们一起冲向了镜头,那儿就是极点!

　　那一刻真是激动人心!

　　在极点,吕钟凌竟然从怀里掏出了一瓶香槟!香槟早起在炉上暖过,又一直被他揣在怀里,竟然还是液态的。查理也拿我们在北极的合影——裹得严严实实的，谁站哪儿，谁是谁，好像都没什么关系了。

吕钟凌掏出一路上煨在怀里、保持不结冰的香槟，在北极点痛饮，爽歪歪喔。

出了一壶威士忌。大家热情的拥抱着，每人一口酒，相互传递着。

威士忌被装在一个登山用的金属水壶里，因为温度太低，所以喝的时候要很小心，壶嘴处老粘着嘴唇。

查理端着酒瓶，很绅士地发表了一番热情洋溢的讲话，王队当翻译，大意是说，因为从没带过中国队伍，刚开始时，看到我们队伍里老的老、弱的弱，他很担心，担心我们不能走到极点。但两天之后他改变了看法，觉得我们很顽强，他很骄傲，很激动，向我们祝贺。

王队和王石也在第一时间，用铱星电话和北京联络，报告我们成功到达北极点！还有建哥，对着镜头忽然很深情地说；"今天是我老婆的生日，祝老婆生日快乐！"让人感动。

然后是照相，大家抓紧时间照相，和国旗照，和协作单位的旗子照。天啊！曹峻竟然带来了几十面旗子，把王石忙得不亦乐乎。

后来我们看照片时，才意识到照片上的每一张面孔，都裹着厚厚的被冻硬了的头套。尽管拍照的时候，所有的人尽可能地都在头套的后面露出最灿烂的笑容，可照片上的每一张脸都像是刚从地底下钻出来的极地僵尸。

不拍照的人就赶紧扎营，虽然这会儿凭着一股兴奋劲儿不觉得，一会儿就会很冷了。而我们要在极点等待两天，后天才会有飞机来接我们。

我们搭好帐篷，刚刚吃了饭，查理忽然通知说情况有变，一个小时后接我们的飞机就到了。

于是我们又慌忙撤营，正收拾着，就听到了飞机的声音。一架直升飞机依然是低低地俯冲过来，在我们头顶盘旋，然后"飞雪走冰"地像一阵飓风似地降落在了我们的帐篷边。

我们上了飞机，飞了一段后，在冰面上看到了那支西班牙人的队伍，就是和我们同机到徒步起始点的那支队伍，他们正在下面建营。

飞机降落在他们的营地，要带他们走，但他们坚决不走。可他们面前还横着昨天一度拦住我们的那条大河呢。如果大潮一来，他们脚下这两三米的冰层根本扛不住，很可能这条冰河他们就过不去了，也就意味着前功尽弃。

但是没有没办法，这就是探险。人在自然面前太渺小了，要有很好的心态，运气也是很重要的因素。

结果我们还是把他们留在冰面上飞走了，眼看着他们越来越小，直到消失在视线中。

那一刻觉得我们很幸运，因为我们之前的那支队伍没到达极点，而之后的这支队伍也可能过不去了，只有我们顺利到达。

心里满是幸福的感觉。

飞机上，大家都睡着了。我坐在一堆滑雪板边上，德克在我右边，他今天也累坏了，最后一段路上，我清楚地听到他大声地，一个字一个字地用中文说："我、放、屁、了！"就像是发泄一样。我想笑，但又特别理解他那种崩溃到不知怎么释放发泄才好的紧张疲惫。

这会儿，结束了漫长疲惫的徒步，把所有的艰难险阻都甩到了越来越远的冰层下的时候，德克忽然很认真地问我："下次你还会考虑来走极点吗？"

我没有一秒钟的犹豫，回答说："会来的。"

我的回答让他很意外，他满脸认真地告诉我说，他不再来了。

我问他为什么？他伸伸舌头说："太累了！We are crazy！"

飞回Barneo基地营， 我们很幸运地分到了一个大帐篷，但大家都无心睡眠，又转移到公共的大黄帐篷里喝茶，聊天，一直到半夜两点。

那是这个冰天雪地的世界里唯一有暖气的地方，久违的温暖，谁都不舍得离开。

王石去了趟厕所，回来的时候，那表情，真是溢于言表的幸福享受。

Barneo基地营旁的路标显示，此刻，我距离北京5564公里。

在那样的时候，爱闹的孙爷竟然也深沉了，他端详着自己手里的一杯热水，说了一番很感动的话。毕竟他是诗人嘛！几句话就把我们都给带进了那感谢生命的情境，好一会儿大家都没说话，享受着大黄帐篷里那暖暖的空气。

回到人间的感觉原来是这么美好！

我用铱星电话给爸爸打了电话，电话的保真度很好，爸爸的声音急切而温和，听得出来他很激动。我忽然特别想掉眼泪，觉得自己一下子又变成了爸爸怀里的孩子。

和爸爸聊了一会，知道儿子们都好，妈妈也在边上，很踏实舒服的感觉。

最后，爸爸忽然像领导一样发表了一番热情洋溢的讲话，说："向队长、向同志们问好，致意！"

我和队友们围坐在一起，没想到大家听见了，都挤过来，异口同声地喊："爸爸好！"喊完都乐了。

王石又纠正说："应该喊：司令员好！"

建哥接着说："我是军人，军人都喊：首长好!"

他们的话，爸爸在电话的那一端都听到了，我感觉得到，那一刻他也很幸福。

我们在Barneo基地营停留了4天，等着飞机来接我们回朗伊尔宾。

第一天的时候，我的隐形眼镜不知怎么被揉得很不舒服，基地营的工作人员到处翻摸，给我找来了一面镜子，一看还是"中国制造"。看到镜子里的自己，我忽然意识到已经有好些天没有照过镜子了，端详着自己那鼻子和嘴角有点冻伤的脸，感觉像在看另外一个人，亲切而陌生，还有一种久违重逢的喜悦。

我照啊照啊，照了老半天，才把镜子还给人家。

大帐篷里各个国家的人都有，却始终很安静，大家不论是聊天、打牌，还是看书、写日记、玩电脑，不论有多兴奋，声音都是轻轻的。

那种心情很难言表，很享受，享受着极限之后的平和，满足得什么也不想；享受着时光被自己一点一点仔细地消磨着的感觉，快乐而安详；享受着一间温暖的大帐篷，就那么静静地呆着……这样的心情真的会让人上瘾，不想停下也不想改变。

因为是极昼，没有晨昏的概念，加上大家都没戴手表，那些日子，仿佛是生活在另一个星球上，和我们原有的生活时空完全不同。

夜里常常听到有人在低声合唱，弹着吉他，间歇还有阵阵轻轻的掌声。唱歌的有俄罗斯人，西班牙人，美国人，瑞典人，也有我们的队友，伴随着很好听的和声，有时唱成了一个小小的音乐会。我听着他们的歌声，心情变得格外柔软。

Barneo基地营里展开的"友谊赛"，王队与米克"顶牛"。

那些日子，我才真正懂得，原来遥远，原来距离，也会是一种如此这般的享受。

吕钟凌带了一本画册，是美国《国家地理杂志》选出的的77张被认为是世界上最TOP的探险照片（77 best pictures of great adventure），登山，探洞，航海，航空，攀岩，深潜，漂流，极地行走，丛林穿越，沙漠，火山……真是无所不及。看得人好过瘾，好震撼。

在基地营，他那本探险画册在大帐篷里最受欢迎，我们看书的时候，身后往往围着一大堆人，和我们一起看。

有一天我们正看着，后面站着的一位老哥给我指点说某张图片上的那个人就坐在我身后。我回头一看，一个人坐在我后面的那张桌子上，正平静地喝着手中的咖啡。对照图片，的确很像！书中介绍他是一个了不起的极地探险专家，保加利亚人，曾在2001年用86天从俄罗斯单人无后援走到北极点，后来又到南极68天无后援走到南极点！

吕钟凌拿着书去问他，他一看就笑了，还真是！于是我们像追星族似的围着他，让他在我们的衣服上签名，还纷纷和他合了影。

这也是探险迷人的地方，不知在什么时候，世界的哪个角落，会有什么样的惊喜在等着你。

在基地营，我们还遇到了一个植物学家，他研究北冰洋冰面以下的植物已经20年了，每年都到极地来。他告诉我，全球的确在变暖，冰层面比他刚开始研究时薄了30%，照这样的速度发展下去，100年后的北冰洋就只有冬天结冰了，夏天将会是一片汪洋。到那个时候，海豹繁殖时需要吃的一种水下300米深的蛤就没有了；那么海豹可能也就没了；如果海豹没了，北极熊也没了！

他还说："那时你们这些极地探险的，估计就得游泳或划船来了。"

原来一直觉得，全球气温变暖啦、环保啦，尽管需要我们的关注，但毕竟和我的生活没有什么直接联系。但往北极走了一趟，我真真切切地感觉到，所有这些就发生在我身边，我伸手就能碰到的地方，与我息息相关。

待得久了，和基地营的工作人员就混熟了，因为我们不是游客，所以黄色大帐篷里给游客准备的饭菜我们是不能吃的。这天我正坐在饭桌旁对着饭菜发呆，一

基地营的俄罗斯老爷爷
特别疼爱我。

个管电台的老爷爷过来找我聊天，我一向对这种须发花白笑眯眯的慈祥老爷爷没有抵抗力，尽管我们的英文都不好，但比手画脚地聊得特别高兴。知道了老爷爷的家乡在圣彼德堡，我说我去过两次，看得出他真是开心极了，自豪极了。

看出我对着饭菜眼神不对，老爷爷立刻给我盛了一大碗热腾腾的牛肉菜汤，还加了一份面包，又把自己珍藏的花茶拿出来泡给我喝。那天还聊了什么，我不记得了，但一直记得那碗牛肉菜汤的味道。那是开始徒步北极点之后，第一次吃到实实在在的"饭菜"，暖呼呼的，让人心里有一种特别踏实的感觉。

后来我从老爷爷那儿买了好多纪念品，徽章、地图、信封、钥匙链，等等，好些都是很难得的，老爷爷到处给我张罗来的。怕其他人眼红，老爷爷每趸摸到一样好东西，就把我叫到一旁，偷偷地塞给我。大家嫉妒得不得了，都说老爷爷想收我当干女儿。

老爷爷的桌子上摆着一张普京的照片，照片中普京身后是俄罗斯的国旗的红蓝白色，特别帅。普京是我的偶像，所以我几次都想和他要这张照片，但看得出，那张相片是被他很尊敬地摆在那的。所以想了很久，还是没对他开口。

有一天我眼睛里进了点东西，可忙坏了老爷爷，给我递纸巾，拿棉花，比手画脚地教我该怎么处理，比我还着急，我感动极了。

还有的时候，我就在大帐篷里睡着了，还能感觉到老爷爷轻手轻脚地过来，帮我加盖一件羽绒服。

终于到了要离开基地营回朗伊尔宾的时候了，我们忙着装货，老爷爷忙着发电报，一时没顾上说话，但他说一定会赶来送我的，所以我一直心神不宁，又担心老爷爷赶不上，又担心他着急。但直到进了机舱，还没有看见老爷爷，我就一直趴在那里张望，直到终于看到老爷爷戴着大皮帽子的身影，从雪地上急匆匆地往飞机这边跑，我就立刻站起来往舱门跑，还没到舱口，老爷爷就上来了。狭小的舱口处，老爷爷一把抱住了我，我们都很激动，用自己的语言急急忙忙地说着，其实彼此谁也没听懂，但都知道听不懂也没有关系，彼此的心意在那里。而周围刚才还在打盹的兄弟们，也都纷纷站起来给我们照相。

那一刻，我觉得好幸福。

心里一直在想，什么时候、在什么地方，我还会再遇见老爷爷吗？我没有留他的地址，甚至不知道他的名字，因为我们也都明白，再见面的机会其实很渺茫，而地址和名字对我们也并不重要。重要的是这样的一种让彼此觉得幸福的感觉，在这样的一个很特别的地方，永远都不会忘记的一种心情。这其实就足够了！

回到朗伊尔宾，大家疯买纪念品，我不耐烦了，和曹峻一起去了租车的店，租了我觊觎已久的雪地摩托。

这里雪地摩托真多，一会儿"呼——"地过来一辆，一会儿"呼——"地过去一辆，发动机的声音弄得人心里痒痒的。出发前刚到朗伊尔宾的时候，我就想弄一辆来开开，可一直没时间，徒步极点回来，我可算心愿达成了。

店里除了摩托，头盔、衣服、手套和靴子一应俱全，什么都可以租。租到摩托出来后，我和曹峻兴奋极了，先开着在边上转了一圈，适应了一下，觉得很容易。就开着上街去找大家去了。

看到我们有了摩托，大伙都很高兴，都争着要开，最后王队坐到了后座上。我开着摩托，带着王队，离开小镇，冲上坡，再冲下去，呀，比滑雪容易多了！车斗里，在超市采购的东西颠掉了都没发现。那真是八面威风的感觉。因为小镇之外到处都是雪，感觉可以开着摩托车一直开到飞出去，太过瘾了。

开过雪地摩托，在朗伊尔宾的最后一天，我还拉着王队去体验了狗拉雪橇！

狗场的工作人员就一男一女，却有50多条爱斯基摩犬，他们说这个狗场是赔钱的，因为一年只有这么一季有游客会到这里，能赚到的钱还不够给狗买肉吃。

我们从怎样亲近狗开始，学会了选狗、系绳套、连接雪橇车和驾驶。

选狗的时候，所有的狗都在狂吠，所有的狗都希望能被我们领走。

我们拉出了六只狗，两只在前，两只在中，两只在后。准备出发前，它们在奋力地向前挣着绳索，很兴奋。

王队先驾驶了一会儿，但他兴趣不大，很快就换了我，我一上手就觉得得心应手，太爽了！

狗拉雪橇速度很快，据说每小时能达到60公里！动作要领其实很简单，比如要快跑时，就把脚下的闸彻底松开，身体前倾，那狗儿们就自然地知道跑得飞快，想控制速度时，就轻踩脚下的闸，也就是那个简易的刹车装置，停住就是踩死，要想左转，身体就重心往左倾，角度越大，拐得越多，左转则反之，这个技术动作有点像滑雪，其实原理都是一样的，底下都是滑板嘛！不过上坡时，有时得跳下来推着雪橇跟着狗跑，或者小坡时，可以单脚点地蹬着雪地走，给雪橇车一些助力。还有停车时，千万记住扎下锚，那锚和船锚的原理很相像。

才跑了一会儿，我就觉得我爱上这些狗了，它们太聪明了，太努力了！

人和狗竟然可以配合的那么好，以前只是在电影中见到过，亲自驾驶的感觉真的是很不一样。

最有意思的还是我前面的那六条狗。最前面的两只体形中等的是聪明的狗，他俩要负责领路，与我交流，感受我的指示，决定方向、速度等，我说它们像我们的向导查理。

而中间的两只大白狗，身形巨大，跑的过程中从不抬头，但出力最多，其他什么事也不管，我说它俩像米克。

而最后两只，显然要弱一些，经验也不及头狗，更多是协助的作用，性情也较温和，我说它俩是德克。

我越想越觉得形象，就大声说给了王队听，他笑坏了，也觉得我说得有道理。

这些狗真的是太聪明了，每次休息时，它们会在雪地里打个滚，让身体降降温或者吃点雪，还不时地观察着你。看到你站起来时，它们也就"呼"地站起来了。你只要一站到雪橇车后架上，它们就全体跳起来，跃跃欲试的往前蹿，你可以明显地感到车被挣得震动，当你准备好时，狗儿们已是吠声一片了，就像要出征的战士一样。

这时，你只要轻轻地点着点儿刹车，一提手边的锚绳，雪橇就被它们拉着飞了出去。

看着它们的背影，我相信所有那些我听过的关于它们的故事，它们和北极圈里的人们共同的生活，生死与共。

回到狗场时，我只觉得无比的满足，而且我相信这些狗儿们这会儿的感觉肯定和我是一样的。

按照狗场主人的要求，我们逐个把狗儿们解下来送回了它们自己的狗舍。

狗场主人又搬出了一大铁箱的冻肉块，我们帮着给每个狗舍送肉，看着它们吃得那么香，我的感觉竟然像看着自己的孩子在吃饭似的。

真想领它们回家，真想有一架自己的狗拉雪橇，可惜北京太热了，它们在那会很不舒服的，一定会想念这里的冰雪和白昼的，它们属于这里，这里才有它们的生活。

在朗伊尔宾的最后一天晚上，我们去了镇上最高级的那家叫Radisson SAS Poar Hotel的酒店，酒店的一层叫Nansen的餐厅，风景极好，巨大的落地窗外，海湾、冰川以及整晚不落的夕阳，就像一幅画一样。

这时，查理告诉我们，今天是他的生日。

一路走来，我们已经和向导们结下了深厚的"革命情谊"，又赶上查理的生日，大家高兴极了，叫了红酒给他庆祝，大家边吃边聊，兴致酣畅，开始唱歌，一首接一首，引得餐厅里其他的客人，也忍不住加入了我们的合唱。不知不觉到了半夜十二点。极昼的感觉真好，好像一天变得很长很长，有许多时间可以用似的。真不知极夜又会是什么样子。

我想，我会回来的，回来看极夜、看极光，看这个美丽的小镇，回忆我的北极之旅。

回到奥斯陆，探险公司给我们送上了证书和纪念品，我才意外地知道，原来我是第一个徒步到达北极点的华人女性。我也"一个不留神成了个'世界第一'"。

到达极点的纪念品真是太打动我了，那是一块不规整的白色大理石，象征北极的冰原，一只黝黑扭曲的铁道钉，寓意来探险的人用顽强的毅力将道钉拧弯，并钉在北极点上。真的，不是亲临其境的人，很难想象"顽强"这个词在那种环境条件下意味着什么。

要克服的不仅仅是艰难，很多时候，艰难反而能够在短时间里激起人们平常难以想象的勇气力量。但如果这艰难被拉长、平摊到一整段时间、几乎每分每秒的时候，才是真正考验"顽强"这两个字的时候。

到达北极点的证书和纪念品。

一个不留神，我成了个"世界第一"——第一个徒步到达北极点的华人女性。

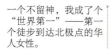

　　它包含着忍耐、坚持和乐观，包含着学会自我发泄与平复，包含着对同伴的信心和感恩，甚至在有的时候要暂时地放弃对目标的过度执著，专注地用分秒来丈量时间，用每一步来丈量距离。如果要我用最简单的句子来概括那一段极地之旅中我所理解的"顽强"，那就是——

　　坚持到底，就是胜利！

　　认真说起来，从2005年徒步北极点开始，我才隐约地有了完成"7+2"的念头。

　　这次我们队的9个人之中，王队、王石、次落、建哥和钟建民，都是奔着完成"7+2"去的，和他们一起走到了北极点之后，我也完成了其中的"1+1"，不可避免的，我会在心里隐隐约约想到，虽然我的"7+2"之路还很漫长，但如果我放松心态、一步一步地向前走，也许就这么走着走着，有那么一天，我也能走完这条"7+2"之路。

　　是的，坚持到底，就是胜利！

奥斯陆港口的悠闲时光。

建哥和次落是"铁哥们"，在奥斯陆街头摆出香港黑帮片里"兄弟情深"的pose。

在朗伊尔宾机场里，看到巨大的北极熊标本。

前往Barneo基地营之前做准备，枪是我们向导的必备装备，以防徒步过程中遭遇北极熊。

乘坐前苏联制造、人货混装的AN74飞机，飞往Barneo基地营。

到达基地营的场景就像战争，轰鸣，飞雪，卸货，跑动的人，大声的喊叫。

奥斯陆—朗伊尔宾—前往Barneo基地营

我们在朗伊尔宾住的青年旅馆，三人一间，这是王石、钟建民和孙爷的"男生宿舍"。

带枪的老人——在朗伊尔宾，不带枪出门是要罚款的。小镇人口才2000多，周围的北极熊有5000多只。

出发前往Barneo基地营之前收拾行李，每个人的行李上都要写上自己的名字，一路上自己负责拖运。

朗伊尔宾原来是一个矿区，镇上有一尊矿工的塑像，我们与"他"合影，（站立者从左到右）王石、建哥、钟建民、王队；（半蹲者从左到右）曹峻、孙爷、我。

乘坐直升飞机前往北纬89°的徒步起点。

每天搭帐篷休息的时候，我们会把滑雪板插在帐篷旁，以免被雪掩埋。

每次跨越冰河都是一次"艰苦考验"。

中途休息的时候，我们要迅速喝水、吃东西，补充体力和热量。

快到极点的时候，看到了北极熊的脚印！我们异常兴奋之余，也有一丝恐惧。

王队悄悄往我的行李里塞了一大罐啤酒，冻成了冰坨子，要化开来喝，别有味道。

徒步北极极点

走着走着，觉得我们的队员越来越像爱斯基摩人，看看钟建民，这哪里还像个香港人啊。

艰难穿越剪切带。

向导查理的雪镜中映出我们的身影。

向着北极点，前进！

到极点接我们的直升飞机：再见了！北极点。

在Barneo基地营的国旗下。

一路上，和向导们结下了深厚情谊，（从左到右）米克、我、德克、查理。

朗伊尔宾的雪地摩托，我从徒步前就惦记上了，回来后，终于过了一把瘾。

看看我扛枪的英姿。

在朗伊尔宾玩狗拉雪橇，我和这些聪明的雪橇犬"难舍难分"。

在朗伊尔宾的最后一天晚上，我们去了镇上最高级的Nansen餐厅，落地窗外，海湾、冰川以及整晚不落的太阳，成为一幅让我一辈子忘不了的画面。

极点—Barneo基地营—朗伊尔宾

在基地营遇到著名的保加利亚探险家，他曾86天无后援到达北极极点，又曾68天无后援到达南极极点。

基地营里丰盛的食物，疼爱我的老爷爷一样样盛来给我尝，好幸福。

北极点回来，用王石大哥的话说，"全员冻伤"，这是孙爷的指头。

回到基地营，弟兄们又"尽职尽责"地拉起赞助商旗子使劲儿地蹦。

083

乞力马扎罗

最骄傲的登顶

非洲最高峰乞力马扎罗（以下简称乞峰），对我来说是"7+2"里一座特别的"最高峰"。

在"7+2"里，只有乞峰，我去过两次。

第一次是2005年2月，我没有登顶乞峰——这也是我"7+2"历程中唯一的一次"无功而返"。

2004年7月登顶厄峰之后，8月我又登顶了海拔7546米的慕士塔格峰，自信满满，觉得自己算是脱离了"登山菜鸟"的阶段，找到了几分真正的攀登者的感觉。所以对海拔5895米，登顶过程据说"轻松愉快"的乞峰，我多少有一些轻敌，并没有做好登山的准备。

到乞峰的时候，我的腿是瘸的——之前的训练中膝盖受伤了；手是断的——右手小手指骨裂；一路上肠胃都在闹别扭；到最后登顶的那几天，例假也跟着来凑热闹，事后自己想想，那种身体状态就跑去登乞峰，真的是小看了这座"最高峰"。

而王队从我开始登山的第一天起，就反复对我说，"不能小看任何一座山"。

但直到第一次登乞峰失利，我才真正懂得了这句话的分量。

这是很简单的一句话，很简单的道理，但不真的付出代价的话，很难懂得和做到。而一旦你真的懂得和做到了，一辈子都会受益匪浅。

乞峰之后，我再没有小看任何一座山。每次被人问到对山是一种什么样的感情时，我都会回答："敬畏。"

人在山的面前，太渺小了，人的一生和山相比，太短暂了。但是，当人真正走近山的时候，这种认知并不会让人觉得自卑和沮丧，反而会让人有一种由衷的信服与崇敬之感，会发自内心地心平气和起来。

有时候，我甚至会想，我们常常说"人定胜天"，但人为什么就一定要去"胜"天呢？人和天地自然之间为什么就一定要是一种谁胜谁负的关系呢？很多时候，人以为自己是"胜"了的时候，那一点点自以为的"胜利"，看在天地自然眼中，其实是多么的不值一提。

所以，再有人问我登顶的感受时，我总是说："不是人征服了山，而是山眷顾了人。"而那种被眷顾的感觉，真的很好。

我总觉得2005年没能登顶乞峰，对我而言未尝不是一种幸运。让我对山——而且不仅仅是山，拥有一种敬畏与感恩之心，感受到被"眷顾"的快乐与平静。

总记得在1号营地度过的那个夜晚。1号营地是一片小木屋，非常舒适，晚上，我躺在廊前看夜空，漫天的星斗，璀璨闪耀，银河清晰地流淌过天际，清晰得仿佛可以听见"河水"的声音，又好像这星星组成的河水真的可以浸透人的心灵。我当时就觉得自己把什么都忘了，不想再往上，也不想往下，忘了时间也忘记了空间。那一刻，我就知道自己还会再来，不一定为了登山，但是会带上家人、孩子，一定会很有意思。

我的感觉没有错，2007年，几乎同样的时间，我又来到了乞峰，带着我的两个儿子——老大贝贝，老二多多。

在此之前，2005年4月，我徒步北极点；7月，登顶海拔6206米的启孜峰；12月，徒步南极点，登顶南极最高峰——海拔4897米的文森峰。

2006年5月，我带着两个儿子登顶海拔5025米的四姑娘山大峰；10月，我登顶世界第六高峰——海拔8201米的卓奥友峰。

到了2007年，此时的我，已经不是2005年乞峰铩羽而归时的我了，而我家贝

乞峰或许是"7+2"中唯一一适合呼朋唤友、拖家带口的"最高峰"（后排从左到右）多多、贝贝、阿南、王队、"喜洋洋"（中排从左到右）小白、王队夫人、王队岳父、宝哥、我、尼珍、"青于蓝"、尼玛校长（前排从左到右）肖梦萍、王灏。

贝十一岁，多多差两个月十岁，也已经是小小的男子汉了。

　　和我一起登顶乞峰，是小哥俩很长时间以来的愿望，他们也一直在为实现这个愿望做准备，和我一起登顶四姑娘山大峰，从某种程度上来说，也算是攀登乞峰的一次预演。

　　我一直觉得，在孩子们成长的过程中，帮助他们形成好的性格、健康积极的心态、乐观自信的精神，比什么都重要。因为在他们未来的人生中，情商比智商更重要。然而现实情况是在孩子们的生活中，作用于情商的东西远远比作用于智商的东西要少。登山是一项运动，但又不仅仅是运动，它更多的作用于人的心态和精神，作用于情商，锻炼人的意志力，培养勇于冒险、积极向上的精神。

　　儿子们对山的兴趣，几乎不需要特别培养。在他们眼中，登山的我，就是一个"超级无敌妈妈"，可能男孩子都会有某种"英雄崇拜"的情结，在成长的过程中需要有象征力量与坚强的精神偶像。所以我知道，他们和我一起登山，是最自然不过的事情，这样的时候一定会到来。

　　就这样，我和儿子们来到了乞峰。

　　乞峰在坦桑尼亚的东北部，邻近肯尼亚边界，所以去登乞峰的时候，通常会同

　　我总觉得，喜欢户外运动的人，多半性格开朗阳光，人生态度积极正面。我热爱户外，我也希望我的孩子们爱上户外运动。

时去肯尼亚几个大名鼎鼎的野生动物园玩玩儿。所以这或许是"7+2"里唯一一座适合全家同往的山。同行的队友一多半拖家带口，有王队一家、西藏登山学校尼玛校长和他的女儿，还有山友"喜洋洋"和"青于蓝"这对母子。此外还有北京的小白、温州的阿南、成都的李亮和肖梦萍（她是建哥的妻子）。

我也带着两个儿子，同行的还有他们的爸——人称"宝哥"的张宝全。在我登山的生涯中，这还是第一次，可能也是唯一一次我们全家一起出动。虽然宝哥因为有严重的高山反应，只能陪我们到乞峰脚下，没法和我们一起登顶，但能够全家人一起这样走一趟，我还是觉得满足极了，对儿子们来说，这也是很重要的吧。

然而，谁也没有料到，上飞机时宝哥被挡在了登机口外！原来他的护照过期两个月了，他只好先回北京，再想办法。后来我们听说宝哥情急之下异常神勇，居然回北京后只用一天的时间就搞定了护照的问题，又赶着来和我们会合了。

我们一群人在肯尼亚，从马赛马拉玩到纳库鲁，十分尽兴。

到了纳库鲁湖畔，就能看见乞峰了。想象这样一幅画：最上面是天空，往下是乞峰的积雪，再往下是乞峰的山体，再往下是草原，再往下是一片湖，再往下是湖边一片火烈鸟，最下面又是一片草原！太梦幻了。

纳库鲁湖的火烈鸟，是大自然对人类美感的慷慨赏赐。

肯尼亚是野生动物的"天堂",这个东非高原之国,散落着大约60个野生动物公园。而位于肯尼亚东南部与坦桑尼亚交界处的马赛马拉国家野生动物保护区(Masai Mara National Reserve),更是全世界最吸引人的野生动物公园。

厄尔布鲁士 北极 乞力马扎罗 南极—文森峰 珠穆朗玛 阿空加瓜 齐亚 麦金利

马赛马拉国家公园里一个马赛人（Maasai）的部落，马赛人是东非最著名的游牧民族，他们骁勇善猎，在草原、丛林中与野兽共同生活，"马赛武士"以勇气、耐力闻名于世。马赛人如今仍生活在严格的部落制度之下，并保留着他们独特的民风民俗。

把我们送到墨西镇，孩子们的爸就打道回府了，接下来由我带着儿子们向上攀登——不过从照片上来看，怎么看怎么觉得儿子们比宝哥有"战斗力"。

　　最后，我们到达乞峰脚下的墨西镇，大部分"随军家属"打道回府，回家过年去了，比如宝哥、队长的家人。而创立了西藏登山学校的尼玛校长，虽然不算"随军家属"，但他在山脚下看了看乞峰，兴趣缺缺地说："这也算山啊。"就带着女儿到海边游泳去了。

　　另外几个目标明确直奔乞峰的队友，在墨西镇和我们会合。有阿旺扎西、大姐、马北北、杨锐、王静，还有老朋友孙爷。

　　其中扎西曾登顶过K2，又曾无氧登顶珠峰。贝贝多多可佩服他了，一路上老是缠着扎西，问这问那。

　　这回又是一支大队伍，而且这支队伍成分更复杂，有王队、扎西这样的高手，但还有几个都是第一次登山的"新手"，更有贝贝多多这样的孩子。王队安排的是从路程较短的罗盖伊路线上山；从风景优美、坡缓路长的"可口可乐"传统路线下山。一次攀登，两种领悟。

　　罗盖伊路线比较短，攀登时间是三天，但相对较陡，风景不如可口可乐路线。虽然乞峰是相对比较容易攀登的山峰，但也并不是完全没有难度，就连并称中国登山圈"双子星"的王队和国家登山协会主席李致新，也曾在乞峰遇到过危险。

　　王队回忆说，当时他和李主席轮流背着一套摄影器材，因为体力消耗太大，先后出现了高山反应，走得很艰难。而且那时罗盖伊路线刚刚开发出来，他们的一名向导失踪了，大家甚至怀疑他被野兽吃了，幸好后来知道只是迷路了，在山洞里躲了一夜。

队伍到达海拔5681米的吉尔曼高地（登顶乞峰的人一般都会在这里休整一下，再继续冲击顶峰乌呼鲁峰），又遇到了突袭的风雪，连同行的向导都劝他们往回走算了。但王队和李主席互相鼓励，最终登顶成功。

但因为风雪太大，他们在下山的时候迷路了，在风雪中挣扎了一个多小时才找到路。而就在那场风雪中，一个德国人在顶峰附近遇难。

而我2005年攀登乞峰的时候，也铩羽而归，还有两个同行的队员是被抬下山的。

这趟带儿子们来，我毫不避讳自己之前的失败，把过程仔细地告诉他们，让他们充分认识到可能面临的困难与挑战，让他们自己决定是否要攀登乞峰。我一向很注意培养孩子们自己下判断、作决定的能力，因为孩子未来的人生路上，会有不计其数的决定需要他们自己做出，做父母的不可能一辈子为他们做选择。但让孩子们自己做决定的一个前提条件，就是让他们充分地了解到事情的方方面面——这就是父母的责任了。

尽管了解到攀登乞峰可能遇到的危险和困难，但一点也没有动摇贝贝和多多攀登的愿望。他们会做出这样的决定，在我的意料之中，我知道这小哥儿俩有多坚强。

2006年我们攀登四姑娘山大峰的时候，前往突击营地的路上下起了大雪，营地安排了骡队来接我们，好些队员都骑上骡子走了，但九岁的多多坚决不上骡子，不管旁人怎么说，他坚持要和我们一起走，说什么也不骑骡子，硬是在风雪中和我们一起走到了营地，没叫一声苦、没喊一句累。看到他倔强的小身影，王队都直竖大拇指。

因为风雪太大，担心孩子们登顶不能成功，考虑到前一天多多的表现，王队和我商量，是不是登顶的时候，全力保证多多登顶，贝贝就留在营地，这次先不登顶了。我很理解王队的考虑，虽然很难过，但还是对贝贝说，明天他得留在营地了。

贝贝什么也没有说，只是默默地点点头，作为哥哥的他一向非常要强，可又非常懂事，从小就很能体谅大人的难处，有什么事都努力自己撑着，不给大人添麻烦。但他越是这样要强懂事，我就越是心疼，纠结得一夜没睡好，几次想找王队再争取一下，看能不能把贝贝也带上，考虑到天气因素和客观条件，又只好把冲动强压下来。

第二天一大早，我们围着多多给他穿衣服，整装备。要知道，登山的过程中，穿戴和装备是非常重要的环节，特别是登顶当天，一点细微的疏忽，比如头灯不亮，或者手套少戴一层，都可能会带来严重的后果。多多毕竟太小，好些东西自己都操作不便，就在我和王队围着他打转的时候，我无意中一回头，发现贝贝已经自己穿戴整齐，带好装备，默默地站在一旁等着。

那一刻，我的心像被什么撞了一下，眼眶一下子湿了。贝贝只比多多大一岁多，在这样寒冷的凌晨，已经被告知不参加登顶的他，自己起床，自己装备，什么也没有说，就是那么默默地站在一旁，默默地等着。这可是四千多米的营地啊！

如果这时他对我说："我也要登顶。"我一定会毫不犹豫地说："好。"

但是这孩子太懂事了，他只是那么默默地站着，什么也不说。

连王队都觉得震动，他常说："登顶的早上，只要能穿戴好钻出帐篷，登顶就成功了一半。"但是王队到底没有说什么，只是催着我和多多赶紧出发。

贝贝和我们一起钻出帐篷，他仍然什么都不说，默默地站着，默默地看着我们离开。我也不敢说什么，生怕一开口，自己的眼泪就会掉下来。王队带着多多，我在后面跟着，走在雪地里，我不敢回头，生怕看到贝贝全副武装的小身影还在帐篷外，看着我们远去。而我心里其实非常清楚，他一定还在帐篷外看着、等着。

过了一条结冰的小河，我实在忍不住了，回头一看，眼泪哗地就淌了下来。贝贝果然还在帐篷外站着，小小的身影，全副武装。

王队说："带上他吧。"

听了王队这句话，我开始拼命往回跑，一边跑一边掉眼泪，贝贝看见我往回

2006年5月，我带着两个儿子登顶海拔5025米的四姑娘山大峰。

跑，立刻就明白了，也开始朝我们飞奔过来，跑着淌过小冰河。我们相遇的时候，我顾不得擦眼泪，也不说一句话，只是紧紧地拉着贝贝的手，好像这辈子也不愿意再松开。

那一刻，我只想像这样牵着我的儿子，和他们一起走遍世界，永远不再把他们分开。

那一次，我带着两个儿子，成功登顶四姑娘山大峰。

所以，这一次来乞峰，我对自己说，我一定、一定要和贝贝多多一起，站在非洲的最高处，绝对不让孩子留一点点遗憾。

在墨西镇，我们住了一夜，还是我2005年来时住的那一家，穆斯林打扮的老板甚至还记得我。和两年前比，小镇上最大的变化，是路上的车不一样了。

2005年墨西镇上跑着各式各样的老爷车和老爷吉普车，简直就是活动的汽车博物馆！几十上百年里欧洲淘汰下来已经找不到的车，都还在这里的马路上撒欢，甚至还能看到老式的凤凰自行车！。

我们拍了一辆大吉普，宽大方正，后面有两个备胎，两个天线，威风凛凛、器宇轩昂，简直是帅呆了！和它一比，现在这些被改造进化的圆头圆脑的吉普，都像是小白脸了。

可惜这次来，镇上的汽车也与时俱进地升级换代了，再也不复当年汽车博物馆的盛况了。我们从乞力马扎罗机场到墨西镇，搭乘的是两辆"老态龙钟"的面包

2005年的墨西镇满大街跑的多是这种大吉普，真是帅呆了。

车，一路上故障不断，从早上5点开到下午7点，足足折腾了一天才到。

第二天我们开始攀登，正好是农历的大年三十，一大早我们就把行李堆在院子里，几十个向导、背夫、厨师构成的庞大的后勤队伍也已经等在门外了。在乞峰，登山队伍配备多少后勤人员都有明确规定。早在上个世纪初，乞峰就成为欧洲人攀登的热点，旅游开发、配套服务已经非常成熟完善，所以人们都说攀登乞峰，后勤服务是五星级的。

下午两点我们到了乞峰脚下。王队去办登山手续，队员们则享受了第一顿乞峰特色的"豪华路餐"。

两个厨子麻利地洗切蔬菜、水果，背夫们支餐桌、铺桌布、摆好帆布小凳子，在四五个小塑料盆里打水给大家洗手。只十分钟，铺了红黑格子桌布的长条餐桌上就摆好了切片面包、黄油、果酱、蛋糕、土豆片、油炸花生米、胡萝卜条、黄瓜条、芒果、桔子、果汁……太丰盛了，大家都感叹，真不像来登山的，简直就是野餐嘛。

吃完饭，行李过秤，为了保证背夫们的利益，乞峰管理公司严格限定每个背夫负重不能超过20斤，所以我们这支队伍配了40个背夫！

第一天的路线很好走，坡度很缓，是泥石混合路，也比较平整。

刚开始，我们穿行在玉米地里，路边有些小木屋，我们经过时，不时有几个本地小孩从屋里飞奔出来，边跑边向我们挥手，大喊"Jambo"。

在乞峰，不断听到人们见面时互相说"Jambo"，开始我们以为是"请让一让"的意思，后来觉得更应该是"你好"，于是后来一路上，我们见了各个国家各个年龄段的山友和当地的向导，就是一句"Jambo"加一句"你好"。竟然带得不少老外也学会了"你好"，还有人主动对我们说："你好！"登山的世界，人与人之间就是这么轻松、宽容、友好。

有一段我们走进了热带丛林，没有风，在树林里穿行有些闷热，好在坡度很缓，小径比较平整，两侧用剖开的树干做护栏，隔一段就有休息的地方，有长条桌子和板凳，还有木头搭建的环保厕所。一路上都是如此，乞峰登山路线的管理真的是做得很好。

但是一路上都看不见乞峰，肖梦萍说这就是"只缘身在此山中"了。

休息的时候，多多难得消停了一会儿，好好地喝口水。

走着走着大家拉开了距离，我们和王队、扎西走在一起，一路上有大树，有小动物从路上跑过，还能看见溪水和瀑布，儿子们在前面开道。贝贝多多的状态好极了，中间休息的时候也不安生，精力充沛，不是捉蝴蝶、拿石头扔猴子、追松鼠，就是和扎西打闹，又缠着扎西打听他女朋友的事，什么"你们怎么认识的啊"、"你怎么向她告白的啊"、"你送她什么礼物啊"……我在一旁听着，暗暗好笑，小男生们懵懂的憧憬真是可爱。又故意问："你们说什么呢？"他们赶紧说："没啥没啥，我们闲聊。"

快要到1号营地时，一个向导无意中说起，乞峰的登山规定中有一条，不允许十岁以下的孩子登顶。

因为多多还有两个月才满十岁，我忙问向导这是怎么回事，向导也说不清楚，只恍惚记得好像是这样。但是，我们早就把贝贝和多多的资料给到向导公司，向导公司也一直没有提到多多年龄的问题。

这时候，多多小脸上的表情，让我的心"咯噔"一下悬了起来，从没在孩子脸上看到那么失望、焦虑、难过的表情，多多这孩子性格特别开朗欢快，对自己热爱的事情又非常执着，从小到大，我只见他哭过一次，永远是那么开心快乐，兴致勃勃。

忽然之间，多多难过焦虑的表情，和去年攀登四姑娘山大峰时，贝贝那默默承受着失望，却又不肯放弃希望的小脸重叠了起来，我的嗓子被堵住了，我真的不知道作为一个母亲，在这种时候，怎么能说出让多多放弃这次攀登的话。

所以我们决定继续攀登。

傍晚6点多，我们到达1号营地。所有人都觉得今天走得很轻松，好像没啥感觉就到了。王队提醒大家，前两天都好走，以后会越来越难。不要因为第一天走的轻松就掉以轻心。

说话间就到了除夕夜，我们聚在厨房帐篷里吃年夜饭。"喜洋洋"从北京带来了春联，挂在帐篷门口。厨师端上了切片面包，配着黄油和番茄酱，然后是意大利面、煎鱼，最后是煮蔬菜和奶油洋葱汤。大家把各自从国内带来的好吃的都掏了出来，堆在桌上，辣椒酱就有好几种，意大利面拌上辣椒酱，大家都说再来点醋就完美了，而这时，阿南不慌不忙地掏出了一瓶镇江米醋。

意大利面加上米醋、老干妈，再拌点白糖，就成了四川燃面。

饭后，厨师端上水果和热奶茶，大家喝着啤酒、高唱新年快乐……一时间中文、英文歌齐飞，有的悠扬有的激昂，我们这个特殊的"春节联欢晚会"到了高潮，最后大家合唱一曲《难忘今宵》。

因为第二天要接着赶路，就不熬夜守岁了，吃完喝完笑完唱完，在帐篷前扯着春联合了影，我们就回帐篷睡了，张罗着睡下的时候，我看着儿子们自己打点睡袋，把衣服叠起来做小枕头，把晚上起夜要用到的头灯放在伸手可及的位置，井井有条。这几年我经常带着孩子玩户外，周末没事就出去露营，遇到更长的假期就去登山、徒步，果然"功夫不负有心人"，小哥俩的"户外经验"已经很丰富了。

第二天是大年初一，一大早就听见帐篷外有人大喊大叫："乞力马扎罗雪峰出来了！"所有的人都被闹醒了，纷纷抓着相机冲出去，一时间营地里快门声此起彼伏，我们也赶紧钻出帐篷。

昨天萦绕在营地上空的云雾已经完全散去，蔚蓝的天空没有一丝云，这里的日出仿佛特别快，一眨眼的功夫，初升的太阳的光芒就像新鲜的鸡蛋汁一样，从乞峰在乞峰迎来2007年的大年初一，我们给远方的家人朋友、给全国人民拜年了！。

山顶那著名的"赤道积雪"，一直泼洒到我们身边，营地笼罩在一片金灿灿的霞光中。

在非洲辽阔的平原上，乞峰的山体显得特别的庞大雄浑，给人一种强大的震撼力，真不愧是非洲屋脊，难怪当地人将它称作"上帝的殿堂"。大约以5000米雪线为界，向下是越来越深越来越浓的绿色，向上则是皑皑白雪，在阳光下闪闪发光。

一旁的非洲第二高峰肯尼亚峰也清晰可见，肯尼亚峰峭拔险峻，和雄浑壮丽的乞峰形成鲜明的对比，乞峰是典型的火山锥，山势平缓上升，顶端看上去较平，非常有气势。

在图画一般的美景中我们露天吃早餐，背夫早就准备好了洗脸水、洗手水，装在小塑料盆里，一字排开摆在营地的空地上，真周到。早餐也很丰富，切片面包、黄油、果酱、燕麦粥、水果……大家吃得很开心。

吃完早饭，大家又拿着昨晚贴在大帐篷门口的春联留影，各种组合和造型，拍到后来笑得不成了，回来后看照片才发现，好些把上下联都拿反了。

然后我们继续向2号营地前进，今天的路程约3小时。植被不断变化，从热带雨林的高大乔木、藤蔓植物到松树等针叶林，随着海拔升高，松林越来越矮，从一人高降到齐腰高，山上的火山沉积岩越来越多，我们逐渐进入松叶林、灌木和高山草甸的交汇带。

乞峰昼夜温差很大，夜晚只有10摄氏度左右，穿着抓绒衣都有寒意。白天气温攀登乞峰，头两天的路都比较好走，王队说这样的情况下更要注意控制节奏，为登顶保留体力。

在27摄氏度左右，烈日当空，阳光火辣，需要不停抹防晒霜。

孩子们走的没有昨天那么欢腾了，昨天常常跑出老远，今天一直和我们走在一起。但停下来拍照的时候，还是会摆出一些搞怪的造型，看来精神还是不错。

我们的队伍一直匀速前行，向导随时提醒："Poule! Poule!"是当地斯瓦西里语"慢点"的意思。王队解释说因为前两天的路好走，所以更要控制节奏，不能冲得太猛，消耗过大，得为登顶预留体力。

听到向导的话，我不禁想起那个著名的非洲寓言了，也不知从哪里传来的，反正我常常听人说起。说的是在非洲，人们出行在外，走着走着就会停下来歇一气，有外乡来的人不明所以，问为什么，回答说："走的太快了，灵魂会跟不上身体和脚步，所以要停下来，等一等自己的灵魂。"

其实这个寓言的版权不一定在非洲，因为很多地方好像都有这样的传说。当然，人出行在外，肯定要时不时歇一歇，就算不等灵魂，也总要落落汗、喘口气，吃点干粮喝口水。但我真的很喜欢这个寓言，也很喜欢"等一等自己的灵魂"这种说法。似乎在登山的人群中，这个寓言流传得格外广，王石有一本书就是用它命名的，可能与山相对的时候，人对灵魂的感觉，更为敏锐一些吧。

而我常常想的是，我们怎么等自己的灵魂呢，应该不是停下来傻乎乎地干等吧。不管路多么长，多么险，都给自己留出时间和空间，好好地吃饭、好好地休息、爱护自己的身体皮肤、享受途中的美景风光，这都是等到自己灵魂的最好的办法。

路上看到了好些老头老太太，看得出他们年轻时也是户外爱好者，现在上了年纪，走得慢了，就把登山当做了消遣与放松，一路欣赏风景，活动筋骨，大部分就走到2号营地，少数走到3号营地，一般不登顶，这样的老年生活，真让人羡慕。

我对贝贝多多说，等我老了，爬不动山了，就和他们一起去大本营，他们去登顶，我就在下面烧水做饭、收拾营地、喂来到营地的动物，等他们登顶回来，给我带一块顶峰的石头、一把顶峰的雪，我就心满意足了。

想到这里，就不禁想远了。如果将来有一天，他们对我说，要去登珠峰、麦金利，甚至K2，我会怎样呢？那对我来说，一定是非常艰难的时刻，攀登那样的山峰，真的有可能要付出生命的代价！只是想一想，我就觉得太恐怖了。但我想我可能最终还是不会阻止他们吧。

这么边走边聊，孩子们的精神头儿慢慢地又回来了。到午饭的时候，他们看到上了一盘貌似炸鸡块的食物，立刻欢呼："有炸鸡有炸鸡！"扑上去一人抓了一块就啃。可能是当地的饮食习惯，以及登山过程中的卫生考虑，自打进山以来，餐桌上就没看见肉。要知道，我和儿子们可都是肉食动物，无肉不欢，尽管协作们准备的路餐营养丰富，但吃不到肉总觉得没抓没挠的似的。而且看来馋肉的不止我们，小哥俩一喊"炸鸡"，把大家的情绪都调动起来了。

结果贝贝多多抓着"炸鸡块"，迫不及待地一大口啃下去，发现里面并没有肉，只是一种面食，失望得小脸都皱起来了。我们虽然也有点小失望，但是看他们的反应，又觉得真好玩。

下午我们进行适应性训练，从2号营地走到3500米高度时折返。这一段山路已经很崎岖，有许多乱石，在石头上腾挪闪转得特别小心，掌握不好平衡就会踩进石头缝里。

晚餐主食是煎饼，味道很好，在这样高海拔的地方，还能做出如此色香味俱全的煎饼，厨子真是了不起。还有豌豆炒饭配炒豆角、胡萝卜，最重要的是有一道茄子烧鸡块，终于有肉了！贝贝多多高兴极了，吃得狼吞虎咽的。

两个孩子明显比昨天累。我和王队悄悄商量要不要在2号营地歇一天，做点适应性训练。最后他还是决定继续往上，一鼓作气到3号营地再休整。因为他们的状态其实还很不错。

晚上，漫天的星斗，和儿子们一起看了好一会儿。

我从小在福建山里长大，那时候父亲总爱带着我看星星，对照星空图，教我认星座。城市里光污染，像这样的星空几乎已经看不见了，此时在乞峰脚下看到，让我又感动、又怀念。真该带一张星空图，也像父亲教我那样，教儿子们认一认星座。好在尽管没有星空图，我还是给他们指出了不少星座，忽然发现自己天文知识还是很丰富的，真要感谢父亲。

夜空中有流星划过，我们默默地许愿，

第三天一大早又出了突发事件，肖梦萍和"喜洋洋"在帐篷后方5米处的草地上发现一只被咬断的新鲜的动物腿骨，肉被吃光了，残留的血迹凝固在骨头上。根据形状和体积，向导判断是牛的腿骨。离帐篷这么近，居然昨晚我们谁都没发现异常。

后来，背夫们在营地的另一边还发现了另一只更大的牛腿骨，这时孙爷又说想起来昨晚好像听见了"呼噜呼噜"的声音，他立刻想到："是不是狮子？"孙爷这么一说，大家七嘴八舌，越说越像。又都奇怪，豹子或狮子跑到这么高寒的地方来干什么？草原上的斑马肥壮，有吃有喝，它们来高山上干什么？

突然出现的神秘动物残骸，为我们的乞峰之行制造了一点小惊险和小悬念。

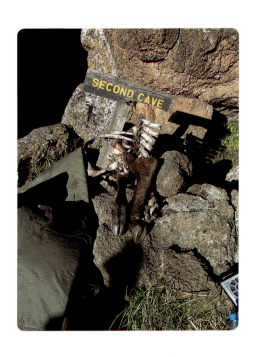

此情此景，很难不让人想起了海明威那篇著名的小说《乞力马扎罗的雪》，开头那著名的一段——

"乞力马扎罗是一座海拔一万九千七百一十英尺的长年积雪的高山，据说它是非洲最高的一座山。西高峰叫马塞人的'鄂阿奇—鄂阿伊'，即上帝的神殿。在西高峰的近旁，有一具已经风干冻僵的豹子的尸体。豹子到这样高寒的地方来寻找什么，没有人作过解释。"

有了神秘牛腿骨这道开胃菜，早餐时大家胃口都很好。9点多出发，前往3号营地。

再往上，草也慢慢少了，路程比前几天更陡，沿途是火山喷发后岩浆凝固形成的巨石，周围的植被是低矮的非洲松，景色也渐渐荒凉起来。队友中开始有人出现这样那样的小状况，头晕啦、难受啦，大家都走的慢了，我们也是。前两天一直忙着拍照的我，今天照片数量明显下降，但我的状态还不错，和两年前到这里时的情形完全不可同日而语。

休息的频率也适当地提高了，王队和我一直告诉贝贝多多，登山的过程中，有什么不舒服不对头的地方，一定要及时说出来，好及时解决。登山的过程中，最怕有什么情况忍着不说，这不是勇敢坚强的表现，因为最后往往会酿成不可收拾的状况，拖累整支队伍。

我给儿子们打比方，这就像我们每次坐飞机都能从广播的"安全须知"里听到的那句话，遇到紧急情况时，请先确认自己的氧气面罩已经戴好，再帮助别人。登山途中也要遵循这样的原则，先照顾好自己，再帮助队友，每个人都照顾好自己，做到自己应该做的事，这支队伍就能够保障安全，获得成功。

虽然从两个儿子出生起，他们在物质上从来没有缺乏过，可以说想要什么就能够得到什么，但他们一直非常自律。我的父母绝不娇惯我，我对儿子们也是如此，很小的时候，他们就知道，撞倒了要自己爬起来，还要看看有没有把桌子腿椅子腿撞坏。买东西时自己去收银台付款，回来还要检查找的钱对不对，而那时候，他们伸直了胳膊才能被收银员看见……而这一切，都是为了让孩子们知道"我行、我能、我可以。"

登山也是如此，在登山的过程中，他们能体会到要靠自己的力量克服困难，也会体会到互相帮助的团队精神。有些事情与孩子们讲多少次他也未必能记住，但经历过一次，他们可能就永远都不会忘记了。

看看！果然是有"获奖潜质"的难得的好照片！

到了3号营地，最重要的就是分组工作，A组第二天就登顶，B组多一天适应性训练。我和两个儿子，加上小白、阿南、"喜洋洋"、"青于蓝"，和王队一起在B组。

这天晚上的夜空美极了，深蓝色的天幕中，一颗很亮的星星和一弯新月相伴，更绝的是，我们营地的一顶黄色帐篷里透出柔和的灯光，和天上的星月相呼应，构成一张完美的画面。杨锐架着相机在拍，大家围着看，感慨这画面真是太巧妙太绝了。

正在这时候，听到帐篷里孙爷和"青于蓝"嚷嚷："拍好了没有，还需要继续打灯吗？"

大家绝倒，原来这幅画面中的点睛之笔、这顶帐篷里的灯光是用头灯制造出来的呀！

回过神来的大家，又是一通手忙脚乱地掏相机，营地里又是一阵此起彼伏的快门声。杨锐得意地嚷嚷："这照片可是要得奖的！你们得给我版权费啊！"只是

3号营地往上，景色渐渐荒凉，植被也只有低矮的非洲松了。

苦了孙爷和"青于蓝"，得一直举着头灯帮我们制造效果，"青于蓝"说手都酸了。

这张"获奖照片"带给大家的喜悦和兴奋，冲淡了登顶前的紧张。

第二天A组冲顶，我们B组适应性训练，训练强度不大，主要是在周围走走转转。乞峰到这里已经看不见植被了，只有土地和岩石，地表被风化得很厉害，但因为天很蓝，阳光很好，所以并不觉得特别荒凉。我状态极好，精神奕奕，贝贝多多都说"妈妈看上去很漂亮"。他们俩也很不错，吃得香睡的好，在山上，能吃好睡好，就是成功的一半。真高兴这一点他们都像我，高山适应好。

适应性训练安排的是从3号营地出发，到突击基地——基博木棚。一路上的坡度没有想象的陡，沿途都是大大小小的火山石，偶尔在岩石缝里还能看到顽强的小小的野花，但几乎没有什么绿色了。

沿途有不少死去的飞蛾，估计是飞蛾在2～3号营地孵化，到这里生命终结。后基博木棚总是那么热闹，在这里可以看尽登山的百态。

来我们聊起这些飞蛾，感情丰富、充满想象力的孙爷用诗一样的句子概括说："飞蛾把最灿烂的生命献给了乞力马扎罗峰，生命的绚烂在飞舞中戛然而止。"

大概用了4个小时，我们到了突击营地——基博木棚。说是木棚，其实是两幢灰色的砖石结构的平房，一幢是登山管理处，一幢是食堂，旁边还有小卖部。攀登乞峰所有的路线，最后都在基博木棚会合，再往上就要准备登顶了。

很多队伍在此安营扎寨，只见红、黄、蓝、绿各色帐篷把面积不大的营地挤得满当当的，不少帐篷只得扎在斜坡上。风很大，云很低，氧气明显少了很多，能清晰地感到大气压迫着心脏。不少人在为明天的登顶做准备，又有很多人登顶后下撤到这里，还有身体出现状况的攀登者，被救援用的独轮车送下山去。

在突击营地，顶峰已经清晰可见了，但我知道，尽管看上去似乎伸手就能够到，但这将是漫长而艰苦的一段路。两年前我就是在这段路上"铩羽而归"。

乞力马扎罗的登顶成功率是40%，这是因为来乞峰的登山者，有相当一部分是以攀登到吉尔曼高地为目标。到了吉尔曼高地，就可以看见乞峰脚下那著名的大火山口了，也能够看到壮丽的日出，所以很多人并不追求登顶。

适应性训练之后，我问贝贝多多什么感觉，他们说就是累，别的还好。临睡前，我和王队给他俩开小规模的动员会，一再强调，攻顶的时候，尽全力，不逞强。能够到吉尔曼高地就是胜利，万一有什么状况及时汇报，如果我们决定下撤，要无条件服从。我相信孩子们都听懂了。而我发自内心地希望他们能够成功登顶。

半夜11点，我喊醒了儿子们，开始作登顶前的准备，穿好衣服，检查了装备，喝了点热水、吃了一点干粮。虽然睡的时间不长,起床肯定有点难受,但孩子们没有任何抱怨。我检查他们的准备情况,一项一项地问他们,他们一一回答,有条不紊。确定都没有问题了,我们一起钻出帐篷,和王队、队友们会合。

大风呼啸着扑打过来,很冷,但我们谁也没意识到什么异常,只有王队察觉到天气冷得有点不正常,又让贝贝多加了一件羽绒服。事后我们才知道,我们遇到了乞峰几十年不遇的寒冷天气,以及多年以来最大的一场风雪。

整个突击营地一片忙碌。登顶乞峰,一般都是凌晨出发,早上6点之前到达吉尔曼高地,在高地看日出,如果体力许可,就继续挑战顶峰。

一路上只见上百盏头灯蜿蜒而动,好像一直绵延到天际,非常壮观。二月是乞峰的最佳攀登季节,每天冲顶的有上百人,狭窄的路段时常出现"塞车"的情形,所以向导不停地提醒我们"慢点"。当然,从这里开始,坡已经很陡了,想快也快不了。

越往上走坡越陡,路上全是火山灰和碎石,走一步滑半步。这时,连我都意识到了这一天的气温低得出奇。两个孩子默默地跟着我们走,不出一声,到这个时候,尽管我和王队都在他们身边,但他们全要靠自己了,我很关注他们的状态,看得出他们都很累,根据他们的情况,调整节奏,安排休息。但是不能休息太久,防止失温。而且登顶的人多,也不能停留太久。就这样,我不断地鼓励孩子们,告诉他们已经走到了哪里,提醒他们喝水,进食,还要注意不能打乱他们的节奏,让他们保持着自己的节奏——在登山中,这是很重要的。

凌晨四五点的时候是最累也最困的,连我都觉得眼皮有点开始打架了,贝贝多多还是默默地在大风中跟着我们走。

这时,已经不断地有人开始下撤,而我们在不断地超过一些队伍。每超过一支队伍,我都能感觉到孩子们的信心又增加了一分。在那种情况下,我们没法交谈,我只能拍拍他们的肩膀,他们就冲我点点头,但就是这么最简单的交流就够了,我们完全能够知道彼此在想什么,能清晰地感觉到彼此的心情,我们把前面的队伍当做目标,每超过一支队伍,就盯紧前面的队伍,把它当做下一个目标。

就这样,一个目标一个目标地走过去,清晨6点,我们到了吉尔曼高地。

天边已经开始有一线光明,然后仿佛是忽然之间,那一线光明之中闪出一个亮点,又是忽然之间,太阳哗啦啦地起来了,吉尔曼高地上一片光明。这时所有到达吉尔曼高地上的人们都欢呼起来,

到达吉尔曼高地，尽管身体已经很累，但孩子们的精神却很兴奋，急着要继续向上、冲顶。

很多来到乞峰的游客，都以吉尔曼高地为最终目标。但贝贝多多说："我们是冲着登顶来的！"。

冲顶的人踩出来的一条小路，从吉尔曼高地蜿蜒通往顶峰乌呼鲁峰。

儿子们站在我左右，和我一起看着吉尔曼高地上的日出，孩子们欢呼雀跃，激动不已，这是我们一起看到的最高的日出了。

孩子们的欢欣，仿佛被充满了电，然后我问他们："还继续往上吗？"

他们想也不想地回答："当然啦！我们是冲着登顶来的！"

我和王队交流了一下，王队也认为他们的状态非常好，继续向上完全没有问题。

于是我们继续向上攀登。

最后这一段路，是一条长长的冰雪坡，据说今年的雪特别大、特别厚，而以往攀登乞峰没有这么大的雪，是不用准备冰雪器材的，所以我们整支队伍里，只有阿南带了一双冰爪。队长担心这么大的雪，被太阳晒着，成为亮冰，带来危险，于是阿南把他的冰爪贡献出来，王队穿了一只，带着多多；另一只给了贝贝的向导。

沿着吉尔曼高地背后的雪坡横切，我们小心翼翼踩着前面人的脚印，顶着凛冽的大风，在冰雪坡上艰难地行进了两个小时。

终于，我们与顶峰乌呼鲁峰顶只有几步之遥了。

这时贝贝多多都走到了我前面，我看着他们两个一前一后，一步一步艰难地走向顶峰的时候，眼泪就控制不住地涌了出来。

我真的太为他们骄傲了。看着他们登顶，比我自己登顶更有成就感，更有意义。

在顶峰拍照的时候，我一边搂着一个儿子，那一刻，我觉得我是世界上最幸福的妈妈。

在顶峰附近，任何操作都要非常小心，周围都是乞峰巨大的冰川，下面是很深的峡谷。喝水的时候，多多一个不小心，把他的一个水壶失手掉了，这里掉了水壶，肯定就捡不回来了。多多眼巴巴地看着它叮叮当当地滚下山去，这孩子从小就特别在意通过保留物品，来保留人生中珍贵的记忆。他看着掉到裂缝中的水壶，说："它会一直在那里吧，以后来的人，也会看见它吧。"又说："如果这水壶没掉，我会把它保留一辈子的。"

那一天天气真的特别冷，顶峰几乎站不住人，休息了一会儿，我们就赶紧下撤。冰太厚了，太阳一晒，全结成了亮冰，路变得特别滑，下撤比登顶更难。登顶时表现得很从容的王队，这会儿变得小心翼翼，认真地叮嘱贝贝的向导时刻拽紧贝贝，自己则紧紧拽着多多，一步一步小心地往下撤。

贝贝多多和我站在了非洲最高峰!

　　走了几百米,我就看见多多和王队一滑,离开了主路,一下子就往雪坡下滑下去了。我的心腾地一下子悬了起来,几乎要惊呼出声的时候,王队已经一个翻身紧急制动,扑到在地,把冰镐钉在地上,停住了,多多也就被拽住了。等我走到跟前,他俩已经小心翼翼地爬回了主路。

　　真的是电光石火间发生的事,估计多多还没弄清楚状况。所以后来回忆那一刻惊魂,他总说是自己施展功夫,紧急关头一个"急刹车",把王队给救了。王队就笑眯眯地说:"是啊是啊,多多救了我一回。"

　　下到吉尔曼高地的时候,开始下雪了,好大的雪,路更不好走了,贝贝的向导带着贝贝,王队带着多多,我们慢慢地走过了那段艰难的下撤之路。

　　这段路上,贝贝多多已经缓过劲儿来了,拍照的时候开始摆各种搞怪的造型——小孩子的恢复能力就是强。等下到雪线以下,盖着厚厚火山灰的碎石路上,他俩已经特别精神了,我们还在小心地走着"之"字形的下撤路线,他们好像踩着风火轮，烟尘滚滚地追着一个外国登山者就直冲下去了，我们根本追不上他们，只能看见他们卷起的一团团的烟尘，就和两架小推土机似的。

下来揪住他们一看，好家伙！鞋子里全是小石子儿、碎渣子。

孩子们精神这么好，大人也跟着来劲儿了，到突击营地我们没有停，换了"可口可乐路线"，一直下到3800米的"火龙果营地"，也就是"可口可乐路线"上的2号营地，因为周围有许多火龙果树，所以得了这么个名字。

我们在营地休整了一晚上。接下来的下撤路线真不愧"可口可乐"这个名字，坡平路缓、风景优美，沿途的植被简直就是堂植物课，从高山草甸、灌木丛，到高大乔木、热带雨林，真是十步一景。贝贝多多这时已经完全恢复了，一路上唱着周杰伦的《双节棍》，蹦蹦跳跳、打打闹闹地玩着就下去了。他俩都晒黑了，途中遇到当地的孩子们，和他们站在一起的时候，感觉很和谐。可口可乐路线也非常热闹，游客、背夫、向导来来往往，沿途还看到乞峰特有的独轮车，用于运送体力不济或生病的游客。

回到墨西镇，A组的"战友们"接上我们，他们一直在关注着我们的情况，听到贝贝多多都成功登顶的消息，他们还在车上就欢呼鼓掌起来。

虽然遇到了罕见的恶劣天气，但我们有惊无险，全体队员登顶了乞峰。肖梦萍又给了我们一个惊喜，她无意中发现，多多还创造了一个"世界之最"，他成为了全世界年纪最小的乞峰登顶者！王队特别欣慰，他说这是中国登山史上第一个"世界之最"，会是一笔值得记下的珍贵记录。

而这也是我登山历程中最骄傲的一次登顶。

是的，"最骄傲"！没有之一。

我相信，不管过去多少年，他们登顶乞峰时，那一前一后、一步一步的小小的身影，会永远清晰地映在我的脑海里。那一刻，我的儿子们，把我作为一个母亲的骄傲、喜悦和幸福，鲜明地写在了蓝天下的非洲最高峰上！

谢谢贝贝！谢谢多多！妈妈永远为你们骄傲！

到达肯尼亚首都内罗毕。

前往纳库鲁湖的路上，满地泥泞，车抛锚了。

护照过期被滞留国内的宝哥，终于解决了护照问题，赶来和我们会合了。

在我的"7+2"历程中，这是唯一一次"全家总动员"，带给我特别的体验和感动。

多多扎了满手的刺，我帮他挑，他一直忍着疼，半个手掌都肿了起来。

尽管肤色不同，但孩子们在一起，感觉就是那么和谐融入。

墨西镇上还能看到老式的凤凰自行车——有图有真相。

一家人的悠闲假期

非洲兄弟们的头顶功夫真是了得。

享受着非洲大草原吹来的微风，惬意的午后。远处的雪山就是乞力马扎罗

乞峰脚下的"年夜饭"。

攀登的过程先易后难，头两天走得很轻松。

在吉尔曼高地，看到了非洲大地的壮美日出。

这一刻，非洲最高峰属于贝贝和多多。

从吉尔曼高地，继续向上，最后一段路，是一条长长的冰雪坡。

登顶前，小哥俩已经很累了，但还能在镜头前玩点"小花招"。

登顶归来，看看小哥俩笑得多开心。

孩子们的精力真是充沛，下山的时候一下子就欢腾起来了。

孩子们的最高峰

下撤时我们走的是"可口可乐路线"，沿途风景优美。

下撤途中，遇到几个当地孩子，张开肯尼亚国旗拍张照，感谢这美丽的国家，带给了贝贝多多精彩难得的美好经历。

孩子们，即使登顶了非洲最高峰，也还是要按时完成作业。

南极—文森峰
解密"极地竞争"

2005年我真的挺忙，4月徒步北极点，7月登顶了海拔6206米的西藏启孜峰，12月又参加极度体验"7+2"南极探险队，徒步南极极点，随后登顶南极洲最高峰——文森峰。

说到南极，人们通常会想起阿蒙森和斯科特的故事——

1911年，挪威探险家罗尔德·阿蒙森和英国海军上校罗伯特·福尔肯·斯科特，同时开始征服南极极点之旅。为了争夺世界上第一个踏足南极极点的荣耀，他们在世界尽头的茫茫冰雪中，展开了悄然而激烈的竞争。

阿蒙森队捷足先登，于1911年12月14日到达南极极点。斯科特队在第二年1月18日才到达，极点上已经飘扬着挪威的国旗，他们晚到了将近五个星期。

阿蒙森队凯旋班师，而斯科特和他的4名队员，却在归途中遇到提前到来的极圈寒季，饥寒交迫、体力不支，最终长眠于冰雪之中。

奥地利作家斯蒂芬·茨威格的名著《人类的群星闪耀时》，曾写到阿蒙森和斯科特的故事。他赞赏阿蒙森的深思熟虑，依据丰富的经验制定计划，选择二十条爱斯基摩犬拉着雪橇，完成了人类历史上征服南极点的壮举。但他更用火热的语言描述了斯科特的悲壮结局："一次失败却变成对人类的大声疾呼，要求人类把自己的力量集中到尚未达到的目标；这是壮丽的毁灭，虽死犹生，失败中会产生攀登无限高峰的意志。一个人虽然在同占绝对优势的命运的搏斗中毁灭了，但他的心灵却因此变得无比高尚。"

后世的人们纪念阿蒙森，因为他第一个到达南极极点；也纪念斯科特，他虽败犹荣。设在南极90°的科考站，也就是我们这次徒步南极极点的终点目标，就是用他们两个人的名字命名——"阿蒙森-斯科特科考站"。

有意思的是，我们这次徒步南极点的行动，也在机缘巧合的竞争中拉开了序幕。

这次徒步南极，我们的队伍是"极度体验"户外探险运动有限公司组织的（简称"极度体验队"），一共7个人：王队、刘建（"建哥"）、次落、梁群和李伟文（他们两口子是有名的"登山伉俪"）、杨险峰（"两个塘"）和我。

巧的是几乎与我们同时，还有一支由华润赞助的"华润超越极限探险队"（简称"华润队"）也准备徒步南极极点，由我们的老朋友王石、曹峻、钟建民、吕钟凌、张梁、阿旺组成。

出发仪式，我们的队伍，我们的旗帜。

因为我们队的王队、建哥和次落，"华润队"的王石和钟建民，都已经完成了"7+2"的绝大部分征程，只剩下徒步南极极点这"最后一役"了，所以哪支队伍先到达南极极点，队伍中就将诞生中国第一批完成"7+2"的勇士。

大家的好胜心自然而然地被激发起来了。虽然和阿蒙森、斯科特当年赌上性命与荣耀的竞争相比，我们这两支队伍的竞争，只是体育竞技中常见的你追我赶，争个先后。但时过境迁，回忆起来，留在记忆中最鲜明的，还是这种"竞争"带来的紧张刺激和乐趣横生。原本有些枯燥的征程，因为有竞争，有潜在"对手"带来的压迫感，而变得生机勃勃、激动人心。我想，所谓"体育精神"，就应该是这样的!

2005年12月1日，我们的队伍出发，出发仪式出人意料的热闹，各路朋友从各地赶来助兴。因为此行将会诞生中国第一批完成"7+2"的勇士，所以大家都很兴奋。虽然我的"7+2"之路还只走了一半，但感染到这种"豪气干云"的气氛，也跟着激昂了一把。

在那一刻，我深深地感受到完成"7+2"是多么让人激动，它不同于寻常的登山探险，也不同于攀登"十四座"那样真正的极限挑战，"7+2"另有一种厚重与深度。想想看，我们所生活的这个世界何等广阔，我们用一生的时间，能够看到、触及和感受到的，也只是世界的极小的一部分。然而在每个人的心中，或多或少，都有这样的愿望，想要走得够远、登得够高，好好地看清这个世界，用尽全力拥抱这个世界。而"7+2"，就是用一种特殊的方式，切身地、刻骨铭心地感受这个世界的高远与深邃、辽阔与宏伟。也正因为如此，才有那么多意志坚强、热爱生活的人们，对"7+2"倾注这么大的热情。而我是何等幸运，也能够成为其中的一员。

坐了30多个小时的飞机，不断地起飞降落，我们终于到达了智利首都圣地亚哥，稍作停留，我们又飞往智利南端的彭塔阿雷纳斯，在彭塔阿雷纳斯休整了两天，补充物资、整理装备，还有必不可少的，和向导公司开会。

这次我们只有一个向导，美国人托德，他原来是盐湖城一带的滑雪教练，有很多年的越野滑雪经验，但走极点也是第一次，所以刚开始的时候，我们对他是有点担心的。

事实上，一路走下来，托德表现得很出色，和大家相处的也非常好。有时候觉得他有点笨笨的，有一次还差点把帐篷烧了，被王队救了下来；又有时候我们有点欺负他，比如我们的厨房帐篷本来就不大，他很希望我们一拨一拨地进去吃晚饭，可我们总喜欢挤在一起吃，常常就把他挤了出去，冰天雪地的在外面绕圈圈；但更多的时候，他很好地履行着向导的职责，我们也很信赖他。而且我觉得他和我气场挺合的，会关注同样的东西，不约而同有同样的感想，甚至在同样的时候和场合发呆。回想起来，个性和风格各不相同的向导们，也为我们的登山探险生涯增添了不同的色彩和乐趣。

12月5日上午11点15分，我们从彭塔阿雷纳斯出发前往爱国者营地，然后会从爱国者营地乘飞机飞往南纬89°，开始向南极极点徒步。出发时在机场办理了智利的出境手续，因为南极不属于任何一个国家。

我们的飞机是"伊尔-76"，前苏联运输机，很大，没窗户，人货混装，没空调，到处都是裸露的电线。飞机上的人也是"混装"，有的是去登山，有的是去徒步走极点，有的是去爱国者营地滑雪。想想挺有意思，地球上这么多人，就有那么一群人，也许是基因里都有喜欢冒险的因素，所以会聚到这个飞机上，去往同一个地方。

飞机上噪音太大，所以给我们都发了耳塞，说什么也听不见，大家都是比手画乘坐伊尔-76运输机，到达爱国者营地。

脚地交流，所有的人都很兴奋，再加上成堆的装备，气氛像是要去打仗。

越飞越冷，降落时我们都穿上了风裤，拿出厚羽绒服做好准备。意外的是气温并没有想象的那么低，才零下十几度，没风没云，天气特别好。爱国者营地就像北极Beneo基地营的规模，边上有一座山，中间一排帐篷，停着两架小飞机。

一路上每到一处，我们都会下意识地寻找"华润队"的身影，看看周围有没有和我们一样"全副武装"、带着大包小包的装备，意气风发的中国探险队。说实话，一路上都没有看到我们的竞争对手，每每松了一口气的同时，在我们的内心深处，又有那么一点点失望——这种微妙的感觉，或许是竞争中常有的心态吧。

那时候，我们谁都没有料到，虽然没能和"华润队"在南极展开竞争，但还有另一场紧张而刺激的竞争在等待着我们。

在基地营，我们遇到了一支美国探险队，向导是王队的一个老朋友，著名的极地向导沃那，一个很精干很有亲和力的美国老头，看上去就是那种让人放心的好向导，后来我们就把这支美国队叫作"沃那队"了。

我们和"沃那队"是今年最早开始徒步的两支队伍，谁最先到达，就会成为今年第一支踏足南极极点的队伍。于是，在接下来的九天里，我们彼此追赶，争先恐后，展开了一场中美之间的"极地竞争"。

除了"沃那队"，还有一支英国队伍也引起了我们的兴趣，他们开着一辆六轮卡车，从基地营出发前往南极极点，如果成功，会创造人类历史上第一次开车到达南极点的记录。

随时有可能亲眼见证甚至亲身体验"世界记录"、"历史之最"、"年度第一",也是登山探险的魅力所在啊。

此时的南极正在极昼中,第一夜我们在爱国者营地扎营,这次我们用的是高山帐,两人一顶,我和王队同住,高山帐不同于北极的那种大雨伞似的一撑就开了的单层帐篷,有内外帐,撑起来的时候要穿杆,有点费劲,但抗风保暖效果好了许多。可是刚睡下的时候还是很冷,凌晨1点半我冻醒了一次。可睡到4点多居然又被热醒了,看了看帐篷里的温度计,20多摄氏度!热极了。外面大太阳晒着,帐篷内就像个小温室。我睡不着了,王队却睡得很香,他真是冷也能睡,热也能睡,在登山徒步中这可是很大的优势。

还有一点值得一提,南极爱国者营地的厕所,比北极Beneo基地营好得多,甚至还有座便器。

第二天上午我们试了滑雪板,因为南极的地面有坡度,我们还得拉着雪撬,尽管滑雪板下面有止滑带,还是觉得有点不好控制。滑雪板有长型的,有宽短型的,托德建议我用短板,我也觉得短板好用些,至少转弯的时候比长板方便。

中午我们乘飞机前往徒步的起点,飞机很小,只能装17人左右,可我们的装备和雪撬就几乎装满了,只剩下6个坐位。所以12点的时候,梁群、李伟文乘第一架飞机先飞走了,我们余下的队员1点半起飞。

这种飞机比大飞机对气候的要求低,风速只要不超过每小时100公里就能起飞。飞行中途加了一次油,两个加拿大的帅哥飞行员在大风中找加油点用了很长时间,又反复试降了好几次才成功。原来所谓的"加油点",就是在地上插了一面很破的小红旗,能看见隐约的冰面跑道,还有前面那架飞机刚加完油留下的几个绿油桶,在茫茫冰原上要找到这些的确很不容易。

油桶被埋在雪面下,飞行员要求男士下来帮忙加油,大家合力把油桶挖出来。加了5桶半油,用了大概半小时。

加完油又飞了大约2小时到达徒步起点,大家合力搭帐篷,有了北极的经验,我已经很清楚自己该干吗了,麻利地干完了自己的活儿,把什么都在帐内铺好,王队进来一看,喜出望外,连声说真是没白培养我。

这次不像在北极,我们不用自己做饭,大家都挤在厨房帐篷里一起吃,很幸福

要乘飞机飞往南纬89°的徒步起点了，出发前的合影。（左三不是我们的队员，是队长的老朋友沃那。他带了一支美国的探险队，接下来的九天里，我两队之间也展开了一场"极地竞争"。）。

地吃上了面条和鱼块烩饭，还配了建哥带来的辣酱和榨菜。

饭后已快12点，开始起风，我跑出50米解了个大手，屁股都冻麻了。南极是高原，今天的海拔高度是2900米，周围一片开阔，没有遮挡。

睡觉前听到有人在哼唱《新大陆》，和这气氛很协调。

明天是徒步南极极点的第一天。

徒步第一天（12月7日）：

昨晚所有的人都说冷。我也是在早上六七点钟的时候被冻醒的，实在冷极了，零下40摄氏度时，睡袋根本不管用。

南极总是在刮大风，这点和北极不同，很冷，我们拖着雪撬走得很辛苦。

今天只走了一半的路程，6.4公里。远远地看见前面"沃那队"在扎帐篷，我们还以为这里只是"中场休息"的地方。不料托德说第一天，先适应一下，就到次落的手指受伤了。

这里了，真让人喜出望外。但这样一来等于没完成预定目标，估计明天的路要长得多。

扎下营，休息两个小时后吃饭，建哥和次落帮厨，用上了他从国内带来的各色调料，还有他的招牌主打——"赖皮鱼调料"。大家吃得很开心。建哥带的几桶啤酒也拿了出来，结了冰霜，味道很好。

次落帮厨时把手指割伤了，流了好多血，建哥帮他包扎，在这种极端环境中，包扎伤口可是个技术活儿，尽管建哥算是不错的土大夫，但还是包得挺古怪难看的。

王队又讲起阿蒙森和斯科特的故事，这是他非常喜欢的故事，我也是。曾经看过一篇文章，写斯科特临死前写给妻子的信，那时他已经很清楚自己要死了，可是仍然对妻子说："关于这次远征，我能告诉你什么呢，我只能说，它比舒舒服服坐在家里，要好上许多。"

是的，我懂，"比舒舒服服坐在家里，要好上许多"。

南极真不愧是世界上最干燥的大陆，这点和北极很不同，北极的帐篷里全是冰霜，很湿，而南极尽管风大，但帐篷内总是干干的，舒服得多。我们徒步时面罩结了冰，衣服里也都是霜，可挂上帐篷里的凉衣绳，干燥的空气加上外面的太阳，一会儿冰就化了，不用多久就晾干了。但还是冷，晚饭时，我把温度计放到室外测了一下，零下23摄氏度！

徒步第二天（12月8日）：

我们今天走了5个小时，直线距离8公里。

南极没有北极好玩，一路上的风景没有变化，也没有过冰河或冰块之间的剪切带，少了很多艰难，也就少了很多趣味。感觉就是在大风中傻走，照出的照片估计都是一样的。

在行走途中，向导走一段看一次GPS，不断地修正方向，所以会走一些弯路，中途杨险峰就自行偏离向导的线路，走了个直线的捷径。王队发现后发了好大的脾气，说走这样的捷径是很危险的，因为在南极，随时可能出现那种"白毛大风天"，一阵大风卷上来，到处白茫茫的一片，什么也看不见了，很容易迷失方向，也有可能就把人走丢了。

这次雪撬的重量比在北极时重，我的负重能力还是不行。梁群的包比我大，走得比我好，每次到营地扎营时，她和李伟文总是先过来帮我们搭帐篷，然后我整理帐内和细节时，王队再去帮着他们两口子搭帐篷。因为在南极这种没完没了的大风中，要搭帐篷只靠两个人还是挺费劲的。

才3点半，建哥就在大叫"吃饭了"，他又在厨房帮厨，他总是那么精神饱满。

一路上就是在这种白茫茫无边无际的雪原中行走，风景几乎没有变化。

饭后，王队和向导又研究了一下明天的走法，可能整体速度要控制下来，但行走距离要延长，否则按原计划的10天根本走不到极点。大家都没意见，前面有"沃那队"的挑战，背后有"华润队"的"阴影"压力，当然越快越好了。

帐篷外面又刮起大风，帐篷上全是雪，不是下雪了，而是被风吹起来的地上的浮雪。但太阳很大，晒得帐内的温度有18摄氏度。很奇妙，我觉得自己开始适应这样的生活了。

徒步第三天（12月9日）：

昨晚我做了一个噩梦，吓醒了，梦见小儿子多多出事了，醒来时发现自己满脸是泪，心脏痛得厉害。当发现是个梦的那一刻，真是高兴坏了，可过了一会儿，心好像又被揪起来，越想越牵挂，越难过。

王队也醒了，听我说了刚才的噩梦，王队说："哎，我的队员走得太累了，梦里想家了。"说着，他就要起来帮我去次落和托德的帐篷里拿卫星电话，让我给家里打个电话。我一看外面风雪很大，雪已经把帐门口给堆死了，出去拿电话还要惊醒其他队友，觉得不妥，又安慰自己说只是一个梦而已，就没让王队出去。

这么折腾了一番后，我好容易又睡着了，可没想到睡着后又做了一个噩梦，比刚才那个还要让我害怕和难过。这下再也睡不着了，早早爬起来，急急忙忙地把衣服穿好，眼巴巴地等着大家醒过来好打电话，还不断的安慰自己说只不过是一个梦。

好不容易大家都醒了，说起我昨晚的梦，弟兄们赶紧拿电话给我，可温度太低，电话电位很低，一开机就没电了，次落和王队就用身体把两块电池捂了半天，才勉强帮我拨通家里的电话。

听到多多的声音，我的眼泪"刷——"地就下来了。多多问我在哪里，问我南极冷不冷，急着告诉我他学校里的事，又想说冬令营的事，我能听出他也很想念我，但很懂事的不让我太担心。贝贝也等在一旁，很有当哥哥的风度，让弟弟先说。我赶在电话断掉之前又和贝贝说了一会儿话，心里才算踏实了，心情也好了起来。

打电话的时候，我一直在哭，就直接用戴在手上的手套擦眼泪，正在一边烧水的次落看到了，赶紧递给我纸巾，说："马上要出发了，别把手套弄湿了，会冻伤的。"说得我心里暖暖的。

休息的时候，梁群从来
不坐下，总是撑着雪杖
很婀娜地站在那里。

因为这通电话，今天早上我没及时收拾东西，结果出发时慌慌张张的。而今天的路特别长，足足走了7个小时，15公里，幸亏今天是梁群走在第一个，她把整体节奏把握得很好。但大家还是累坏了。特别是次落，他的雪橇永远是最重的，向导每次问他："Are you OK?"他总是回答："OK。"向导都很吃惊。王队的雪橇也很重，他说最后累得直恶心。

后来我总结了一下，每天都是第一程时体力好，但人不适应，走得不舒服；第二程人开始累，是感觉上最糟的环节；第二程之后我们会吃路餐，也有劲了，再加上路程已然过半，所以反而是第三程感觉最好；但要说走，往往是第四程走得最好，因为已经累得麻木了，而且反正熬完这一节就能扎营了，所以尽管走得很机械，但血自动往身体需用力的地方涌，脑子里已经什么也不想了。

一路上风景永远不变：上一半蓝色的天，下一半白雪的大地，中间纵向一条是我们的队伍，长长的。

直到今天后半程，才出现了意外的风景，休息时，杨险峰远远地看着天际，说是看见了飞机。大家都不信，但还是等着，等了足足过了十分钟，果真有一架飞机在天空中出现了！杨险峰大叫："是'华润队'追过来啦！"虽然明知他是在开玩笑，但乍一听到"华润队"三个字，我们还是大为紧张，本能反应地一下子都卧倒在地，反应过来爬起来之后，大家笑作一团。

飞行员当然不知道我们的心情，只见飞机很职业地从我们的队伍正后方向前俯冲过来，在我们头顶很低的位置又拉升起来，左右摆动翅膀，建哥以前当过伞兵，说这是飞行员在向我们致意。

这个插曲令我们振奋不已，要知道，在几乎凝固不变的风景中，当人都要累傻了的时候，忽然有一架红色的飞机从你头顶掠过，会带来怎样的震撼。

徒步第四天（12月10日）：

气温很低，整天都在刮风，没有太阳，感觉特别冷。

不同于昨天的天蓝地白，清晰世界的感觉，今天是一片混沌，天是白茫茫的，地也是白茫茫的，就像舞台上用干冰造成的效果，尤其是到了下午，地面都没有了光影，似乎是一个平面，看上去一点纵深都没有，整个世界只剩下被风吹起的雪，白茫茫的一片，我们的眼睛也变得几乎没有距离感，甚至看不清脚下前面队员留下的痕迹。

今天走了不少冤枉路，尤其最后一程，一直在走大S，弯来弯去，整个队伍像喝醉了似的。有一段，次落在最后落了很远，我就用雪杖在地上写"次落，加油"，写了一路。

我心情倒是越来越好，很喜欢这样行走在路上的生活，尽管很艰苦，可似乎我要的就是这种感觉。

而且我对营地的生活也越来越适应了，就喜欢琢磨着怎么把每天的生活过得享受一些。每天一进帐篷，我就秩序井然地把我和王队的东西分列两边，而且我自己这半边真是越弄越舒服，路上用什么，营地用什么，什么东西放在哪，怎么放，可讲究了。

比较之下，王队就显得太能"将就"了，多点少点，冷点热点好像都没什么大差别，所以我总觉得他那半边的"生活质量"比我这半边差远了。而且现在我做起事来，效率挺高，安排得也很好，明显感觉到王队也越来越看重我的工作，开始越来越多的指挥我干活了，这让我感觉特别好。说真的，几年下来，觉得自己越来越有经验，也就越来越享受这种日子了。

尽管在队伍里，我担负的重量还是最轻的，但我已经尽力了，而负重能力显然就比徒步北极的时候强多了，那时我担负自己的个人装备都有些困难，而这次已经能够分担一部分公共装备了。

这种知道自己在进步着，并且相信自己还会继续进步的感觉真好。

今天的晚饭又是建哥在掌勺；李伟文和梁群在他们的帐篷研究今天的经纬度和

行走路线出的偏差；杨险峰一直在大声唱歌，把他从小到大会的歌都唱了一遍；王队也在炊事帐和向导研究路线。外面刮风，但不是太大，每个人的声音都听得到，感觉上大家特别贴近、特别温暖。

今天的晚饭棒极了，按我的话说"真是吃出了幸福感"，建哥做了排骨和米饭，还有小菜，腌姜小尖椒等，汤也极好喝。连托德都吃得很香，晚上他向向导公司汇报情况时，还专门汇报了晚饭的盛况。

托德每天都要向公司和爱国者营地打电话，汇报情况，如果他一连两天不给营地打电话，营地就会派飞机来搜寻。我们每次都让他问一问有没有中国的队伍到达基地营，但不知为何，"华润队"到现在还没有到，王队说南极探险中时间上的不确定性挺强的，不管是从彭塔阿雷纳斯飞往基地营，还是从基地营飞往89°，飞机能否起飞，什么时候起飞，受天气影响很大，也会有人为因素，比如不同探险公司队伍先走后走的安排，等等。

每天问候一次的结果，是我们越来越牵挂"华润队"了。这天早上撤营的时候，本来大家都慢悠悠的，杨险峰忽然故技重施，又促狭地喊了声："'华润队'来了！"大家居然又被他骗到，立刻惊叫起来，然后才意识到不可能，又是一片开心的笑声。

在这种时候想起他们，其实已经不是因为竞争意识了，而是给自己的旅途增加一些念想，一点刺激，在单调漫长的徒步过程中，有这样一份牵挂，也是一份温暖与快乐。

我真的喜欢这样的徒步生活，建哥的口哨总是在他干活时响彻营地，杨险峰的歌也唱得真好，还有王队随时会冒出来的哈哈大笑，还有次落冷不丁的幽默，梁群和李伟文的数学题……营地生活，总是快乐的时候居多。等回到都市，各自过着各自的生活的时候，我们一定会非常怀念如此极端环境中那些快乐记忆吧。

所以登山和探险，真的是会让人上瘾的。

徒步第五天（12月11日）：

昨晚又热了起来，帐篷里的温度最高达到22摄氏度，但是靠近地面的地方温度却很低，所以和其他地方的22摄氏度，完全不是一个概念。

王队说人冷的时候会做噩梦，而热的时候一般不做噩梦，果真如此。

早餐是煎肉肠，还有麦苗糊，很好吃，我吃多了，出发不久就觉得肠胃难受。

前两程走得很糟糕，好像几天里积累的疲乏都冒了出来，特别难受；第三程逐渐适应了；第四程更好些，开始有"机械运动"的感觉了；第五程彻底机械了，什么也不想了，一路默默地念叨次落教我的几句藏语：吃早饭、吃午饭、吃晚饭、去哪儿、回家……

几天下来，我的脚上已经快贴满胶布了，如假包换的"伤痕累累"，每一步都会疼，不过也习惯了。很偶尔的，我会想起托德下飞机前，看着茫茫冰原时说过的话，"我们真是疯了！"但更多的时候，我享受着这种带点疯狂的辛苦和快乐。

晚饭依然是建哥做的中餐，米饭烩鸡肉菜，好吃！建哥还带了二锅头，这两天吃饭时王队他们都会喝几口，今天我也喝了几口。

走完今天，征程终于过半了。

徒步第六天（12月12日）：

早上是被热醒的，看了一下温度计，28摄氏度！

这种感觉很奇妙，我躺在冰天雪地里凉凉的睡垫上，帐篷里接触地面的东西都结着冰，室外温度在零下，而室内被灼烈的太阳晒得那么热。帐篷外是零下20几度的低温，而帐篷里面是零上30摄氏度的高温，50摄氏度的温差！太神奇了。

今天杨险峰不在状态，他说他都"走傻了"，到了营地后累得都不会爬进帐篷了。王队说每个人都有自己的周期，都会有高潮和低潮。而到这个时候我真是服了梁群，实力就是好，几乎感觉不到她有低潮。多半时间都是她走在前面。而且我发现她休息的时候从来不坐，总是很矫健婀娜地撑着雪杖站着，太帅了。

而我今天的状态也很不错，并不觉得拖车重，一路上老是哼着《新大陆》，觉

这就是我们的营地，衬着天地冰雪的灰白背景，还是很漂亮的。

得这首歌很适合这块大地，让我很感动。

就连最艰难最累的一段，我还有心力想："我为什么要来这儿？为什么要让自己习惯这样的艰苦？"

这时我想到多多的一篇作文——《我的妈妈》，有一段他是这么写的："妈妈马上又要去南极了。可妈妈已经去过一次南极了，为什么又要去？也许妈妈是想健身去吧。"想到他的这个推论我就笑了，就听儿子的吧，努力走，就当自己是来锻炼的吧。

走到今天，我们和"沃那队"真正算是较上劲儿了，之前几天我们总是远远地落在他们后面，所以还没什么感觉。但今天我们赶上了"沃那队"，竞争意识就"蹭——"地蹿上来了。

本来我们今天计划走17公里，但最后一程走着走着，和"沃那队"的距离越来越近。我们就都被激励起来了，眼睛盯着他们所在的方向，咬着牙，努力地走着。终于等到他们停下来安营扎寨了，我们更来劲了，一直走到离他们帐篷还有五十米远的地方，我们才停下来。

出于竞争中应遵循的礼仪与尊重，我们扎营的地方没有超过"沃那队"，所以没完成今天预定的17公里，但也是走了16.7公里，我们很满意，开开心心地扎营做饭。

吃完饭，李伟文忽然又给大家出了几道数学游戏题。他真不愧是深圳大学教力学的老师，有很多这样的题目，很为难人，但又很有趣，搞得我们各个帐篷都在那忙着琢磨。

徒步第七天（12月13日）：

今天早饭时给儿子们打了电话，先是贝贝接的电话，很认真地问我了很多很专业的地理问题。然后是多多，说很想我，问我什么时候能到，什么时候回家，又说他要参加跆拳道冬令营，还说又写了一篇关于我的作文，这次描写了一下我的长相，他绘声绘色地读给我听——"我的妈妈长得可漂亮了，小鼻子小眼小嘴巴"。

我真的不知该如何描述自己当时的心情，有点想笑，因为儿子稚气的声音说出来的句子是如此的可爱；又有点想哭，我知道他是发自内心地，把他心目中最美好最郑重的赞美献给了我。那一刻我好想伸手抱住他们，使劲儿地揉搓一把——也就是他们现在这个年龄的男孩子让抱抱，等他们再长大，就没法再把他们抱着揉搓

"我把帐篷拾掇的很舒服，虽然人在途中，但生活质量一点不含糊"。

了。

因为儿子的一句话，一路上我的嘴角就不受控制地往两旁咧，拽都拽不住，最后我笑得嘴角都冻伤了。喜悦、感动、欣慰、骄傲……各种感觉像放礼花似的在心里绽放。真奇妙啊，这么简单的一句话，却成为我今天一路上取之不尽的力量和快乐的源泉。

今天一路上，我们和"沃那队"几乎是并行地走着，还不断在对方休息时超过去，每当超过时，就互相大叫，很开心。茫茫雪原上，这种竞争，其实更多的是给人一种"有个伴"的感觉。

平心而论，他们队员的体力不如我们，所以速度比我们慢。于是我们干脆提前扎营，这又让大家惊喜了一把。虽然原计划的15公里只走了13公里，但已经很不错了。

现在，我们离极点还有31.1公里，离阿蒙森-斯科特科考站的圈地范围还有26.1公里，如果天气好的话，我们努力一把，也许只要两天就到极点了，可以提前一天完成任务。

听说我们明天再走出5公里，就能看见路径了！再走20公里，就能望见建筑了！真是有盼头了，真的是胜利在望了！

晚饭后，我和托德聊天，让他给我看极点的地图，他拿出了一堆材料，有4张地图！我向来喜欢研究地图，曾开玩笑地对宝哥说："如果有一天我坐牢了，你就给我送几张地图进去，我天天研究着，就保证不寂寞了。"我把这话告诉了托德，

南极大陆的腹地是一片
生命的禁区，仿佛冰雪
的"沙漠"。

他笑起来，把地图送给我了！

哈哈！我得到了地图，把王队羡慕坏了。

托德说我们每天在上面行进着的冰原，厚度有3000米，如果这些冰化了，加利福尼亚就没了。我就说那上海也没了。

我看地图时，发现有一片区域被封了40年用作科研，标示的是"不允许任何生物进入"，我就问："要是鸟飞进去了怎么办？"次落、杨险峰和建哥就爆笑起来，说："鸟要飞进那儿，也得先坐着飞机到89度，再往里飞，而且没地方喝水，它们怎么进去？"

我这才明白过来，这里真的是"生命禁区"，比北极还严酷。至少在北极点附近，我们还看到了北极熊的脚印，而南极大陆的腹地，就完全是一片"冰雪的荒漠"了。想想我们在这里面生活了那么多天，挺骄傲的

徒步第八天（12月14日）：

今天的天气特别好，大太阳，没风，虽然气温是零下20摄氏度，但并不觉得冷，太阳一直晒着后背，很暖和。我没戴面罩，走了一段后又脱掉了抓绒衣。没有风的时候，风镜也总是起雾，所以我干脆摘掉风镜，换了副小墨镜戴上。

今天我在心里唱的是《真心英雄》，大概是知道明天就能到极点了，一路上我总是不自觉地就咧着嘴笑起来。能感觉到大家也都充满喜悦兴奋，互相不停地开玩笑，一路上肚子都笑痛了。

建哥的眼神最好，被我们形容为"鹰一样犀利"，走到第3程他就说看见极点科考站的一个白色建筑了，在11点钟的方向，可我们什么也看不见。到第4程时，我们才同时看到了建哥说的白色建筑，旁边还有几幢黑色的建筑，看得出是好大的一片区域。

看到科考站建筑了，我们的心情一下子昂扬起来，疲惫仿佛一下子飞走了，脚步也快了起来。

到第5程的时候，"沃那队"还在我们前面，但状态极好的我们一直紧跟在后面，刺激得他们也不休息了，两队互相比着又飙出了4公里。最后还是"沃那队"扎起营帐先歇下了，我们继续向前，超过了他们。

路过他们的营帐时，显然累坏了的他们还是笑着对我们挥手祝贺，我们也兴奋地冲他们大叫。我还大声地和他们开玩笑说："我们今天赶到极点去！"大家兴奋极了，一点不觉得路长，也不觉得累，看来人的精神作用还是很重要的。

超过"沃那队"的营地3公里，我们才扎营休息，有人笑着问："他们不会偷偷拔营追来吧？"大家就说派个人放哨，如果他们拔营，我们也开跑。爱开玩笑的杨险峰就说："咱们容易吗？前有'沃那队'，后有'华润队'。"

如果明天我们先到极点，就会是这个夏季第一支到达南极点的徒步队伍了！想想真的好兴奋！

其实谁先到谁后到，并不会留下记录，也没有人给发奖状，但这种极限游戏，大家比的不就是好玩吗？

我们的晚饭一直很精彩，但今天的最好吃，建哥用排骨煮的白汤下了面，还用豆干炒了培根，好吃极了，太有幸福感了。

今天我们很厉害，一共走了6程，19公里。现在我们离极点美国科考区域的入口处只有6.3公里，加上到极点的5公里，一共只剩下11.3公里的路程了。

到极点我最想做的事是洗头，但估计洗不了。李伟文说要是能在科考站里洗个澡，花50美元他也愿意。

徒步第九天（12月15日）：

今天早晨我们正吃着早饭呢，李伟文蹲在厕所里无聊地远眺，忽然发现"沃那队"的帐篷被摁倒了，这表示沃那他们要上路了，比平时早了两个小时。李伟文赶紧大叫起来，营地里顿时一片慌乱，我早饭都没吃完，就慌忙回去撤营，一向不着急的王队这次特别神勇，我还在帐篷里收拾，他就把外面的外帐给拆了，我又着急又好笑，但还是配合上了王队的高效率，才几分钟的功夫，我们俩就收拾停当，开始穿滑雪板、扎背带，整队就属我们组动作快。

大家都是一边忙着收拾装备，一边看前方的科考站，一边关注身后沃那他们越来越逼近的身影，又实在忍不住要笑，真的是太刺激太有趣了。

最后我们比平时早了一个半小时动身，"沃那队"到底还是没追上。

今天的天气没有昨天好，阴天，有风，所以有一个很壮观的日晕围着太阳。因为太大了，没有广角镜很难拍下来，但是很美，一种天地日月的感觉。

我们今天要走11.3公里，因为前有极点的建筑"诱惑"，后有"沃那队"的追兵"威胁"，威逼利诱之下，十几公里我们几乎都没停。

可是看着科考站的一大片建筑似乎就在眼前，但我们不能就那么直接走进去，因为按照地图的标记，极点附近有许多禁区，我们必须严格按照他们的规定路线进入。可这里托德也没来过，不时地停下来用GPS找路，而跟在后面的"沃那队"就不用费这个时间，只要沿着我们的足迹前进就行了。

眼看"沃那队"越来越近，把我们紧张坏了，托德更是急得不得了，可越急就越找不准路。关键时刻，李伟文这个"理科男"大显神威，和托德一起对数据、找方向，没走什么弯路，就把我们顺利地带进了科考站区域。

进入科考站区域，首先经过一段高压线，然后是飞机跑道，那可是能降落大飞机的跑道。虽然科考站是美国建的，但用的是新西兰时间，此时正是半夜。只有一个大拖拉机在平整的跑道上慢慢悠悠的开着，整个科考站，一片巨大的建筑群，寂静得让人有点不习惯。

我们向沉睡的建筑群走去，远远地出来了一个人，是来迎接我们的，带着我们到了一座房子的后面，那就是极点标志的位置。

这个位置看上去很不起眼，一圈国旗围着一个金属球，就是极点坐标了。

就这样，我们终于到极点了。

我们队的王队、建哥和次落，成为了第一批完成"7+2"的中国人！

此时此刻，大家反而平静下来，开始支帐篷安营。营地就在极点旁，我们把帐篷门对着极点，不管出来进去，还是在帐篷里抬眼看看窗外，极点就在眼前。

南极点的标志比较复杂，因为南极大陆覆盖着3000米厚的冰层，冰面每年都会移动，所以每年的1月1日都要重新勘定极点的位置。在我们这个区域，同时还可

我们到达极点了，中间那个圆形的金属球就是南极点的标志。看到和我们合影的两个福娃了吗？2005年11月11日，距离2008年奥运会1000天的时候，福娃正式发布。二十天后，我们的队伍出发，就把它们也带到了南极点，为祖国祝福，为奥运加油！

以看到2004年的极点坐标。

极点坐标后有一块纪念碑，纪念第一个到达极点的探险家阿蒙森和他的竞争者斯科特，上面有他们到达的日期。

阿蒙森于1911年12月14日到达南极点，也就是九十四年前的昨天。

斯科特是1912年1月17日，和阿蒙森差了一个月。

这两位探险家的故事，不管何时听到、看到、想起，我都会感动不已。

而我相信，所有的人都认为，尽管最后的结果各有胜负，但阿蒙森和斯科特都是英雄。所以这座美国科考站会以他们两个人的名字命名——"阿蒙森-斯科特科考站"。

能够踏着前代探险家的足迹，来到南极点，我觉得很荣幸。他们才是真正的、伟大的探险家！他们的队伍才是真正的探险队。

就在这个时候，天空中飘起一阵雪。我们把五星红旗插到了极点标志旁边那一极点的阿蒙森–斯科特的纪念牌。

排国旗里，这是今年第一面在这里飘扬的五星红旗。

那一刻，我们很骄傲，很光荣。

随后"沃那队"到了，看得出他们走的很艰难，看到我们，他们毫不掩饰比我们晚到两个小时的遗憾，夸张地嚷嚷，"噢，NO！""你们胜利了！""我们一直想赶上你们，结果没赶上！""今天我们想早起两个小时，偷偷超过你们，结果还是被你们抢先了！""你们太棒了！"……嚷嚷归嚷嚷，他们还是和我们热烈拥抱，我们也热情地祝贺他们，这种感觉，就像拳击结束后，刚才还用尽全力互殴的两个人，拳击手套还没有摘下，就已经真诚而热烈地互相拥抱起来。然后我们帮他们搭起帐篷，这份竞争中结下的"战友情谊"，真有让人感动，甚至热血沸腾的地方。

我们还看到了那辆和我们同时从爱国者营地出发的六轮卡车，听说他们日夜兼程，用了65个小时开到南极点，这是人类第一次开车到达南极点，也创造了世界纪录。

本来我们计划到达南极点之后，当晚就飞回爱国者营地，但因为天气的缘故改变了计划，又在极点过了一夜。

美国科考站管理很严格，我们有幸获得邀请，参观了科考站。科考站的主体建筑是架空的，建筑形式很简约，端头有个金属筒状的柱体，是入口，里面复杂的铜管铜架子，让人觉得进入了好莱坞电影里的科幻世界，甚至觉得这不是南极，而是

终于来到了阿蒙森-斯
科特科考站。

科考站的温室。

科考站的大厨房。

另一个星球，科考站就是一个与世隔绝的空间站。

建筑内部非常暖和，舒服到有点奢侈。据说有250个人在里面工作，生活设施一应俱全，有巨大的厨房、餐厅、娱乐室、图书馆、音乐工作室、医院、邮局、健身房，甚至还有商店！

在他们的大餐厅我们喝了茶和饮料，吃了些小点心，这么多天来第一次在温暖的房子里吃喝，太享受了。

我们又在商店里买了好些纪念品，王队和建哥眼巴巴地看着商店里的啤酒，可惜这里的啤酒只卖给科考站的工作人员，馋死他们了。

飞机从下午1点推迟到3点，又推迟到晚上9点，到了下午3点，又传来消息说飞机5点40分就到，我们立刻开始整理装备，心情还是有些小振奋的。5点40分，飞机没有到，到了晚上8点，听到帐篷外响起巨大的飞机轰鸣声，我们出了帐篷一看，吃了一惊，飞机就停在帐篷旁边，就像平时我们开车接人直接停在人家家门口似的。

我们手忙脚乱地开始收帐篷，一路走来，为了支帐篷方便，我们用胶带把帐篷杆连接的地方粘了起来，平时就把整支帐篷杆放在雪橇车上。但要装上飞机，就得把帐篷杆拆成一截一截的。为了干活时手指灵活，我们都戴着单层手套，不一会儿手就冻僵硬了，生疼生疼的，根本剥不开连接处的胶带。还是建哥聪明灵活、经验丰富，赶紧掏出瑞士军刀，像削甘蔗一样刷刷刷地削掉胶带，一边嚷嚷："大家别用手！用刀用刀！"我们赶紧学样，这才迅速地把帐篷收好，搬上飞机。

建哥的机灵点子就是多，在南极这种非常环境下还都特别好使。每天一到营地他就积极干活，什么都敢修，天天抓着杨险峰和他一起搞发明创造。靠着一把瑞士军刀，连电脑、MP4都敢拆，修坏了两个相机和一个变压器，兴头还是不减。上了飞机，看到满机舱的仪表盘和裸露的电线，他又兴奋了，探起头东张西望，一副跃跃欲试的表情，大家赶紧说："建哥、建哥，飞机你就别拆了吧。"

回到爱国者营地，我们到大餐厅吃了意大利面。大餐厅里好温暖！这么多天来再次过上了有桌子有椅子的生活，太幸福了！工作人员还送给我们一瓶香槟，庆贺我们的成功和即将到来的圣诞节！桌上还有红、白葡萄酒，统统被我们喝光了，又喝了茶，还有橙子！——这么多天来第一次吃到了水果。

之后我用了营地的厕所，就是那个有座便器的，尽管没有暖气和下水，但已经让我觉得幸福极了。

在南极，这种小飞机是最常用的交通工具，我们从极点回爱国者营地，以及从爱国者营地飞文森峰大本营，都是乘坐这种小飞机。

这里的天气明显比极点暖和很多，而这一点只有比较过才知道。谁能想象在这么严寒的地方，经过比较，竟然也让人有"温暖"的感觉。而且营地里人多，孤单的感觉立刻消失了。

在爱国者营地等待去文森峰的飞机，也挺磨人的。我们在公共帐篷里看到有一个人在郁闷地玩拼图游戏，他等着飞出去已经等了十几天了，据说是天气原因，自从我们进来后，就再也没有飞机来过。所以"华润队"也就没能飞进来，现在他们还在彭塔阿雷纳斯等着呢。

一起等飞机的，还有第一个登上珠峰的探险家希拉里的儿子，他的年纪也很大了，因为他父亲的缘故，我们都对他肃然起敬。

我们的运气挺好，在爱国者营地住了一夜，第二天起来还没吃上饭，就通知我们说40分钟后飞机会到。我们要拆掉帐篷，收拾好所有的装备，去文森峰！

这么短的时间里要把所有极地徒步的装备换成登山的装备，还不能出差错，时间很紧张。我最怕这种情况。心里总是觉得遗漏了什么。好在经过这两年的户外训练，我也有了些经验，只是最后穿那双新买的一体高山鞋时，费了我老大的劲，大风中汗都冒出来了。

飞机来了，次落和建哥登顶过文森峰，就留在了营地。我们余下的五个人和托德飞文森峰，托德要求大家尽量精简东西，因为最重要的是食物，至少要带足10天的量。预计顺利的话5天登顶，但登山这种事很难说，万一遇到暴风雪，时间就不

文森峰的大本营美丽又安静，这一刻，仿佛整座山都是属于我们的。

知得多久了。

到达文森峰大本营，从窗口望出去，营地上已经有好几拨的人收拾好装备等着我们的飞机了。这些天这里也滞留了很多人，都在等飞机。

我们的运气真好，几乎都没耽误时间，每一站都很顺利。

文森峰大本营天气极好，在外面穿个抓绒衣就行。工作人员送来了小雪撬，我们把行李运到了指定的营地位置，这里刚有人撤营，一切都是现成的，地面很平整，还有前面队伍搭营时留下的雪墙，这让我们省了好多工作。

文森峰的大本营非常美，四面环山，主峰就在我们帐篷后忽隐忽现，帐篷前面是一片开阔地，再远处是一带远山。营地也非常干净，这里对环保的要求很高，远处有厕所，还有专门倾倒小便和污水的地方，厕所竟然也装了坐便器，围着半截雪墙，可以一边上厕所，一边看远山的风光。

营地里闲着的人群好像都在晒太阳，小飞机不断地把人运走，好热闹。终于，营地里滞留的人都走了，因为天气缘故，也没有其他人再进来。大本营又变得很安静。

建哥没来，王队新封杨险峰作大厨。杨险峰连厨房里的白气油炉都还没琢磨清楚怎么用，就当起大厨来了，给大家做了豆角米饭和煎三文鱼，用的是建哥准备的调料，味道也很好。大家拼命表扬，看得出这位新上任的大厨心里没底，表现得很殷勤，一会儿忙着添饭，一会儿忙着倒水，嘴里不断地说："我知道，大家的意思就是叫我以后天天做饭，我也愿意，至少能吃到自己爱吃的。"

这顿饭吃得太舒服了，大家都感慨，不用在自己的帐篷里做饭，生活质量提高了不少，日子真是越过越好了。

的确，国外登山的服务保障做的好，救援系统也发达，更重要的是他们营造出的那种氛围让人愉悦。所以总会有人来一趟大本营，只为了坐在阳光下享受一段好时光，就像到海边度假一样。

比起来，国内高山资源很多，可开发的不够好，安全保障也不够健全，环保就更没法说了。必须承认，在这方面我们和发达国家比还是有很大差距的。

文森峰海拔4892米，是南极洲最高峰，山势险峻，且大部分终年被冰雪覆盖，交通困难，被称为"死亡地带"。虽然它不高，但在七大洲最高峰中，是最后一座被登顶的山峰。1966年12月，才有一支美国登山队首次登顶，王队和李主席1988年登顶文森峰，是最早登顶的中国人。

我们在大本营住了一夜，第二天到1号营地，文森峰从大本营到1号营地通常要用8个小时，最快也得6个小时。一般的队伍都会安排第一天走一半，用两天的时间走到1号营地。我们想试一试，如果顺利就到1号营地，如果走不动就到中间的过渡营。

托德要求我们在背包里装上羽绒服，以防突然遇到暴风雪，其他东西都放在拖车里，拖车能拖到1号营地，之后就得自己背了。

一路上有很多冰裂缝，所以文森峰要求全程结组，托德、我和杨险峰一组，王队、梁群、李伟文一组，我们组走在前面。

走一个多小时，托德会安排队伍休息一次，整个节奏都不快，慢慢走，我感觉挺好。不太累，只是有点热，刚出发时穿着厚抓绒衣裤，外面穿着冲锋裤，越走越热，走完第一程我就赶紧脱了，只穿着排汗厚内衣裤和冲锋衣裤，感觉好极了。

俄罗斯登山队建造的雪洞。

途中一直没看到过渡营地，所以6个小时以后，看到一处营地时，我还以为这就是过渡营地，没想到托德说已经到了1号营地！挺开心的。托德也说我们走得很快。

营地里有前面的队伍搭建的雪墙，我们就用这现成的雪墙搭帐篷，省了很多工作量。我们建营的时候，杨险峰就去厨房帐篷做饭，今天我们吃牛肉和面，很好吃。饭后还有甜点和红茶，王队往橙汁里加了点雪，说味道很好。

旁边有个俄罗斯登山队废弃的营地，他们的队员都去了别的营地，现在整个1号营地只有我们，我们就钻进去参观。里面的建筑结构好复杂，有向下的台阶，转下去还有一个雪洞，如果来了暴风雪，可以直接住到下面的雪洞里。真不愧是严寒地方来的人，会琢磨！想想也很科学，爱斯基摩人不就住雪洞吗，比雪墙还能挡风，而且空气不会太快流通，更能保持热度。

尽管是极昼，但1号营地旁有山峰遮挡，晚上12点以后，太阳转到了山后，营地里就仿佛进入了黄昏，气温也马上降了下来，非常冷。所以托德安排我们第二天早上11点起床，等太阳上来再出发。

原计划物资分两趟运到2号营地，但大家一冲动，打算取消物资运输环节，一口气登上去。而登文森峰要多准备好几天的物资以防天气变化，所以今天我们要背很多东西。我个人的东西已经精简再精简了，但还是不少，加上公共装备、帐篷、食品、燃料……总之，除了锅不用带，其他所有东西我们都要自己背上去。

到最后，我的包里全塞满了不说，外面也全绑满了，王队拎了一下说有15公斤，李伟文和梁群也试了试，说得有20公斤。但他们背的都比我重多了，梁群和李伟文的包都在25~30公斤，王队的至少35公斤。

我们大约是下午2点半出发，我明显觉得包比昨天重许多，还没有背负这么大的重量登雪山的经历呢。

我依然和托德、杨险峰结组，一开始就是一个缓坡，很磨人，大约一小时后，累得要死的我们终于到了那个著名大雪坡"头墙"（Head Wall）的下面。

大雪坡有400米高，很陡，据李伟文说比珠峰北坡那个著名的大坡还要长，托德说这个坡走两程，中间会休息一次。

我们开始爬坡，越来越高，越来越陡，我没有背大包爬大坡的经验，越走越怕，越怕越紧张，常常紧张到忘了背上的大包，在个雪坡上一个重心不稳就是一闪身，吓得浑身冒汗。因为暴露感强。有时遇到坡度很陡的地方，心理原因我竟然不

冲上文森峰有名的大雪坡——Head Wall。

敢站直了走，走着走着就用膝盖顶着雪壁，两手扶着坡往上爬。

上面的托德，后面的王队、梁群、李伟文看到我这样，都不停地叫，叫我赶紧站起来。其实我也知道，在雪坡上用这个姿势其实更危险，更容易滑坠。可我实在是身不由己，这是经验的问题。我身后的杨险峰看我这么狼狈，好几次上来帮我，可能是心理作用，他一靠近，我就感觉好多了。可是托德不让他离我太近——遇到冰裂缝，结组的人离远一点比较安全，万一失足，前后的队友可以及时把掉进冰裂缝的队友拉住——大家靠近了反而不便于保护，会增加危险。

我以前也走过不少冰坡、雪坡，但都没有这次的这么长，也没有背过这么大这么重的包。

好不容易到了一个雪檐，我们挤在一个平地上，可以休息一会儿了，但东西都要用冰镐和绳索固定着。

尽管惊险，但一路上风光很美，果然是爬得越高，风光越好！远远近近的山峰，都极具诱惑地屹立着，有那么一会儿我觉得这些山峰仿佛要对我们说些什么似的。

休息了半个小时后，我们又重新上路，托德说再有两程就到了。

在大家的鼓励和自己的挣扎下，我终于走完了这个大雪坡，真是把自己所有的体力都交代在这里了。因为不擅长爬雪坡，力气使的不对头，我简直是浑身都在较劲，到最后，撑着冰镐的手臂、肘关节和肩关节都痛得不得了。一路上我都在后悔以前参加冬季攀冰培训班时，为什么没好好训练，因为技术不过硬，遇到这样满是

2号营地，我们的帐篷。

冰裂缝的雪坡，当然会害怕了。又暗下决心，回去我一定得把攀冰的技术再积极地练练！

到坡顶时休息了一会儿，只剩最后一程了，前面都是缓坡。王队看我体力消耗太大，就从我包里拿走了一些公共物资。我还不想让他帮忙，打算坚持自己背到2号营地，觉得这样会更有成就感。但想到刚才那段路上，因为是结组前进，我的速度一慢，就会拖慢大家的速度，所以我还是让王队帮我背了一些东西。

背包轻了一点，马上感觉就不一样了，负重登山就是这样，减一点负重差别都会很大。

最后一程，坡不陡了，我也缓过劲来，走得挺好。反而是后面的杨险峰这会儿累得大声嚷嚷，可是坡还是一个连着一个，走不完似的。

我实在是佩服梁群，梁群喜欢用腰部力量，所以把包背得很高，而她个子不算很高，包又很大，所以当她远远地走过来时，我就只看到一个大包走过来了。

每一程快结束的时候，就连托德也常常被背上的重量压得哇哇乱叫，他一叫，我就知道快休息了。但我们休息时也不能聚到一起，得防着冰裂缝。

终于看到2号营地了，我赶紧回头冲后面正在大喊大叫的杨险峰说："看到2号营地了！"那一刻我真的挺激动，总算熬完今天的大坡了。

到了2号营地，一扎好帐篷，我钻进去收拾好东西就躺在垫子上不想动了，但心里真的是无比兴奋，非常的有成就感，深深地体会到登山的乐趣了。

经过今天的考验，我发现人的潜能真的很大。我一直都觉得负重是自己的最弱项，今天不是也坚持过来了吗。尽管我的负重能力还是不能和其他队员相比，但已经是自己以前不敢想象的了，而且坚持到了最后的这种感觉真好！

感觉好的结果就是我冲着王队一个劲地自我表扬，说这一年多来自己坚持体能训练果然没有白费，又说自己进步很大。王队听得乐坏了。

杨险峰真是了不起，虽然到营地的时候，看上去最累的是他，连搭帐篷的力气都没了，可进帐篷休息一会儿之后，他又爬起来去给大家做饭去了。

今天的晚饭是鸡肉菜饭，还有排骨汤，依然好味道！杨险峰是湖北人，也是个会吃的家伙。他刚当上大厨的时候，托德说他的手艺不错，但是把厨房搞得一塌糊涂，那是因为当时他还不会用厨房里的汽油炉子，难免手忙脚乱，这两天稍微摸熟了一点，就立刻显得井井有条、英明神武起来。而且他做饭特别快，每天到了营地，不用多长时间就能让大伙吃上饭。

到2号营地，大家都累坏了，王队决定休整一天，适应适应，然后再登顶。

在这里，夜里12点半到3点半这段时间，帐篷内温度是零下20摄氏度左右，而三四点之后，太阳转过了山直射到营地时，气温立刻上升，早起时测得的最高温度是30摄氏度，几小时里50摄氏度的温差变化，感觉很奇妙。在这种情况下，一定要学会调节自己帐篷内的温度，太热了就拉开一点拉链，或者在帐篷上盖点东西，太冷了就穿上衣服，否则人很容易感冒。

既然休整一天，大家就都不着急起床，纷纷拉开帐篷的拉链调节气温，看着山景聊天。整个2号营地只有我们一个队，我们再怎么聊天也干扰不了这份安静，仿佛整个山都是我们的。

就连上厕所都很有感觉，可以同时看着远山的风景，很惬意。

不登山，有许多东西很难体会到，那些不可思议的风景，那些在极端条件下变得很敏锐的感受，一些平时在日常生活中不以为然的事，在这都成了大事，都要认真地、全力地对待。而在这样的过程中，会让人获得很多不一样的东西。

整东西时，王队担心我万一走不动了会有麻烦，表示登顶的时候我的东西他帮我背，可我还是想自己背，他考虑了好一会儿，同意了。

登顶的早晨，早上6点多，王队就敲打着叫醒我和杨险峰。帐篷外面有风，太阳还没转过山峰，气温很低，帐篷里也是零下十几摄氏度，满是霜花。我和杨险峰都不想起来，我昨晚睡不着，折腾到2点多才睡；杨险峰更惨，说是直到被叫起前的四十分钟，才眯了一会儿。

尽管知道要攻顶，可我们还是折腾了半天才出了帐篷。

吃早饭时太阳开始转过山头了，有了一点暖意，天气没有昨天好，刮风，很冷。

尽管起床有点痛苦，但我们8点10分出发，居然只比预计晚了十分钟。路线很长，要求每个人只背一件羽绒服，一瓶水和一点路餐，其他东西一律不带。

首先就是一个大坡，然后一片很长的谷地，接下来还是没有尽头的各种角度的坡，看上去极其漫长。

计划走四程，头两程很冷，梁群和李伟文都冻得穿上羽绒服了。

中途休息的时候，队长还"忙里偷闲"众目睽睽之下在我们结组路线的陡坡上大便，然后顺手把装着大便的袋子放进我的背包里。在文森峰，登山途中的大小便都要自己带下山去，在大本营统一收集处理，所以后来我就一直背着队长的那袋大便，直到大本营。

第二程又是一个漫长的大坡，因为结组前进，必须配合整队的速度，不能按照自己的节奏走，走到后来我真的感觉体力不支了，好几次要求停下休息，可托德不让停。后来还是王队上来，让我穿上羽绒服，把水还剩大半的壶放进自己包里，取下我的包放在路边，用雪杖固定在地上，然后我们继续前行。

好不容易走完了前三程，到了一个有岩石的坡顶。托德要求所有人都把包放在休息地，第四程轻装攻顶。

但王队还是背了一个包装摄像机，他还想背几块顶峰的石头下来。

第四程一出发又是一个暴露感极强的大坡，300多米，在横切的方向上，坡陡，又不能停，所以对体力要求高，对冰雪技术也有要求。刚开始我很害怕，但托德好几次转过身来，教我呼吸的方法，我照着他的话做，马上找到了节奏。我身后的梁群和李伟文又告诉我在坡上怎样侧身行走和站立，李伟文还反复地让我放心，说他就是教力学的，可以证明冰爪上的一个齿就可以拉动一条犀牛，所以我大可以放心，相信冰爪能带住自己。就这样边学边走，我和大家一起，很顺利地到了坡顶。

到了坡顶，边上就有一个山峰，我还以为那就是主峰了，可托德说还要横着走过山脊，他指着远处的一个山峰说那才是主峰。

沿着山脊的路很险，很陡，冰雪和岩石混合的地形，非常难走。我和托德、梁

在南极之巅欢呼。

群、李伟文四个人走在一起，其实以梁群和李伟文的实力，肯定可以超出我们很远，但他们一直和我在一起，还不时地鼓励我，告诉我说登珠峰的时候也有一段和这里很像，说这是为我以后登珠峰积累经验。我真的觉得很感激。

这一段路虽然艰险，但风景美得无法形容。是的，我词穷了，真不知道怎么形容，简直就像梦境一样。

在一路的美景和艰险中，我们终于到了顶峰，用了6个半小时，速度算是很快的。

站在顶峰看下去，其余所有的山峰都退得远远的、小小的，又组合成了一幅无法形容的美丽画卷，我这才真正懂得了"一览众山小"这句诗的气势和意境，竟然激动地控制不住自己，落下泪来。

李伟文说我是喜极而泣，可我更觉得是百感交集，我能走到这里多不容易啊，每个人都付出了极大的努力，我心里满满的都是感激。

山顶的一个岩洞里放着一个塑料圆筒，里面有一本小小的笔记本，登顶的人会在上面写上自己的名字，我们也这么做了。看着前面那些不同文字、不同笔迹留下的一个个名字，再一笔一划地把自己的名字列进这长长的名单，我觉得很感动，也很自豪。

这时候杨险峰和王队也到了，大家开始各忙各的，有的照相，有的找石头。文森峰顶的石头是绿色的，很有特色，大家都想拣一块回去做纪念。

下撤时还是我和托德一起走，我起初还担心那么大的坡可怎么下去，可跟在梁群和李伟文身后，走得挺顺，很快地下去了。

回到第三、四程之间的休息地，就是大家放包的地方，我们休息了一会儿。再下撤时，托德和李伟文、梁群结组先走，我和王队、杨险峰在一组，杨险峰状态不是很好，老是犯困，一直像喝醉了似的，躺下就想睡，王队不停地提醒他，甚至拿冰镐敲打他，生怕他真的睡过去了。

往回走的路漫长极了，走走停停，老也不到头。快到2号营地时，远远地看见有雾从山下起来，向山上弥漫，就知道下面变天了，我们还是很幸运的，已经登顶了。

但还是看不到营地，过了一道山梁又一道山梁，都快把人走绝望了，就是不见营地。越向下走雾气越重，一度我都怀疑我们是不是在雾中走过了头，错过了营地。

但终于透过大雾看到了营地。

营地里一直在我们眼前的，是文森峰的第三峰，此刻它在雾气中神秘变幻着，但又一直那么高耸屹立地坚持在我们的正前方。再回头看看比它更高更险峻的主峰，及通向顶峰的那么漫长的路，比徒步南极点艰难多了，我觉得成就感简直满得要溢出来了。

王队说我如果今天自己不背包会走得更好，可我还是愿意自己背这么一回，会让我真正觉得是我在登山。

在2号营地我睡了十几个小时，连梦都没有，把几天的觉都给睡回来了。

天气变坏了，下了雪，帐篷上全是积雪，还刮起大风，气温很低，在外面站一会儿就一身白，冷得要命。我们在寒风中撤营，每个人都背着大包，但比来时轻多了。走了一段后，我的右腿痛得不得了，不得已叫停了两次。后来我发明了一种走法，左腿迈大步，右腿只是拖着走，样子像极了小儿麻痹症患者，竟然走得也很快，我得意地大笑，后面的托德也笑坏了。管他呢，能快走就行，这会儿顾不得许多。

撤到1号营地，托德和基地营电话联络后，告诉我们大飞机今天进爱国者营地，如果我们顺利赶下山，天气又合适，小飞机用一个半小时把我们送进爱国者营地，我们今天就能跟着大飞机飞出去。

大家一听，兴奋极了，被回去的憧憬激励着，一个个像打了鸡血似的。就连一直不在状态的杨险峰这会儿也精神了，拉着雪撬跑得飞快，整个队伍跟着他跑，一个都没有掉队。都想尽快撤出去。

因为出去就可以洗澡了！这些日子以来，我们一直没有洗头洗澡，谁都不敢提"痒"这个字，好像痒的感觉是会传染的，一个人说痒，所有的人都会觉得痒，特别是头，痒得厉害。所以谁一说这个字，大家都会一起大叫，把他的话给挡回去。

跑着跑着山下又起雾了，和昨天的情形差不多，就听托德在后面嚷嚷说如果下面起雾了，小飞机就不一定能来接我们，因为无法降落。

听完他的话，大家的步子又慢了。雾越来越大，有几段坡度大，拖车老是向两侧打滑，而且很容易翻车，非常不好走。托德要求大家把车和结组绳系在一起，后面的人拉着前面的车，一路放下山去。快到营地时，雾已经非常大了，周围什么都看不见，我只能隐约看见走在前面的梁群留下的一点脚印。

直到营地的帐篷已经在眼前时，我们才忽然看见，大家不约而同地叫了起来："终于到了！"

天空中下起了雪，我们每个人的身上都白白的。看来当天是出不去了。但托德又带给了我们好消息，虽然我们没赶上这一趟进爱国者营地的大飞机，但12小时后，大飞机还要运油进来，如果天气好，我们能飞出去的话，还是有希望搭上大飞机出去。大家又兴奋极了。

吃饭时，云层开始升高，离地面大约有一百米。吃完饭出来一看，远处的山和地平线那里的天空都露了出来，估计天气要转好，我们赶紧收拾东西，准备趁着也许会很短暂的好天气飞出去。

这几天，整个文森峰、山里的每一个营地，都只有我们一支队伍，仿佛整个山都是我们的，而且天气也很配合，连托德都说我们运气很好。不说别的，就说这大飞机，飞一趟的成本是50万美金，一年才飞9趟，我们都能赶上，多幸运！

因为右腿关节痛，所以我把力气都压在左脚上，结果磨出了一个鸡蛋大小的血泡，几乎长满了整个前脚掌。睡前我给自己动了个小手术，挤出很多血，把它解决了。

在大本营住了一夜，第二天早起，早饭都没吃，忙着打包装雪撬，天气很好，我们等了一会儿，就看见太阳的方向出现了两个小红点，是飞机！有两架！它们盘旋着过来了，越来越近，听得到声音了，降落了，一先一后。这种小飞机的机动性真是好，可以像汽车一样停得离你很近。

没想到从飞机上下来了很多人，是一支来自不同国家的登山者组成的队伍，带队的竟然又是沃那！真有缘啊。徒步南极极点，一路我们互相较劲比拼，互不相让，但到达极点之后，大家立刻热烈拥抱，惺惺相惜。这会儿又意外的遇上了，顿时觉得特别亲切。

回到爱国者营地，建哥和次落已经出去了，他们在彭塔阿雷纳斯等我们。听说我们去文森峰之后，"华润队"才到爱国者营地，他们运气真的不算好，每一程都有不少时间用在等待上；相比之下，我们的运气实在是太好了，每一步都赶在时间节点上，特别顺利。在登山和探险中，运气本来就是有点捉摸不定，此起彼伏。而这种不可预见性，也是户外运动乐趣与吸引力的重要组成部分。

在营地，我们还遇到一拨英国探险队，特别显眼，特别有意思。他们穿的全是早年探险家们的服装，从帽子到外套到动物毛皮的手套，都是复刻版，连用的雪具也是木制的。我说他们怎么这么像当年的斯科特队啊，正说着，李伟文和王队问了

玩"复古"的英国探险队，全部行头装备都是"复刻"当年斯科特队。

问，果真是模仿斯科特他们的探险队啊！为了纪念斯科特，英国探险者们组织了这次行动。他们的队员最年轻的42岁，最老的一位是62岁，是向导，他们打算在1月17日到达极点，就是当年斯科特到达极点的时间。我和托德又跟出去看他们的适应训练，天哪！他们甚至连大雪橇都是仿照当年的，全是木制！帐篷也是帆布的，简易得就像我们用的厨房帐篷，还得睡他们五个人，太行为艺术了！看得人叹为观止。

凌晨3点半我醒了，再也睡不着了，听见队友们在公共帐篷里和北京通电话，玩"斗地主"，又商量出去"偷"点吃的作宵夜。原来营地旁有一个地方，埋着公用食物，是为特殊情况准备的。于是王队、杨险峰他们就夜黑风高——错了，那时是极昼，没有黑夜——就明火执仗地去踅摸"公用食物"去了。两人辛辛苦苦把公共食物挖出来一看，总共只有四个鸡蛋，这可没法偷，哪怕只偷一个都会被发现啊，只好又给人家埋回去了，然后回公共帐篷下面条吃，不过还是"贼心不死"地偷了帐篷里不知是谁留下来的一点熏肉。

听着他们的折腾，我的心情慢慢平静下来了。感觉很奇妙，一个人躺在睡袋里，身下是南极冰原，却又有温暖的阳光透过帐篷，柔和均匀地晒着我。帐篷是黄颜色，我没戴眼罩，闭着眼，享受着桔黄的阳光，再让自己的思维静静地、漫漫地，向四周辐射开去，在茫茫的冰雪大地上，直到没有生命的极地深处，仿佛自己凉凉的呼吸，就在天空和大地之间起伏。

这种感觉太美妙、太神奇，我又想起在极点，面对摄像机，我曾说过"人生不能没有梦想"。是的，我们有无限的可能，生命、生活都给予了我们很多，所以，有什么想做的就去做吧，追逐梦想的生活是最美好的，就应该让自己的人生梦想不断，而且始终努力去实现它们。

躺到早上8点多，我起来了，总共睡了不到五个小时，但是人很精神，心情很闲适。天气依然很好，就像我的心情。

飞机还没有来，说是看到天边有一块云，担心云升上来，飞机暂时不来了。王队、杨险峰、梁群、李伟文玩了一个通宵的"斗地主"，王队和杨险峰一直在输，我看他们输的脸都绿了，梁群、李伟文却是情绪高涨、红光满面，表示坚决不睡觉，不吃东西，抗议飞机不来。我倒是无所谓，反正我已经把我的帐篷弄得很舒服了。这些日子里不停地"搬家"，也习惯了。

其实说到离开，除了非常想洗澡，好像也没什么特别的大事。这次徒步加登山，我没带任何洗漱用具，自从月初进来就没洗过脸、刷过牙，不是也过来了么。可见除了吃和睡，再基本的生活需求，也是相对的。

营地总管来找我们，说如果今天走不了，就每人准备一份礼物，参加营地的圣诞Party，还要我们贡献一道中国菜。也许要在这里过一个真正的白色圣诞节了，也是难得的机遇啊，想想也许一生就只有这么一次呢。

这么一想，我就更不着急了。其实，我觉得我的兴致并不只在登山，向来喜欢四处游走的我，在登山探险的同时，还喜欢有机会在世界的各个角落好好停留。再加上平时我是个难得有闲的人，所以能闲下来，对我也是件很好的事。

终于，号称要用不睡觉来抗议飞机不来的队友们，还是熬不住，都去睡了。

我和托德吃草莓罐头和牛奶麦片作午餐，又送了一半给那支英国队。他们五个人一直在忙乎，英国人就是严谨，出发的物资装备整了又整，每一个细节都反复推敲，这会儿又在调试卫星电话、图文传真的设备及太阳能设备。我把剩下的一大堆"零下40℃"的电池都给了向导老爷爷，他很高兴。

我还去参观了他们的帐篷，是两层布面的，我喜欢他们的睡袋和鞋子，也很复古，是麋鹿皮的。向导老爷爷邀请我看他调试经纬仪，也是模仿90年前的仪器。在周围这些现代化的帐篷中间，他们真的像是从100年前穿越过来的。

但同时我也发现，"Made in china"真是太厉害了，英国队的装备中很多都是"中国制造"，甚至他们带的国旗也是"中国制造"。

正和他们交流着，又听到消息说飞机6点左右会到，托德让我去叫大家起床。杨险峰睡得昏天黑地，本来他是盼望飞机最热烈的，但我叫他起床，说飞机快来了的时候，他迷迷糊糊地说："你们先走！"搞得我哭笑不得。等我把大家都"收集"齐了，飞机又说要推迟到9点，我忽然觉得很困，趴在桌上就睡着了。朦胧中听到梁群叫我，说飞机来了，我一看，才7点，以为她在骗我，不料飞机真的来了，托德赶紧招呼我们收拾东西，准备上飞机。

我们迫不及待往机场跑，飞机能降落，说明今天天气很好。但人"堕落"起来实在是太快了，在营地有暖气的公共帐篷里呆了一天，我就变"娇气"了，从营地到机场不长的一段路，我竟然觉得很冷，这么多天冰天雪地的也不知怎么过来了。

这就要离开南极了，日子过得真快，临走的这段路却很长，大家都不知该说什

看到了久违的西红柿和
新鲜生菜!

么。托德送我们到机场,他还穿着他那身做饭干活"专用"的破衣烂衫,他还得在
这继续坚守,29号还要接一个队,之后还有一个队。他说让我们出去后帮他喝一罐
啤酒,他实在太想念啤酒的味道了。又说一会儿就是平安夜了,他很快就会去参加
Party,而我们要在飞机上飞5个小时。我们和托德一一拥抱告别,我很想对他说些
什么,可是现场太忙乱,又没顾上。

还是那架没有任何装修的大破飞机,酷毙了,机舱中部和后面全是大油桶,只
在前仓两侧留了几个位置。好像是为了检修方便,机舱内凡是能裸露的地方都裸露
着,电线、电缆、仪表、灯炮,给人的感觉是可以直接拿来作《加里森敢死队》的
背景。

起飞后,我们身后传来一阵阵砰砰乒乓的声音,就像子弹一样,原来是后面的
汽油桶盖随着压力的变化而飞起落下,因为这飞机不像普通民航飞机那样注重保持
机舱压力恒定,就造成了这么惊悚的效果。大家又稀罕了一把。

飞稳之后,那个一直坐在前面,特别淡定的胖胖的机组成员站起来,噼噼啪啪
地把那些破仪表拨弄了一番,看上去特别酷。然后又走到我们身边,打开一排大塑
料箱,我们以为他又要做什么很酷的事,谁知塑料箱里全是食物,他开始一丝不苟

地为我们准备餐点，先递过来装在小筐里的糖果饼干，大家传着吃；饮料有可乐、雪碧、橙汁、草莓汁、牛奶可选，还有大片的薯片作为餐前零食，我们已经很久没喝过新鲜果汁了，每个人都喝了好几大杯果汁。

然后，他又像餐厅的服务生那样准备好杯盘、餐巾，切西红柿、撕生菜叶子，给我们做汉堡，我们看到西红柿和生菜叶，眼睛都放光了，大家都不约而同地说："新鲜的，真的是好新鲜啊！"

直到吃到嘴里，真正感觉到了新鲜西红柿的味道，我们还是觉得像做梦一样。太梦幻了，在这样的机舱里，吃着汉堡，幸福得像是正在吃世上最豪华的大餐。我太喜欢和珍惜这种感觉了。

窗外是黑夜，这么多天以来，我们第一次见到了黑夜。

不知不觉已经过了十二点，于是这个平安夜我们就在飞机上，飞过南极寒冷的大地，从白天飞到黑夜，也是难忘又难得的圣诞回忆啊！

就这样，我们离开了南极，回到彭塔阿雷纳斯，这时我们都晒得或冻得脸花花的，一个人还好，一群人走在一起的时候，效果就很有趣而且惊人了，像群狼似的。但当地人显然见怪不怪了，都向我们投来友好的目光。

先离开南极，等在这里的建哥和次落为我们准备了好多啤酒，瓶装的、罐装的，还有葡萄酒，以及酒店送的香槟酒。结果本来信誓旦旦一回到彭塔阿雷纳斯一定先痛痛快快地洗个澡的我们，完全抵制不住久违的啤酒的诱惑，在他们的房间里痛饮起来。特别是一向爱喝啤酒的王队，看他那架势，我毫不怀疑他能喝上一天一夜。

最后，还是我最先想起洗澡这回事儿，回了自己的房间。

几乎一个月没有洗澡、刷牙、洗脸的我，踏进卫生间的那一刻，觉得到了天堂。

真的，没有这样经历一回，我想，我这辈子都不会相信会有人把卫生间看成天堂般的存在。

洗澡的美妙那是没法说了。

我都已经忘记了被水环绕、滋润、冲洗是什么样的感觉，其实南极还是很干净的，这么多天，天天一身大汗，但并没有把人弄得跟泥猴似的，搓下来的泥都是白色的，一点也不脏。但有一种找回了自己的身体的感觉，夸张点说，真是"新生"

啊。

洗完澡，我又把从南极带出来的一大堆衣服都给洗了：上衣、裤子、帽子、手套……真是堆成山的脏衣服。洗干净后，我把登山绳拉起来作晾衣绳，横七竖八拉得像蜘蛛网，密密麻麻的晾了一房间，谁进来都会吓一跳。把我得意坏了，人一高兴，干活都高兴。

然后睡在床上，房间里好暖和，我简直不敢相信，自己怎么能这么舒服呢！在冰雪覆盖的帐篷里睡了一个月，我终于又一次躺在床上了，能躺在床上是一件多么奢侈、多么美妙、多么享受、多么不可思议的事情啊！

很小的时候看过一首诗，只记得大意是一颗沙里一个世界，一朵花里一个天堂什么的，当时觉得真酸真扯，后来就忘记了。但洗完澡躺在床上的时候，我不知怎么忽然又想起这首诗，忽然就觉得有点懂得它说的是什么了。

灯光、水温、沙发的柔软、电视里的图像和声音，甚至抽水马桶，还有这张宽大温暖的床，久违的圆滚滚的枕头……所有这些日常生活中普通到我们根本不会去注意的东西，换一个时间、地方和心情去感受，竟然能够带给我如此巨大强烈的幸福感，幸福得我都不知该如何是好了。

我想，即使只为了体验这种幸福感，这种从一朵花中感受到天堂的美妙感觉，之前经历的所有都是值得的。

在彭塔阿雷纳斯休整过来，我们又到智利西海岸玩了几天，然后坐了4个小时的飞机，飞去了智利以西南太平洋的复活节岛，在岛上度过了新年，迎来了2006年。

复活节岛虽然属于智利，但距离智利西海岸3000公里，是全世界最与世隔绝的小岛之一。1722年4月5日，荷兰探险家雅各布·罗格文发现了这个小岛，当天正好是复活节，所以世人就把这个小岛称为"复活节岛"。而这个岛最广为人知的，就是岛上那600多个神秘的巨型石雕了。

从飞机上看，复活节岛真的好小，典型的太平洋的小岛，暖洋洋懒洋洋的阳光，有点热，但有风吹着，并不难受。机场也就是一个大草棚子，但游客真不少。

我们住的旅馆是个长满树的小院子，院子里几幢带廊的平房就是客房了，很自然，亲切随意。廊下摆着小桌子，小风吹得很舒服，宾馆外就有水果摊，我们买了人参果、石榴和木瓜，就着建哥和次落买的红酒，在廊下吃吃喝喝，舒服极了。

老板是当地人，很有趣，明明是个很壮的男人，但喜欢穿得花红柳绿，别着长

我们在复活节岛迎来了2006年。

长的纱巾，说话时翘着兰花指。到吃饭的时候，我们发现好些人在宾馆外排队，才知道这家宾馆的餐厅在岛上非常有名。的确，这里的东西做的又讲究又好吃，特别是米饭，我们都说出来这么多天，没吃过焖得这么香的米饭。

新年之夜，太平洋小岛居民的热情性格挥洒得淋漓尽致，旅馆外载歌载舞，到处都是歌声和欢笑声，我熬不住先睡了，躺在床上，耳边还是响着狂欢的声音。又听到教堂的钟声，应该是为新年敲响，叮叮当当的，很悦耳，让人心里觉得清净舒服。我就在这样的钟声中睡着了，又在睡梦中迎来了复活节岛上的新年。

到了复活节岛，我想起了自己的一个小心愿，找这样一个太平洋上的小岛，住下来，自己买菜做饭，然后坐在廊下吹风、发呆，什么也不做就过一天，让自己的心放松和放空，该是多么惬意的事。

在复活节岛，我实现了这个心愿。虽然这是一个旅游胜地，虽然我们也去看了那著名的石像，但我最享受的，却是在岛上懒散悠闲的日子。

每天早上，教堂的钟声响起，全岛大大小小的公鸡就都开始打鸣，此起彼伏，非常好听。我一睁开眼睛，就能看到窗外树上的花，朦朦胧胧中，老以为回到了小时候住的地方，那是福建山区，湿润的空气的味道，婆娑的树影里的阳光，像极了。我的床罩、被罩都是粉红小花的，睡在花堆里的感觉真好。

岛上的女人以丰腴为美，她们都用一块大花布裹着身体，耳边别着花，看上去很雍容。我去本地人的聚居区转了转，也都是小院、平房、大树、花草，其间穿梭着女人、小孩和狗，好自得其乐的生活。

想起我在北京的生活，真想就此失踪，在这里当个岛民。

当然，我这个心愿没有实现，在复活节岛上盘桓了两天，我们启程回国了。

然后，我们此次南极极点之行最戏剧性的一幕，在智利圣地亚哥的机场里发生了！！

在复活节岛吃喝玩乐，养得滋润无比的我们，拖着大包小包的纪念品，说笑着走进机场候机厅，迎面撞上了"华润队"！

他们刚从南极点出来，显然还没从疲惫寒冷中振奋起来，一个个又黑又瘦，脸上也都晒得或冻得很斑驳。

一打照面，彼此都吃了一惊。然后，我们立刻张开双臂迎向彼此，热烈拥抱。"华润队"的兄弟们用夸张的表情和语言向我们抱怨，说一路都不顺，飞爱国者营地的大飞机不顺，飞极点的小飞机也不顺，队伍被分成两批，两天后才凑到一起，总算是一起到达了极点的。想提前回国，机票又出了问题，没走成，拖到今天，结果和我们在这里意外相遇。

在阳光灿烂的圣地亚哥机场，听着他们诙谐搞笑的抱怨，看着他们左一道右一道贴着胶布的脸上的笑容，忽然之间，我觉得很感动很感动，这就是我所投入、所热爱的登山探险的世界啊！无论是互相扶持还是彼此竞争，全世界所有热爱这项运动的人们，都是兄弟。

在这个世界里，真正已经实现了"四海之内，皆兄弟也"！

回来后，宝哥看我的日记，之前他已经看过我徒步北极点的日记了，所以再看南极日记的时候，说了句很妙的话："我觉得你这两本日记看起来一样，只不过一个往南走，一个往北走。"

这句话广为流传，让我很是惆怅。

我喜欢在途中写日记，就像是在和自己闲聊，所以第一次看到我的日记的"原始版本"的人，往往会大笑，因为里面充满了"某某进帐篷了"、"某某出来了"、"我喝了一杯咖啡"、"我听到他们在笑"之类的废话——因为本来就是闲聊么。（顺便在这里大力感谢一下帮我整理日记的青铮同学，她真的是心狠手辣，大刀阔斧，什么都敢删。）而徒步两个极点，也确实有相似的地方，用一句话概括，都是"在冰天雪地里走啊走啊，就走到了"。

所以难怪宝哥会有那么一句评语。

我们回来啦！（从左到右）梁群、李傲、刘健、次落、王队、我、杨显峰。

但我自己知道，是不一样的。其实，南极之行对我的登山探险生涯，是很重要的一个节点。尽管无论是徒步还是登山，它都不是最艰难，也不是最精彩的。但我自己可以感觉到，从南极之后，我更接近于一个真正的登山者了。这种感觉很难形容，从心理上来说，是一种"我知道我能"的态度，从意识上，是一种"我知道该怎么做"的认知。至于体力和技术上的进步，反而是其次的东西了。

所以，回头看我的南极日记，有一句话我觉得说得挺好，从爱国者营地出来，一个月以来第一次洗澡的时候，我说，有一种"新生"的感觉。

直到今天，我仍然觉得，那种感觉没错，就是"新生"。

事实上，每一次登山探险，回来时的自己，和出发时相比，都是某种程度上的"新生"，都有些不同了。而南极给予我的最珍贵的礼物，使我清晰地意识到了这种"新生"，并对之满怀喜悦与感激。

乘飞机到达南纬89°，开始徒步。

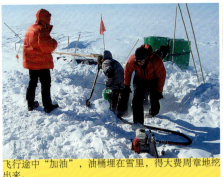

飞行途中"加油"，油桶埋在雪里，得大费周章地挖出来。

不管多累，我坚持每天都写日记。

跋涉在南极茫茫的冰雪中。

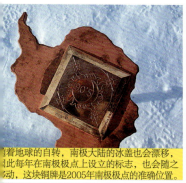

随着地球的自转，南极大陆的冰盖也会漂移，因此每年在南极极点上设立的标志，也会随之移动，这块铜牌是2005年南极极点的准确位置。

我们与"沃那队"在竞争中结下友谊。

南极徒步

这是中国最早完成"7+2"的三位勇士（从左到右）：刘建、王勇峰、次落。

阿蒙森–斯科特科考站旁很酷的"圣诞树"。

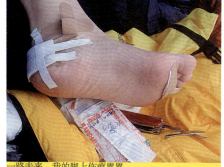

一路走来，我的脚上伤痕累累。

来到文森峰大本营。

新上任的"大厨"杨险峰为大家做了豆角米饭和煎三文鱼。

攀登途中,越往上,风景越美。

攀登文森峰,我体验到了负重登山的乐趣,不仅包里塞满了,外面也挂满了东西,李伟文说我的包得有20公斤。

文森峰1号营，我们利用之前队伍留下的雪墙营扎寨。

2号营地能够眺望山景的厕所。

攀登途中，远远近近的山峰极具诱惑力地挺立着，风景极美。

攀登文森峰

文森峰顶峰的一个岩洞里放着一个塑料圆筒，里面有一本小小的笔记本，登顶的人都在上面写下自己的名字，我们也这么做了。

下撤途中。

我们攀登文森峰的时候，建哥和次落在爱国者营地，遇到了"华润队"（上从左到右）曹峻、钟建民、王石、吕钟凌、张梁；（下从左到右）次落、建哥、大阿旺。

彭塔阿雷纳斯的圣诞大餐。

餐厅里，客人们纷纷用牙签和小纸条，在世界地图上标注自己的来处。

队长的胡子又长出来了，我和次落都晒黑了。

终于有一张看得出谁是谁的合影了，（上排从左到右）李伟文、杨险峰、王队；（下排从左到右）梁群、我、建哥、次落。

在彭塔阿雷纳斯遇到的企鹅，看上去，它们也在"徒步"。

复活节岛迷人的大海。

真想在这个悠闲的小岛上一直住下去，做一个简单而快乐的岛民。

南太平洋小岛上的悠闲时光

我们的"图腾柱"，从上到下：建哥、次落、杨险峰。

一路上，我写满了四个日记本。

珠穆朗玛
只为途中与你相遇

徒步南极极点之后，我先带着两个儿子登顶了四川四姑娘山大峰，接着又登顶了世界第六高峰——卓奥友峰（海拔8201米），2007年2月，又带着两个儿子登顶了乞力马扎罗。然后，2007年4月，我去了最高峰珠穆朗玛峰（以下简称珠峰）。

这次攀登是由尼玛校长的西藏圣山探险公司组队，他邀请了经验丰富、缜密周到的西藏登山队副队长旺加做我们的队长，队员有来自杭州的范文俊（我们叫他"范范"）、来自大连的刘福勇（人称"大刘"）、来自深圳的李向平、来自湖南的徐江雷，还有来自温州的阿南，我又是唯一的女队员。

出发之前，我在背包里装了三个日记本，打算把它们全写满。还计划着如果我登顶了，回来就写本书，书名叫《我登上的珠峰》，如果没登顶，那也写本书，书名叫《我没登上的珠峰》。一样会很有意义，毕竟这样的体验太难得了。

和我以前登过的山相比，珠峰太"大"了。

珠峰到底有多"大"，不是真正要去攀登的人，很难完全体会到。登顶前，我看了一部美国探索频道拍摄的纪录片，记录"罗塞尔队"从北坡登顶珠峰的全过程，真实地展示了珠峰之"大"，人的执着、自然的力量、生命的脆弱，以及现实情况中不可避免的残酷，触目惊心。

如果说以前登的那些山对我来说，顶多会觉得"苦"和"累"，但珠峰却是让人觉得怕"死"，怕不能全身而退。

就连宝哥，在我以前登山的时候从来不说什么，然而当我到了珠峰脚下，他却给我发来短信，鼓励我"一要怕死，二要敢退"，又说："你再适应一段时间，差不多的话就回来，以后也能说攀登过珠峰，把后面'未能登顶'四个字写小些就行了。"

更让我措手不及的是，到了拉萨之后，已经十几年没得过感冒的我，居然得了重感冒。

去过西藏的人都知道，如果进藏之前感冒了，医生都要掂量掂量病情，劝你等感冒好了再去。而在藏区感冒，更是大忌，我去过西藏很多次，不止一次目睹平原上普通的感冒，在那里转化为肺水肿或脑水肿，带来生命危险，甚至有人因此就没有抢救回来。

就连这次感冒期间，在拉萨人民医院打吊针的时候，还看到好几例这样的重症

出发进珠峰前，因感冒困在拉萨的医院，接到来自天南海北的问候信息。

厄尔布鲁士 北极 乞力马扎罗 南极 文森峰 珠穆朗玛 阿空加瓜 查亚 麦金利

病人，有一个14岁的男孩子，脑水肿已经昏迷了。认识的医生告诉我，如果是肺水肿，还能抢救回来，但如果脑水肿，而且送来时已经昏迷了，死亡率超过10%。

我的感冒虽然重，好在还只是呼吸道感染，肺部没有问题。只是在高原药效慢，迟迟不能好转。我想和队友们一起进大本营，连着打了三天吊针，都不见效。尼玛校长和王队、旺加队长讨论之后，决定让我留在拉萨继续治疗，等完全好了再进大本营和队友们会合。

前后算起来，我在拉萨足足病了16天，来了一拨又一拨的朋友，又走了一拨又一拨朋友，从最初的"心急如焚"，到后来的"乐天安命"。我不止一次地想，幸好是在拉萨，要是在北京，登顶珠峰前闹这么一出，我准吃不下睡不着，还不得焦虑死了。

在拉萨，会觉得离自己本来的生活很遥远，这里相对单纯，人也就更容易快乐。我不止一次地说过，如果人真有前世，那么我前世一定是藏族人。从2003年第一次自驾车进藏之后，几乎每年我都会到西藏几次，并设立了一个面向藏区的苹果慈善基金会，基金会的项目包括教育、医疗、文化遗产保护，等等。每次来到西藏，我都会有一种"回家"的感觉，而且我也越来越经常地被人当作藏族人。所以我们的大本营营地全貌。

虽然因病耽搁在拉萨，但我的心情并不坏，跑跑医院，跑跑朋友的户外店，搬个板凳坐下来晒晒太阳……确实是"病去如抽丝"，但也渐渐地开始好转了。

最后，4月19日，尼玛校长终于批准我离开拉萨前往珠峰大本营了，条件是要带上雾化治疗仪，继续坚持治疗。

途中翻越加乌拉山时，我把事先准备好的哈达系在了加乌拉山口的大经幡上。那一天天气极好，山口处看过去，从左到右，玛卡鲁峰、洛子峰、珠峰、卓奥友峰、西夏邦马峰，几座8000米以上的山峰在这里一字排开，一览无余，整个喜马拉雅山脉似乎都展开在我的眼前。我心里感慨万千：终于走到这里了。

无论怎样，对于登山者来说，"世界最高峰"永远是心中不可逾越也不可止息的一个向往。而且我预感到，不管这次能不能登顶，从珠峰回来的我，必定会和以前有所不同了。

在珠峰大本营的日子，用一个字概括的话，就是——"熬"。我们4月20日进的大本营，到5月19日才正式开始登顶，差不多"熬"了一个月。

王队曾说，遇到珠峰这么大的山就是要"熬"，"熬到最后就成了"。可我总觉得这个"熬"字好像太消极了，应该更积极地去享受营地生活，对！就是这个词，"享受"营地生活。

所以我们在大本营的营地被弄得特别舒服，每人一顶"两室一厅"的那种帐篷，我把一间作卧室，一间放东西，中间的厅里还放了一张桌子、一把椅子。公共我在珠峰大本营的帐篷，"两室一厅"中间还有一张小桌子。掀开门帘就可以遥望群山。

大帐篷更是不得了，铺的全是厚厚的化纤地毯，进门要换鞋，大帐内有电影屏幕、电气烤炉、藏式烤炉、大餐桌、藏式茶几、坐榻，一应俱全，还有冰柜、消毒碗柜等等。哈哈，原来登山也可以这样享受啊！

我们在大本营的"大总管"是其加，他常年在珠峰搞后勤，非常有经验。我和其加是非常好的朋友，他还曾经陪我走过两次西藏。厨师李师傅也很赞，每天都吃得很好。早餐的鸡蛋甚至根据我们每个人的不同口味有不同的做法，就像在家里一样。

还有阿南这个"美食家"跟我们在一起，带着他们家的"招牌带鱼"，带鱼是他妈妈亲手做的，再抽真空包装，好吃极了。听说他妈妈准备带鱼的时候，把鱼头鱼尾都分送给邻居们，结果他们家那片儿的邻居们都吃了一个星期的带鱼头尾。阿南甚至还从温州带来了各种调味料，米醋啦、白胡椒啦，他就是这么个讲究吃的家伙，如果看到我们在吃他认为的"垃圾食物"，立刻会抢过去倒掉，进山后我一直跟着他吃饭，肠胃始终挺舒服。

说起营养，这帮弟兄们真是各有各的招儿：阿南自不必说，每天带鱼大虾；大刘则是每天一根海参；李向平外号"李青菜"，自有一套"绿色体系"；我和范范是"能量餐包和蛋白粉派"，但范范的零食比我多，不停地往外掏，像宝葫芦似的；反而是胖胖的徐江雷看不出有什么特别的讲究。

我觉得营地的生活很有意思，早起到天黑，吃了睡，睡了吃，生活很简单，出太阳的时候，营地里特别暖和，好些藏族小伙子和老外都光着膀子走来走去。我总珠峰脚下有许多野生动物。这是藏岩羊下来喝水，它们一般在早晚出来活动。

是穿件抓绒衣在外面晒太阳，望着眼前忽云忽雪的大山，没什么心事可想，日常生活里的焦虑、抑郁到这儿全没了。5200米地方，我的睡眠竟然出奇的好。

　　2007年的珠峰大本营也特别热闹，有为2008年奥运会点燃圣火和火炬传递作集训的"奥运火炬队"在这里集训和测试，尼玛校长的好些学生都在其中，还有很多登山圈里的朋友，国家登山协会主席李致新和王勇峰队长就在火炬队坐镇指挥，次落则是火炬队员们的教练。孙斌也在，他是北京奥组委火炬接力中心珠峰组的组长，负责珠峰和拉萨的火炬接力项目。

　　再加上这些年珠峰大本营基本上已经成了个旅游景点，五湖四海的朋友络绎不绝，日子一点也不闷。还经常有些乐子可看，比如有一个美国来的"牛人"，号称要创造世界纪录，裸体登珠峰，每天脱光了跑到冰河里去躺着，训练自己"扛冻"。还有一天来了个姑娘，穿着高跟鞋，拖着小皮箱就要去登珠峰，把我们都吓着了，还是其加好说歹说才把她劝下去。

　　还有不得不提的"罗塞尔队"——新西兰登山家罗塞尔（Russell）是王队的老朋友，他和他的"罗塞尔队"也是个传奇。罗塞尔从22岁开始登山，已经有30多年了，据说他除了登山和滑雪没有任何业余生活，30多年里从未做过和登山无关的工作。每年登珠峰，都是罗塞尔队的人先上去开路，清理以往的路绳，拉设新的路绳，其他队伍帮着分担一些费用和物资。他们提供的天气预报，也是各个队选择登顶时间的重要参考。

号称"冰人"的登山者霍夫，这次他计划只穿靴子、短裤、手套和帽子攀登珠峰。

之前我一直觉得我们的营地舒适豪华，后来王队带我去罗塞尔队的营地串门，才见识了什么叫"五星级的营地"，他们的队员是每个人一顶小帐篷，满满一大片，我数了数，有20多个。而夏尔巴协作全住在一种黄色大帐篷里，帐篷里分成六个隔间，每间两人，每个大帐篷可住12人。还有专门的餐厅、办公室，甚至还有专门的洗浴室。

罗塞尔队的公共大帐篷是一个巨大的球型帐篷，钢管的支撑，白色的塑料面料，使得整个球形大厅显得既高大又明亮，而且抗风性特别好，帐篷里安静得一点声音都没有。更重要的是，里面还有一扇落地的透明大窗，可以看见远山和经幡，地上铺着绿地毯，有吧台、一排躺椅、几个双人沙发椅，一角还有一个大炉子。

回来看看我们自己的营地，是有点土，但也很舒服，于是我们自我安慰，说他们是美式的，我们是藏式的，都很好。

不登山的朋友可能会不理解，要登珠峰你们倒是赶紧往上爬啊，为什么在大本营里一呆那么多天？"无所事事"地到底在干什么呢？

这是因为面对珠峰这么"大"的山，真正登顶的时候，从前进营地往上算，正常也得四、五天的时间，必须保证有一个连续的"好天气周期"，而山上的气候变化莫测，要等到"好天气周期"，除了天气预报手段、经验，以及必不可少的好运气，更重要的就是耐心和判断了。所以很多时候，我们都在等着合适的"好天气周期"。

适应性训练途中，行进在绒布中沟，可以清晰地看到珠峰和前面的章子峰（海拔7543米）。

还有就是适应性训练了，面对8844的高度，肯定不能憋着劲儿一口气地冲上去，得反反复复上上下下地适应：先从大本营到5400米来回；再到5800米过一夜下来；然后再上到6500米的ABC营地；如果适应得好，就继续上到7028米、甚至7500米；然后再回到大本营……在这个过程中，每一步都有可能因为天气或者其他的意外暂时停留等待，就这么反反复复、上上下下、走走停停……这才是最真实的"攀登珠峰"，没有豪言壮语，也不是"一鼓作气"，它几乎考验着你的全部。所以王队说面对大山要能"熬"，登山考验的绝不仅仅是体力、勇气、技术、经验，还考验人的耐心、等待时机、心态的调整、多少带点直觉成分的判断力，还有运气……说起来，这样的过程，和人生多多少少有些相似之处。

在大本营"熬"了整整10天之后，5月1日，我们终于开始向上行进了，第二天就上到了ABC营地。之后的10天我们一直以ABC营地为据点，上上下下的做适应性训练，最高上到了7500米。5月12日，又从ABC营地回到了大本营，然后溜去了一个叫作扎西宗的小村子休整。

适应性训练时间久了，有时候人们就会溜下来放松一下，周围的聂拉木、老定日、樟木、协格尔，甚至日喀则都是大家常去休整的地方，而我最喜欢扎西宗。

"欢迎来到斑巴旅馆！"

"扎西"是吉祥的意思，"宗"是汇集的意思，西藏很多这样的路口村庄都会叫"扎西宗"。我们这个扎西宗是个小盆地，气候非常好，以一个三岔路口为中心，三条路：一个方向是拉萨；一个方向去珠峰；一个方向去往著名的风景区嘎玛沟。

之前我们就从大本营溜去过一次，住在"珠峰斑巴旅馆"，这是一家典型的藏式家庭旅馆，两层小楼，大堂里总是其乐融融，来自不同地方的人，以各自的方式围炉而坐，享受着同样的悠闲时光。

旅馆对门是一家川菜馆，老板娘炖的鸡汤用的是土鸡，鲜美无比。还有冰川融化的河水中的冷水鱼，更是美味。川菜馆旁边有一家菜店，想吃什么就直接从筐里挑出来，再送到对面的馆子里——这就是我为什么喜欢来扎西宗休整的原因，有家的感觉。

想想就觉得"归心似箭"，回到大本营我就赶紧回帐篷收拾东西，和来珠峰采访的记者刘小奇坐车下山了。

一连四天，我们都在扎西宗休整。太舒服了。

幸福是对比出来的：这里温暖，没有大风，睡的是床不是地面，有12瓦的太阳能小电灯；厕所是四边封闭的，有门，屁股不冷，厕纸不会满天飞……在我看来，天堂也不过如此了。

这个"天堂"里唯一的遗憾就是没法洗澡，所以我们又长途跋涉地到老定日参木达村的温泉去洗了个澡。

我已经快一个月没好好洗澡了，忽然一个人坐拥一大池子温泉水，幸福得一塌糊涂，洗头、洗澡、洗衣服……洗得畅快淋漓，恨不得把房子都给洗了。也不知洗了多久，出去的时候，看到小奇还坐在外面的池子里搓，已经搓得红通通了。真的，所有和登山联系在一起的洗澡的记忆，都那么珍贵，那么幸福。在参木达村温泉洗的那个澡，我回味了好多天。

5月17日，我从扎西宗回到了大本营。

这时火炬队已经完成了大部分的训练和测试，听说他们一口气带上去了20支测试用的火炬，测试完成得非常顺利。虽然我只是一个"旁观者"，但能够与08年奥运会火炬传递的盛事，发生这样间接的"亲密关系"，我已经觉得很与有荣焉了。那时候我没有想到，一年以后，我作为火炬手，在拉萨参与了火炬传递活动，再次见证了我与西藏珍贵的缘分。

王队和次落对我们这次攀登也非常上心，之前那么多座山，那么远的路，都有他们陪伴着一路走来。那种亲密、默契和信任，几乎已经成为我攀登生涯中某种融入血液之中的东西。这次我攀登珠峰，尽管王队和次落、孙斌不是我们队的队员，但他们在完成了国家队任务后留在大本营，组织方邀请王队、次落参加我们B组冲顶的指挥，孙斌则作为冲顶队员加入我们队伍。

在扎西宗的休整还是很有成效的，再加上前段时间的反复适应，这次回到大本营，感觉完全适应了，真是看到条路就想跑，看到绳子就想跳着跨过去。

随着适应和休整，人的状态真的会越来越好，我前段时间一直不是太有信心，但这两天开始觉得只要能遇到好天气周期，我肯定就能上去！

而我们也确实到了要真正准备登顶的时候了。

分了AB组，范范、阿南、大刘和李向平是A组，比我们早一天上去ABC，计划用4天攻顶，旺加队长和他们一起；我和徐江雷是B组，王队、次落和孙斌，和我们同一时间上。

我登顶的向导也确定了，一个就是前阵子一直跟着我的、圣山探险的平措——我登慕士塔格峰的时候，他就是我的向导，这是和他第二次合作了。还有一个是尼泊尔的夏尔巴，叫次仁，很帅的小伙子，能力也很强。

在整个攀登过程中，我一直在写日记。带来的那三个日记本果然都被写满了。回来后我把这些日记整理编辑之后出了一本书，书名叫做《只为与你相遇》。

那本书几乎是登顶过程的全纪录，王队对我说，之后再有人向他请教登顶珠峰的问题，他就让人家去看我的书。王队还说，一直是"登的人不写，写的人不登"，难得我"又登又写"，让我觉得挺自豪的。

很多细节留在了《只为与你相遇》中，这里只是登顶那几天的日记内容——

5月19日　晴　大本营——5800米营地

我们中午12点离开大本营，正式向上。

临走前宝哥给我发来一个短信，说能上就上，不能上就别上了，安全第一。我回复说我一定会努力安全活着回来的。发完后忽然想哭，毕竟这山太大了！觉得自己这话说得有些悲壮。

出发时大家在营地送别我们。刚开始的一段路，我一直想哭，又想笑，直到中间休息了一次才平静下来，真是很奇怪的心情。

从大本营到5800米营地的路线很长，我们先沿着中绒布冰川走，坡很缓，一路上挺顺，我用了3小时50分钟到了5800米营地。这个营地建在冰川的中碛上，据说夜里常能听到冰川流动裂开的声音，两边的碎石坡上还不时会有滚石。因为冰川是流动的，所以每年进山的线路都在变化，营地的位置也会随之改变。

到达营地时，前天和十一郎一起上来玩珠峰攀冰的孙斌，加入到我们的队伍中，继续往前进营地去。十一郎则带着另一位攀冰伙伴紫笛小姑娘，明天直接回大本营。紫笛是新疆啤酒珠峰队的随队记者，刚刚开始玩高山。十一郎则是我们苹果基金会的秘书长，也是老山友。五月上旬，他刚刚结束西藏阿里出差，顺道来珠峰探班，进山后，他一直跟我们在一起，然后拉着孙斌、紫笛跑上6000米攀冰，用他的话说"珠峰攀冰是最棒的休假方式"。喜欢登山的人，就是这样——山里的世界，就是仙境。过几天，十一郎就要去拉萨开展我们基金会在那边的工作。

营地里物资都用完了，所以我们的东西都是大本营带上来的，连厨师也是从大本营跟上来的，晚饭时大师傅居然大张旗鼓地做了好几个菜，太幸福了

我们A组的队员这一天从7028米到7790米，他们从对讲机传回消息，说是很艰难的一天。

珠峰海拔5900米的冰塔林奇观。

夜里我起来上厕所，头灯一照，周围一片亮亮的眼睛，吓了我一大跳，原来全是牦牛——在珠峰，牦牛是运输物资的主力，珠峰的牦牛队很出名的。

雪山夜里很亮，夜色很美，满天星斗。

5月20日　晴　5800米营地——ABC营地

今天，我们从5800米到6500米的ABC营地。

早上9点起床，上午10点08分出发的，我们沿着东绒布冰川的侧碛走。路线很长，一路上上下下的，大约从5900米开始就是冰塔林，两面都是冰川，非常壮观。由于冰川各部分运动速度的不同，或下层冰床的起伏变化，会在冰川表面造成一些裂缝和裂隙，这些纵横相间的裂隙将冰川分割开来，冰川分割的末端由于差异消融而形成的塔状冰体，就是冰塔。冰塔林是大自然慢慢地精雕细刻的作品，珠峰北壁、东壁和西南壁分布着500多条冰川，千百年的交错运动，形成大量的冰塔林，千姿百态，非常美丽。我觉得登过的这些山，还是珠峰最漂亮！

我到ABC营地只用了4个小时，不太累。

美丽的ABC营地夜景。

天气真好！路上遇到很多下撤的牦牛和登顶队，用高倍望远镜可以很清晰地看到登顶路线和一路上攀登的人。

因为我们队A组的人比预计多，氧气消耗也就大了，王队一路上都在担心氧气不够，到了营地又忙着向周围要撤营的队伍买氧气。

在这个高度上要干点事儿真的不容易，我们与上面的营地通话，想问问还剩有多少瓶氧气，就这么点小事，但上面总也数不对，每次给的结果都不一样，来回折腾。大家又开玩笑说，如果氧气不够，我们就背着煤气瓶上去，一人一大罐呢。

晚上9点半，天还亮着，对讲机里开始有动静了。我们A组的队友们开始准备攻顶了。又过了一会儿，到晚上11点，留在大本营的人和我们一起用对讲机给A组的队友们放音乐，把他们吵醒。不一会儿，他们陆续都起来了，听上去说话玩笑，个个精神十足，一点不像是在8300米，体力真太好了。

阿南出发前说了几句雄心壮志的话，让我们也跟着倍受鼓舞。

等A组的队友们都动身了，我们才去睡，已经12点了。对讲机就放在耳边，不时传出A组的消息，谁都不想错过。最后迷迷糊糊地睡着了，还恍惚听见声音，也分不出是真实的还是在梦里。总之，祝A组的兄弟们好运！

5月21日　晴　ABC营地——7028米营地

昨晚一直随着A组的攀登而兴奋不已。早上6点多就听说A组全体登顶！

大刘、阿南分别和王队通了话，阿南就说了一句："队长，我是阿南！"我躺在被窝里，忽然被他这一句大喊感动得想掉泪了。

这些日子我一直都想不明白，我爬这么大的山干吗？

阿南的回答似乎是一种答案，就是证明自己在这里，在这大山上。

山谷里天还没亮，可我再也睡不着了，起床，小声地给自己放音乐，为A组的兄弟们庆贺一下。

对讲机里不时地传来A组的消息，一会儿是下撤时阿南在第二台阶遭遇"堵车"，一会儿是大多数人到达了8300米，一会儿是大刘、范范到了7790米等等。我和平措也兴奋地整好了我们的东西，次仁先上去运输和做准备。

原本计划我们B组在ABC营地休息，整东西、关注天气预报，同时等A组的兄弟们撤下来。没想到下午快到5点钟的时候，王队和孙斌从瑞士队回来了，说瑞士天气预报24日以后天气会变坏，建议我们24日登顶。于是王队果断决定，现在立刻出发，要求各队员、向导、协作立刻收拾，下午6点前就走。

只剩一个小时了！

我和平措赶紧收拾东西，再三地仔细检查，反复权衡该带什么，不带什么，争取把每一个细节都考虑周到。满营地的人都在跑来跑去，陆续收拾好就陆续出发，真的非常紧张。

经过厨房帐篷时，厨师跑出来说，饭赶着做好了，是不是吃了再走。王队说来不及了，吃了再一休息，夜里赶到7028米就太晚了，只能路上吃路餐了。

就这么紧张地上路了，我心里还是有点乱，但头脑是清楚的。我知道天气的重要性，也知道王队的决策很正确。可是毕竟连续行军两天，昨天才到ABC营地，原计划明天才走，正休息着，忽然被要求紧急出发，尽管这些日子我基本上已经在状态中了，心里却还是有一种被计划打乱的慌张感。

尤其这会儿眼看着太阳西下，山上的阴影越来越长，心里难免更加发慌。估计到7028米营地时，怎么也得半夜11点了，明天又是强度很大的行军，到7790米，而且这会儿还饿着肚子……我就这么一路走，一路整理着自己乱七八糟的思绪，经

厄尔布鲁士　北极　乞力马扎罗　南极－文森峰　珠穆朗玛　阿空加瓜　查亚　麦金利

6600米到7028米之间，有一个高差400米的冰壁，攀登者的队列蜿蜒而上。

海拔6550米的换装备处，这些蓝色的桶里存放着冰雪技术器材。

过一面大经幡的时候，我把哈达系在了上面，为自己祈福。

快到6500米时，我们遇到了首批A组下撤的队友，大刘、范范、旺加队长和几位向导协作。大家老远就大叫起来，激动地拥抱到一起。大刘和队长什么话也没说，就那么长时间地拥抱着。范范则拉着我，仔细交代我给他的那个英国氧气面罩使用时有什么需要注意的；又交代说在7028米我的帐篷里留下了一个装蛋白粉的小塑料桶，给我夜里当尿壶用，罗罗嗦嗦地交待了好一会儿。

比起他们疲惫的轻松愉快，我们上行的人心情紧张得多。

和A组的弟兄们告别之后，我们继续前进，刚过了冰碛岩石地带，才到雪线，就感觉到开始起大风了，一天里晒化的冰雪，这会儿又开始冻硬了。按原计划我们是白天行军，所以我出发时穿的是冲锋衣和冲锋裤。可是这会儿天晚起风了，气温骤降，我就觉得有点冷了。而且后面的路还长，要通过一段冰雪开阔地，然后上四百米冰壁，我意识到不穿暖和点肯定会冻坏的。

这些年来的户外生活让我有了一个重要经验，就是哪儿不舒服千万不可将就，也不要着急，停下来，把问题解决了再继续。

所以我就趁这会儿说要把连体羽绒服换上，平措他们七手八脚的帮我把衣服换了。正好，冲锋衣裤就不往上背了，让下去的人给带回了营地，还可以减轻重量。嗯，这下把自己弄舒服了，继续上路。大伙都走前面去了，天也越来越暗了，风真的很大。我觉得自己好英明！

一路上，我跟着王队和平措走，一直在听MP3，但感觉不算太好，可能还是因为心里乱，一直对自己说要调整好情绪，可是毕竟天色越来越暗，好在路已经走得熟了，一路盘算着，过了开阔地就是6600米。到6600米处，先是个长长的慢坡，这种路我反正也走不快。忽然平措掏出相机给我照了几张相，我似乎才定下神似的，努力地对自己说一切都很正常。

又一会儿，天终于黑了，天上有月亮和一颗大星星，有雪山的反光，还不用戴头灯。我们遇到了很多今天登顶下撤的外国队员，都是筋疲力尽，几乎走几步就往地上一坐。接着又遇见了下撤的阿南，他显然兴奋极了，老远就大叫着"感谢队长、感谢校长"什么的，又兴奋地说要去日喀则洗澡，已经迫不及待了。

和阿南分开后，天全黑了，前后的人都开了头灯，我深一脚浅一脚地往冰壁上走，感觉自己胃里和肠子里每一寸都是空的，一路上只吃了点能量棒，这会儿好像一点能量也没了似的。

过了6800米之后，风忽然小了很多，也许这个角度背着风。我头脑里路线图倒是一直很清晰，知道6800米到7028米之间是一个冰壁，400米高，坡度有30、40度，非常陡。当冰壁一下子耸立在我面前时我开始高兴了，知道胜利在望。

次落先到了营地，卸下东西，又从大冰壁下来接我们，他接走了平措的包。在山里，次落总是默默不作声地干活。

我上了冰壁，看见有一个人睡在路上，也没支帐篷，上前仔细一看还活着，就继续往前走了。在这个高度，实在不可能顾得上旁人了。又听见身后的徐江雷在大口喘气，在他的喘气声中，我过了冰裂缝上的横梯，终于到了7028米的北坳营地。

上到7028米的过程，实际上就是考验攀爬冰川的能力。而且每年冰川都会剧烈变化，可以看到半空中到处挂着以往留下的绳索，都是随着冰川的运动被扯断的。

7028米营地上各队帐篷都是建在一条狭长地带上的，到处都是冰雪，去上个厕所都得非常小心，以前就有人上厕所时发生滑坠。

之前适应性训练时我曾在这里上厕所，我的向导平措就拉着我上了边上的小坡，又下去了一点，就在离各队营地很近的地方，用雪铲挖了个坑，帮我把连体羽绒服后面的拉链拉开，又帮我解开裤子，然后把我摁在那儿，再往我手边扎上两把雪铲，让我扶着。就嘱咐我赶紧解决。我对他说你能站远点吗，你这么站在眼前我没法解决啊。结果他理都没理我，我也只好不再多想，在风雪中快速地、顺利地解决了。事后想想，的确，左下方就是个大坡，平措不守着，万一我掉下去怎么办？他只是在尽职地完成自己的工作而已。

来到北坳营地，我已经很累，好在早一步上来的协作们已经把帐篷里的地垫铺好了，我一头钻了进去，好舒服。我和王队一个帐篷，我冲了一包能量餐包，顿时觉得营养和水就都补充上来了，然后平措煮了一锅粥，就着点酱菜，我们吃了晚饭。

平措和次仁建议明天一早就走，但王队说先保证大家的睡眠。我钻进睡袋，把内靴、鞋垫、护腰、袜子等等需要弄干的东西都塞了进去，把自己弄舒服了，就听见各个帐篷里大家陆续没了声音，都睡了。

尽管很累，我还是吃了片安眠药，登山的过程中，每天睡好和吃好相当重要，否则第二天会没有体力，我们可是要连续行军的。睡足了的话，早起就会很舒服了。

我睡下时一歪头，看到范范留给我的"蛋白粉尿壶"就在枕头边上，想笑，却没力气了。

通过北坳营地附近冰裂缝上的横梯。

在海拔6500米，做个
面膜慰劳一下自己的皮
肤。

5月22日　大风　7028米营地——7790米营地

今天，我们要上到7790米的营地。

天上云很重，平措有些担心，但我已经不再慌张，自我感觉很好，一切好像从今天才开始似的。

我们10点08分出发，离开7028米营地，就是珠峰那条著名的、没有任何遮挡的、漫长的大山脊。如果没有思想准备，那就是怎么走也走不到的感觉。前一阵子我们适应性训练的时候，在这条大坡上很是较劲了一把。

今天我一直跟着平措，节奏把握得非常的好，每过一小时，平措就会提醒我吃东西。两个多小时后，天气开始渐渐地变坏了，风越来越大，大约3个多小时，我们的高度是7400米，这时候开阔的山脊上，大风已经能让人的脸产生刺痛的感觉了。

王队看到平措还背着氧气瓶，就让他自己先走，我跟着王队。

到这个时候，王队开始让我用氧气了。

这样的高度，用氧气的感觉真的很神奇，一旦吸上氧，首先身体会立刻觉得温暖起来，加上大风镜、氧气面罩、脖套等组合在一起，立刻让脸部有了一个温暖的小环境。我听得到羽绒服帽外呼呼的大风声，和帽里自己的呼吸声，有些兴奋，不断地对自己说："我很棒！"

吸上氧气后，速度立刻快了许多，这时路绳上不时有各国各队的人上上下下，碰面和超越时，要不断地换挂保护锁和上升器。我发现自己超过的人越来越多，但

7028米的北坳营地，建在一条狭长的冰雪地带上。

风太大了，都不知是些什么人。

看到右侧的罗塞尔营地，我估计到7500米左右了，7500米的位置也是冰雪和岩石的交汇处，这时候的风已有8~9级了，感觉风再大一点的话，人就要站不住了。而我却越来越兴奋，MP3随机播放的各种音乐在耳廓里回旋，加上面罩外的风声，这一会儿我别的什么都不想了，只想着走路。

穿着冰爪走岩石路是挺费劲的，感觉脸上露出来的每一点地方都被风雪抽得生痛，我不断调整着脸上这堆东西，把自己尽量裹得严严实实的，小心地让自己不被冻伤，竟然还有些得意。

当然心里也在大声咒骂着这风。感觉风是从山脊下往上吹的，硬硬的沉雪都被吹起来了，风雪真是无孔不入，能被灌进雪的地方都被灌进了，真庆幸自己这件连体羽绒服太严密了。

又遇到了比我们先出发的次落，好像还有孙斌，没停，也没法和他们说话，只是用感觉交流了一下，就过去了。

从7500米~7900米分布着各国的营地，我透过被风雪雾搞得很不清晰的风镜，感觉到不断地经过帐篷，到了这个位置，营地的条件都不好，我们营地的位置相对较高，在7900米左右。

走着走着，我超过了徐江雷，离我们营地大约只有100米高差了，前面有人传来提醒，不要所有人都抓着主绳，前面的绳子快断了。

这么多队伍上上下下，用路绳的人太多了，又是岩石区，磨来磨去，主绳的保护层都被磨开了，有的地方绳芯暴露出来，甚至有的地方都只有两股还连在一起了，而且破损的地方很长，十几、二十米。这种状况让王队都很吃惊，因为实在太危险，这一根绳子上系着多少人的安全呀！于是他示意我从主绳上摘下保护锁和上升器递给他，然后他拉着我的安全锁继续往前走。

可刚走几步，问题就来了，这一带都是大岩石，要不停地绕来爬去，两人这样走非常较劲。我这会儿自我感觉良好，想自己走，可是风大，无法和王队交流。在无法控制身体平衡的大风中，我冲他急了，拼命表示我不想和他系在一起，可他为了我的安全就不放开，最后，我们终于挨到了我们的营地。

次仁已经先上去等在那儿了，漫天的大风中，我都有点糊涂了，他接过了我，把我呼地一下塞进了一个帐篷，刮脸刺耳的大风立刻被挡在外面，黄黄的帐篷呼啦啦地震颤着，却很温暖。我这才看清次仁那阳光灿烂的笑脸，他大声说我是第一个到的，然后帮着我从身上摘下各种东西：靴子、背包、帽子，还有风镜、面罩、手套、安全带、挂表……我看了一下时间，是下午4点半，走了6个半小时。

最后我才摘下MP3，里面正放着歌剧《猫》的那段著名唱段《记忆》——

回忆伴随着月光

让我微笑着想起旧日时光

那些往事如此美妙

在我的记忆中栩栩如生……

此情此景，有一种让我觉得自己整个人已经不一样了的感动。

我和次仁、平措合住一个帐篷。用他们已经烧好的热水，我喝了一包能量餐包。然后开始收拾做饭，我们边做饭边聊天，和大本营、ABC营地通话。这才知道大刘和范范竟然没走，留守在6500米等我们的消息。

我对他俩说除了风大雪大，一切都好。他俩又鼓励我，说明天的路程会短，我一定没问题！然后大刘又嘱咐我今晚早点睡等等。

我和平措、次仁都很开心，状态都极好，交谈中夹杂着英语、汉语、藏语，能懂什么就说什么，但谁的手上也不闲着，各忙各的。

6点半左右，帐篷外的风势开始减弱了，听到各个帐篷开始有动静了，有人出去干活，铲雪、做饭、清点氧气瓶、互相递东西什么的。

7790米的营地条件很不好，在岩石坡上，没有一块平地，地形又狭小，靠历年登山的人用石块垒起一个个勉强算平整的石台，我们才能扎起帐篷。所以各帐之

从北坳望向7790米营地。

间距离很远，绳子更是拉得到处都是，在这里进出帐篷都是个危险活儿。我还听说在8300营地有人找不到石块搭垒平台帐篷，天色暗了，只好将就着随便找了个略平整的地方，结果早上醒来一看，帐篷下是一具遇难者的尸体。

我们的晚餐是平措主理的，煮了点简单的速食米饭粥，加上他们带的糌粑，还有我带的豆腐干、小菜、肉干什么的，感觉很丰盛，而且我们还没忘了互相拍照。

晚饭后，听到帐篷外的风声渐渐慢了下来，不再是之前要把帐篷扯裂的感觉了，真好。

晚上9点多，天还没黑，各帐就什么声音也没了。大家都累了，睡了，还有整整两天呢。

5月23日　晴　7790米营地——8300米营地

今天我们会到达8300米——登顶前的最后一个营地。

昨晚我睡得很好，早起风不太大，阳光明媚。感谢上天！

这一天的路线不是太长，路线设计上就是为了适当保存些体力，好进行最后艰难的攻顶，这是历年登山人总结出来的经验。

我们上午11点左右出发，次仁和次落依然负责运送物资，我和王队、平措、徐江雷等人，沿着岩石山脊向上，到了7900米的罗塞尔营地后，向右横切，走过一段碎石路，就到了8100米处。这之后也是一个大雪坡，大约30多度，感觉很漫长，上去之后，就是8300米的营地了。

中途次落、次仁先后超过了我们。我注意到次仁是无氧攀登，而且状态极好，这更让我增加了信心。快到8300米的营地时，从横过山脊的风中，我看见营地上方的高空中，有几只乌鸦像冲浪似的，随着气流、顶着风，忽高忽低地盘旋着，它们调整着翅膀，保持着姿态。我有点发呆，心想这些乌鸦也太了不起了。

这时我已经很疲累了，就让自己脑子里什么也不想，远远地一直盯着那几只乌鸦，耳朵里听着音乐，不知不觉就到了营地的跟前。

8300米的营地，地方相对开阔些，建营条件也好许多，今天8300米营地除了我们之外，只有一个哥伦比亚登山队。

又是次仁他们整好了帐篷来接我们，次仁带着我往帐篷走时，远远的，我看到了一具尸体，侧卧在我们的必经之路上。次仁安慰我，说那是以前的遇难者，不是今年的。可我一看就知道他在骗我，因为那人穿着一双今年新款的La Sportiva高

四周都是大岩石的7790米营地。

山靴，和我脚上这双一模一样，怎么可能是以前的呢?

但我什么也没说，走过尸体进了我的帐篷。在帐篷里，还能看见他就那么侧卧在我帐门口外不远处，像睡着了一样，他的身材很高大，防潮垫搭在上半身，遮住了头，显然是走到这累了，想休息一会儿，就没能再站起来。

这时我再问次仁，他终于说，这是前几天刚遇难的一个捷克人。

我忍不住总是去看他，不时有人从他身边经过，在离他不远处休息、收拾东西，而他已经全然不觉了，真的就和这山永远在一起了。忽然觉得这也许不是坏事情，然而这个念头一闪而过，我没敢说给次仁和平措听，登山的人很忌讳说这种话。

今天的时间紧张，我们计划半夜11点半出发，因此剩的时间不多了。晚餐是和昨天差不多的简单饭食，我还吃了我的能量餐包，次仁和平措合作得特别默契，次仁主要负责运输，平措负责照顾我。他俩干活时为了省氧气，总是在大动作之后才把面罩捂到脸上吸一会儿，再接着做事。

最后我们一致决定，既然只有不到5个小时的睡眠时间，干脆把睡袋铺在下面，两边包上来，我们不脱连体羽绒服，只把内靴塞到睡袋里，戴着帽子、遮着眼，三个人互相挤着睡一觉，也很暖和。

左下角是2007年最新款的黄色高山靴，属于一位刚刚遇难的登山者，这里是生命禁区。

我今天吃了一粒短效的安眠药，能管4个小时。因为生怕自己实在太兴奋了。这两天不知怎么了，越往上越兴奋，感觉自己像辆好跑车，刚刚停在了起跑线上，蓄势待发似的。

渐渐的，周围没有声音了，天是亮亮的，我是温暖的，耳边有音乐，想象自己在平地上……我睡着了。

5月24日　晴　8300米营地——顶峰——7028米营地

今天攻顶！

醒来时还是5月23日，夜里10点半钟，对讲机里放出了嘈杂的音乐声，是大本营和ABC营地的弟兄们在提供"叫醒服务"。

我们不敢怠慢，立刻起身，就听见在大本营守夜的大刘、范范、小奇通过对讲机在喊我，我忙答应说："起来了，起来了！"

平措和次仁已经在烧水、灌壶，边穿戴边简单快速地吃东西，我还是喝能量餐包，边喝边想，我昨晚睡好了吗？好像是一段浅浅的睡眠。但这会儿自己的状态非常好，所以很有信心。

大刘和范范还告诉我，大本营里，大总管其加从山下的绒布寺里请来了喇嘛给大本营从山下的绒布寺请来了喇嘛为我们祈福。

我们诵经祈福，直到我们登顶。

我告诉他们风小多了，雪也小了，听到他们一阵欢呼。

一切都在乱而有序地进行着，这些日子我一直尽力让自己的生活规律，努力让自己的身体不因攻顶而承受太多改变，以免造成不必要的身体和心理压力。

每天早上不论怎样忙乱，出发前我都会去上个厕所。

我们钻出帐篷，黑暗中还是挺冷的。我抬头朝前进的方向一看，好嘛，已是一路头灯在晃动了，攻顶的这些人，谁都想早点走，都怕到"第二台阶"遇到"塞车"——这几年珠峰"第二台阶"有时候会因为人太多而拥堵起来，被形容为"塞车"，还有人就是因为遇到塞车，没能登顶。

我穿戴好安全带，把自己挂到主绳上，往后一看，没几个人了，估计王队、徐江雷他们都已经在前面那一串头灯里了。

我、次仁、平措，三个人一组，次仁在我前面，平措在我身后，一共七瓶氧气，我背着一瓶，次仁背着两瓶，今天他负责我的攀登、技术和安全方面的事儿，平措背了四瓶氧气，今天他负责背氧气、拍照。其他物资，除了足量的水，全丢在8300米的营地了，所以今天不管登顶与否，我们都必须赶回到这里。

我们三人配合得非常好，不一会儿就赶上前面的人。我们营地上面一百米的高度就是"罗塞尔队"的最后一个营地，8400米营地，再往上就是横切的路线，然后就是手脚并用直线攀爬的路线，当时我没有注意，后来才知道，这里就是所谓的"第一台阶"了。

出8300帐篷前的合影，是我举远相机拍下来的。

　　王队说过，以往攀登珠峰，保护措施没有现在的好，最后一天的路线和现在不一样，横切和绕道多，没有现在陡，但比现在要长，有时会在8400米多停留一夜。但现在全程都有路绳，只要不在过节点时操作失误，一般都不至于滑坠，所以登山的人就敢直接上了。

　　次仁的节奏把握得很好，我们走得很快，不断地超越其他人。

　　岩石上挂着雪，穿着带冰爪的高山靴攀爬，这种情形在平地是无法想象的。

　　风镜、氧气面罩、连体羽绒服，让我觉得自己在一具深海潜水服里，不断听到冰爪在岩石上划过发出刺耳的声音，夹杂在耳机里的音乐声中，和着自己的呼吸声，反而让我觉得很安心，很自信。

　　不看路，也不想时间，就专注于自己脚下和手上的动作，紧紧地跟着次仁。偶尔抬头向上，感觉一路头灯竟是笔直的连上了空中的星星，分不出哪是头灯，哪是星星。在第一台阶之后，徐江雷和他的协作换氧气的间隙，我和次仁、平措超了过去。

　　这个时候应该已经过了8500米了，然后是很陡的山脊，再横切。比起直上的攀爬，我平时会更怵横切，因为我从小在南方的山里长大，攀爬惯了，感觉那是本能。横切虽然路是平的，但有陡壁、窄道，加上路面的冰雪，反而使长到17岁才见过人生第一场雪的我找不到感觉，有些害怕。好在是黑夜，头灯的范围也没多远，我的头灯又忽然坏了，看不清，反而意外地令自己胆子大了起来。我们三个人没有什么语言交流，却配合得很好，横切的窄道上，次仁往前走一段，再回头看着我脚下的路，我再往前走一段，加上后面平措的头灯的光照着，很顺利。

就这样，我们三人又超过了最前面的两名疲惫不堪的哥伦比亚队员，终于到了一块宽一点的地方，平措帮我从背包里拿出了备用的头灯换上，我们就继续往前走。

迎面又是一个石壁，高低错落有好多大石头，看上去很高。我一下子不知道自己在哪了，好奇地问次仁："这是第一台阶吗？"

次仁的脸在风镜后，但可以感觉到他很激动，摘下面罩大声对我说："这已经是第二台阶了！"

哇，我一下子兴奋了！这已经是第二台阶了！要知道，只要过了第二台阶，登顶就很有希望了。

站在石壁前，次仁和我定了定神。他说了句英语，意思大概是，你肯定没问题，看准我的每一个脚步和动作，我抓哪，你就抓哪，我踩哪儿，你就踩哪儿。

我用力点点头，然后我们开始向上。

我们个头差不多，我紧盯着他的每一步，注意力很集中，眼里只有绳子、岩石缝、他的脚、我的冰爪……很快地，几经攀爬折转，一个多余的动作都没有，我们上了石壁，一抬头，看见那架著名的梯子。

我非常激动，再看看身后的平措，我们三人都可以感觉到彼此心里的大笑声。这时候梯子上有两个人，好像是次落和孙斌。我们看着他俩上去了，消失在顶端的岩石壁上了。

然后，次仁扶上了梯子在前面，我跟着。

我一直觉得，在这个世界上，冥冥之中，很多细节好像是经谁设计过了一样。当我的手扶上那金属梯子的一瞬间，我清楚地听到我的耳机里开始奏响的是《青藏高原》的旋律！

平时听到都会令我感动不已的旋律，在这样的一个时刻突然响起，让我感到一种神的力量。西藏这块土地太厚爱我了！

很多人不明白第二台阶为什么挡住了那么多登山人的梦想，其实之前我也不明白，不就那么一个梯子吗？再怎么难，都到这里了，还能难到哪里去？

看到第二台阶，我就明白了。原来第二台阶的难，主要是两部分：一是梯子前的那个岩石壁；另外就是爬到梯子顶端时，得在岩壁上完成一个很大的向右横切的动作。

珠峰第二台阶，海拔8650米。穿着笨重的服装，脚上绑着冰爪，每跨上一级台阶都需要全神贯注。

　　在光滑的岩壁上，穿着笨重的冰爪高山靴，下面是万丈深渊，这一跨要想完成得好，还是很考验人的体力和心理素质的。

　　爬到梯子顶端，我依然紧跟着次仁，什么都没想，几乎处于忘我的状态中，一咬牙，一个动作就过去了。

　　次仁是在那一边，眼睁睁地看着，在他那个位置上，帮不到我任何，我几乎都可以感觉到他的紧张，但我完成了！

　　就见次仁同时用两只手用力竖起大拇指，那意思是：我们成功了！

　　翻上第二台阶时，我耳机里的旋律仍然是《青藏高原》！

　　上了第二台阶不远，路边又有一具被雪半掩的尸体，已经顾不得细看了。这一路上已经看到了好几具尸体，我只能在心底祈祷他们安息。

　　第二台阶之后，我和次仁的速度更快了，这时候我们的高度已经过了8700米。顺着次仁手指的方向，我看见星空下面就是隐约的顶峰，月亮也离我们不远，是半个，但极其明亮。

　　今天的天气真好，风不太大，平措赶了上来，他俩帮我第一次换了氧气瓶。

　　不知走了多远，我们在又一个石壁前赶上了次落和孙斌，他俩好像停在那儿整理绳子。我大声地问次落："你为什么不走呀？"都到这个时候了，这家伙竟然还是那么幽默，慢悠悠地说："你追那么紧干吗，你先过吧。"

　　听他这么说，我也不多想，就和次仁开始向上攀，原来这已经是第三台阶了。

　　攀过一阵大石，就算过了"第三台阶"，眼前是个大雪坡，我们咬牙耐心地走这一刻，我和王队，我的登山领路人一起站在世界之巅。

过，再向右切，到了一个有石头挡风的小平台。

　　这会儿再看顶峰，已经没有任何遮拦，仿佛就近在咫尺。到这里，人的身体可能已经很累了，但精神却会抑制不住地要往上。我们三人前后看看，来路和去路都没有一个头灯，说明我们已经走到了最前面，后面的人都还没有跟上。

　　周围一地散落着各个年代的氧气瓶，看来这是个休息的地方，但只有一块大石头，挡不住的大风。我们尽可能放低身子，挤在一起，平措及时拿出了吃的和水。次仁看了看表，才5点多钟，无奈地说我们速度太快，太早登顶会看不到日出的。他问要不要在这里等一等。可是那么冷的地方，已接近峰顶，周围是开阔的，风越往上越大，无法躲藏，人一不动就失温，加上我很激动兴奋，结果就是我急了。

　　那时我们三个坐在雪地上，他背对着风，挡着我，我就拼命地捶打着他的胳膊和腿，大叫"No！""Summit！""No photo！""I'm cold！"估计他听懂了我的单词，但后来一想，还真全部是关键词。于是我们又起身继续向上。

　　通往顶峰的这么一段路，看上去很短，却走了很长时间似的，其实是我累了，尤其快到山顶的地方，印象中还绕了一圈才上去。中途有一个雪槽，我们三人趴在里面，我怀疑次仁又想等太阳，便不依不饶地执意要走。

　　精神执着地在要往上，而身体仿佛已经不存在了似的，终于，我看到经幡了！

　　忽然之间，就在眼前，黑暗中我看到了经幡，还有散落周围的氧气瓶。

　　我知道，这就是著名的珠峰顶上的经幡了！

　　经幡所在的，就是顶峰了！

我终于相信，我到了珠峰的顶峰。

我原以为自己会哭，没想到在离顶峰还有最后十几步时，我在心里痛快地大笑起来。而且我知道次仁和平措肯定也在笑。

我们就那么慢慢地、慢慢地走完了那最后的十几步，小心站在了顶峰那很小的一片平地上。

次仁给我扣上安全锁，示意我把自己保护好。是啊，大风中不能让自己有任何闪失。这时，我听到平措在身后用对讲机向大本营报告，他激动地说我到了，说我是今天第一个到顶峰的！

这时，我们朝来路望去，整条线路上，仍然一个头灯都还没有。平措也靠了过

报告大家！我登上了珠峰！！

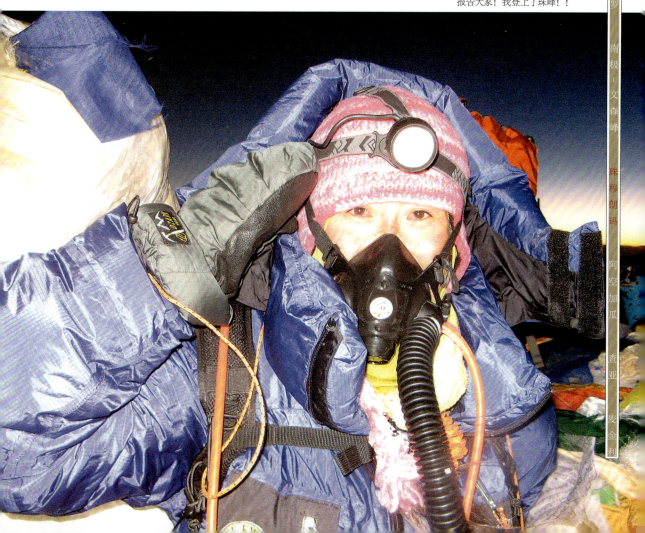

来，我们三个人围在一起拉着手，我说："祝贺登顶！"次仁用尼泊尔语说："na ma si de! i"平措说："扎西德勒！"

这真是一种无比欣慰、难以言喻的感动。

平措对着东方合起双手，开始诵经，用藏语，大声的、长久的，我再一次被感动了，尽管不知他说了些什么。次仁在一旁告诉我，他说的是感谢女神，说希望明年再来，又说他也是，还说很感谢我。

于是我知道了，那一刻，每个人的心里，想说的除了谢谢，还是谢谢！

这个时候是6点半，我们是11点40出发的，到达顶峰用了6个半小时，速度真的很快！

山顶的地方很小，而且没有任何遮挡，兴奋过后，在大风中，我们开始感觉到冷了。平措示意我来回挪动脚，别让脚趾冻着。我也很有准备地从连体羽绒服贴身的口袋里，掏出了出发前就搓热的发热贴。

一个手套里放进一张发热贴，用手掌在里面攥住它，一股暖流就经由双臂直通上身体，我又一次觉得自己准备得很充分，这种感觉真好。

陆陆续续的，雪坡上开始有向上的头灯了，我想等王队上来，想和他在峰顶合影，这是多年前他刚开始带我登山时，我就曾许下的愿望。

真的很感谢王队，那么多年过去了，今天，这个愿望终于真的可以实现了！

过了一会儿，次落上来了，依然是不急不慢地说了一句："你好快哦。"之后是孙斌，再之后是两个哥伦比亚队的美女和她们的向导协作。

她俩一上来，就互相拥抱在一起，痛哭起来，搞得我的眼眶也一阵阵地发热。我们互相祝贺过后，我把我站的那个位置让给了她们。顶峰的地方实在太小了，所以很不安全。

7点钟左右，王队也上来了，还没站稳，我就赶紧拉上他，和他留下了一张合影。

这时候，周围的群山已经开始显现，上来的人也越来越多，太阳快要出来了。我和次仁决定开始下撤了，当我们转过山顶，快下到那个山脊的雪坡时，我从对面的岩壁和眼前一望无际的群山的光影中，知道太阳就要从我身后跃出来了。

我一回头，看到了那永恒的一瞬间。

好像就只有0.1秒，忽然之间，周围没有一点声音，就那么一眼，但我知道，那一眼，我看见的，已经是永恒。

朝阳把珠峰投影在遥远的天际线——这是全世界最高大的投影。

我看到了太阳的第一线光芒，照在世界最高的地方。

然后，我们继续下撤，天亮了，所以脚下的路看去那么陡，一段连着一段，我这时才忽然感到有些腿软，问前面的次仁："这是我们上来的路线吗？"这时，我已经没有了刚才的兴奋，取而代之的是一种极其理性的情绪，活着回家成了最大的目标，小心地处理着每一个动作，不敢让自己有任何差错。

大约快到8400米时，他俩第二次给我换了氧气瓶。还没来得及说话，一不留神，那个换下来的氧气瓶就从我们脚边一路叮叮当当地滑下了山坡，眼看着它越过了8300米的营地，消失不见了。

好遗憾，好心痛啊，没能留住它，它可是陪我登顶又下来的氧气瓶呀！

但也顾不得多想，赶紧继续向下，我们大约是10点前就回到了8300米营地，这时我不想进帐篷了，记起先前王队叮咛说只要能坚持回到8300米，就能活着下来，但最好是下到7790米，那就安全了。

于是我坐在离遇难的捷克人几米远的地方，喝了点水，吃了点东西。继续下撤。

12点前，我们顺利地撤到了7790米的营地。

我一头扎进了一顶帐篷，人立刻就瘫了。隐约记得他们帮我脱掉了冰爪和外靴，然后就什么也不知道了。

再醒来时，是被王队叫醒的，他们撤下来了。王队叫我起来，说今天要继续下撤，周围的帐篷都拆了，就剩我这一个了，还说我状态很好，肯定没问题。

可是这会儿，说什么都没用了，我觉得自己一点力气都没有。当时我和衣躺在一个破防潮垫上，帐篷的拉链坏了，还有个破洞，四面透着风雪，我的身上和帐篷里到处都是风吹进来的浮雪，但我什么也顾不得了，只说了声"我不下去"，就又不管不顾地睡着了，睡得很沉。

不知睡了多久，我又被王队叫醒了，对讲机里旺加、其加、大刘、范范他们几个轮着番地劝我下撤，一会儿哄，一会儿吓唬，一会表扬我表现好，一会儿又说大风起了，这个帐篷肯定坚持不住了……我被他们说急了，忽然就哭了起来，觉得很委屈，也不知为什么，忽然哭着冒出一句："我要报告尼玛校长！"

后来我自己想起这句话，都觉得好笑，不知我是觉得尼玛校长会为我主持公道呢，还是要向校长投诉他们不让我住在这个破帐篷里。可见在当时那种高度，那种体力透支的情况下，我已经糊涂了。

尽管如此，我又坚持了一会儿，总算看清楚没有获胜的可能了，三位专家和两位队友的意见都是一样的。我只好爬起来说要上厕所，平措就用绳子牵着我到山崖边解决。

我刚起身，那顶破帐篷就被他们几个三下五除二地给按倒拆了，这下我没了退路，只好咬着牙下撤了。

随着海拔越来越低，我的身体机能也在恢复，离7028米的营地越来越近也让我看到了希望。当我们终于到达7028米营地时，已是下午7点多了，听得平措在和人嘀咕说："她这状态没问题了，今天干脆直接撤到ABC吧。"我一听就又急了，好在这回王队放了我一马，让我在这里过一夜。

钻进帐篷我就踏实了，天渐渐地黑了下来，我放松了，很快就进入了梦乡。

第二天醒来时，我竟然哪儿都不难受了，于是抓紧时间下撤。

兄弟们，快来个最热烈的拥抱！"我们回来了！"。

　　心情太轻松愉悦了！中午12点我们回到了ABC营地，旺加率先以最激动的心情热烈地拥抱了我，接着大家互相一通乱抱，我只觉得脸都笑抽筋了，太不容易啊，整整两个月了啊！

　　吃过饭，休息之后，我们2点半出发回大本营，海拔越来越低，人越走越快。5点半左右到达了5800米，稍事休息后，又一路飞奔着向下。一路上大家除了笑还是想笑，哦，原来登顶的感觉是这样的！

　　才下了5400米的大坡，远远看见有一个人向我们跑来，近了一看竟然是范范。他太激动了，竟然往上走了那么远来迎接我们！这会儿我们除了傻笑、拥抱，竟然都不会说话了。

　　他又指了指身后，远远的还跟着小奇，正举着相机拍照呢。

　　5300米处，我们遇到了欢迎我们的大部队，有茶，有酒，有哈达。

　　天色开始黑了，8点多钟，我们终于平安地回到了我们在山上的家——大本营！

　　在这里等着的还有大刘，以及晚上的庆功宴！

　　就这样，我登顶了珠峰！

　　我那本整理编辑珠峰日记出的书，书名《只为与你相遇》还是宝哥取的，出自六世达赖那首著名的情诗——

　　那一天，闭目在经殿的香雾中，

我会永远记得这段日子，这座山峰，这些伙伴。

蓦然听见，你诵经的真言；

那一月，转动所有的经筒，

不为超度，只为触摸你的指尖；

那一年，磕长头匍匐在山路，

不为觐见，只为贴着你的温暖；

那一世，转山转水转佛塔，

不为修来世，只为在途中能与你相遇。

是啊，一路走来，我终于在最好的时候，以最好的状态，和珠峰相遇！

最初在拉萨生病的时候，我真的怀疑过这次能不能登顶，会不会真像宝哥说的，"重在掺和"。毕竟在高原，什么都不做，生病了都是一件很严重的事，何况是登珠峰这么大的山呢。

然而最后，珠峰眷顾了我，西藏眷顾了我。

每一次登山，我都更深地理解了"不是人征服山，而是山眷顾人"的含义，但唯有珠峰，是我最清晰、明白、深刻不疑地感受到山的眷顾的一次，清晰得仿佛无形中有什么在告诉我一样。而且，眷顾我的不仅仅是珠峰，还有西藏这片土地。

所以，尽管登顶珠峰，是我"熬"的时间最久的一次，从离开北京算起，整整五十二天。从进大本营开始，也"熬"了三十多天，上上下下、反反复复。但在西藏的天空下，在珠峰的眷顾中，这种"熬"成为了积蓄和酝酿的过程，也使得最后的登顶，成为一次酣畅淋漓的体验，无论何时回想起来，我都满心感激。

感谢珠峰，一路走来，只为途中与你相遇！

像不像师徒四人去取经?

我们时刻与攻顶的A组保持着联系。

遇到了成功登顶下撤的旺加、范范和大刘。好激动!

低着头、喘着气,上北坳去。

"歇口气,摆个pose吧"——攀登北坳途中,雪坡很陡,一般都是站着休息。

向着突击营地攀登,下方远处是北坳营地的帐篷。

到达8300米营地之前,此处海拔约为8200米。

大本营—突击营地(海拔8300米)

出发去ABC营地附近的冰川做适应性训练。

我为次仁、平措在7790米营地帐篷内拍的合影。

8300营地遇难者脚上的那双鞋，跟我这双一样都是07年的最新款。

下方是各支队伍的ABC营地，上方是拉巴日等三座7000米的雪山。

次仁先挂上路绳，然后检查我的"牛尾"。

幸亏是晚上，看不清大部分危险路段，没有那么害怕。

如果雪檐塌了，摔下去的话，就直接出国去尼泊尔了。

回望第二台阶的险峻，让人倒抽一口凉气。

第二阶梯是北坡传统路线上8680米至8700米之间的一块高约30米的岩石峭壁，在1960年中国登山队员第一次翻越之前，被人称为：飞鸟也无法逾越。

在海拔8600多米超过了两个哥伦比亚队的队员

登顶珠峰

此刻我的全部精神，都集中在手脚的动作上。

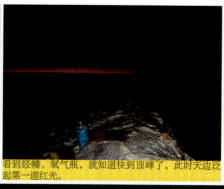

看到经幡、氧气瓶，就知道快到顶峰了，此时天边泛起第一道红光。

凌晨6点半，周围什么也看不见，但这尊佛像能告诉人们，这里是世界之巅。

下撤了，这根看起来细细的路绳，就是我们的生命线。

阿空加瓜
与死亡擦肩而过

2009年的第一天，在南美洲最高峰阿空加瓜峰（以下简称阿峰），我与死亡擦肩而过。

从开始登山的时候起，我就想过，也许有一天，会有一座山，教给我"生死"这堂登山者最严峻的课程。但我没有想到这个课堂会在阿峰。

阿峰海拔6962米，是七大洲最高峰里仅次于珠峰的，这座山的难度与危险系数并不高，但没有一座山是绝对安全的，阿峰也是如此，阿峰登顶的路线设置是不科学的，也许是山峰管理者不想让太多人轻易登顶吧。超乎想象的漫长阻挡了许多登山者登顶的梦想，考验着攀登者的生死。据统计，现在每年约有3000人攀登阿峰，其中只有30%的人登顶。然而我对这次攀登阿峰，并没有足够重视。2008年底，我在西藏墨脱徒步的时候扭伤了腰，伤得还挺重，再加上以往户外和攀登积累下来的损伤，医生说很难再彻底恢复了。就是带着这样一条"病腰"，我跟着孙斌、范范、孙爷、十一郎到了阿根廷，准备攀登阿峰。这一回我们的队长是阳光大男孩孙斌，十一郎凭借其丰富的登山理论经验，成为"军师"，我和范范、孙爷是队员。

阿峰在阿根廷门多萨省的西北端，靠近智利边界，属于科迪勒拉山系的安第斯山脉南段。1897年由英国人爱德华·费滋杰罗率领的瑞士登山队第一次登顶，考察证实它由火山岩构成，是一座火山，但自有人类历史记载以来，从来没有爆发的记载，可以判断是一座死火山。因此，阿峰不仅是南美洲的最高峰，还是地球上最高的死火山。

我们先到了阿根廷首都布宜诺斯艾里斯，这是我第五次到这座城市了，很熟悉，也很喜欢。一路上我都在对同行的弟兄们大讲特讲1999年我的布市之行，街头满是帅哥美女，音乐飘荡，探戈、烤肉、香槟、葡萄酒和咖啡香气弥漫，人们衣着时尚、意气风发，就在街头路边翩翩起舞……总之，和大家心目中热情如火、美女如云的拉丁风情完全吻合。搞得他们四个不同年龄段的男生心潮澎湃，浮想连翩，到了布市，行李还没放好就嚷嚷着要上街看美女。

结果弟兄们大失所望。

我也没有想到经济危机对阿根廷的影响那么大，布市的街头完全没有了当年的繁华绚丽，连带着美女好像都少了许多。幸亏烤肉和葡萄酒还是那么美味，挽回了大家的一些情绪。

没看到传说中满大街火辣性感的拉丁美女，弟兄们在布宜诺斯艾利斯的大街上拉着彼此的手逛起来，看看街景也不错。

关于阿根廷的烤肉和葡萄酒，我觉得很有必要好好地说一说。说起烤肉，大家总想到"巴西烤肉"，事实上，整个南美的烤肉都很好吃，阿根廷更是"牛排之国"，不同种类不同部位的肉、各种各样的做法，但都极其美味，把我们这些"肉食动物"乐坏了，一吃饭就嚷嚷着"烤肉开会"！

再说葡萄酒，早先人们都追捧法国的葡萄酒，现在又一股脑地称赞新世界和南非的葡萄酒，但其实南美的葡萄酒也非常出色，尤其是阿峰所在的门多萨，是南美最有名的葡萄酒产地。我们进山前先去了一家葡萄园，大肆品尝和挑选葡萄酒，甚至把人家一瓶1977年产的"镇园之宝"也买了下来，准备作为我们登顶成功后的庆功酒。整理进山的装备的时候，范范、孙斌他们还往背包里塞了几瓶葡萄酒。

就这样，我们"酒肉飘香"地奔赴阿峰——

12月23日　门多萨——班尼特坦

班尼特坦是阿峰脚下的小镇——似乎在每一个攀登型山峰的山脚下，都有一个"因山而生"的小镇，它们各具特色，也是登山世界极富魅力的组成部分。

班尼特坦海拔2950米，周围是滑雪场，游客非常多。我们住的酒店AYELEN是登山和徒步的人们很喜欢的落脚处，生意很火爆。大家都在为即将到来的大运动消耗储备能量，所以一个个都很能吃，每天早上的自助早餐基本上一上桌就被一抢而空，不抢就吃不饱。

我们的登山向导是一个叫米格的南美帅哥，高个儿、鬈发、帅气里透着斯文。

红酒、牛排，代表了阿根廷美食的特色，我们前往阿峰的途中，真是一路"酒肉飘香"。

和很多国外登山向导一样，米格还有一份正职，他的正职是医生，让我们觉得大为安心，又很是佩服。

12月24日　班尼特坦——Confluencia营地

9点45分，我们从班尼特坦出发，三个多小时后到了检票进山的地方——攀登阿峰需要申请入山许可，由阿空加瓜山峰管理处发出，价格因季节不同，我们这时候是每人100美元。

第一天的行程很轻松，我们用了四个小时到达阿峰山脚下的Confluencia营地。一路上孙斌带队，十一郎跑前跑后的照相，范范背的东西最多，孙爷动不动就高兴得手舞足蹈……每个人都走得很舒服。我说："咱们这种排列组合真好，简直可以作为登山的'标配'了。"

今天大家走的都很舒服，到营地例行体检，我血氧91，心率100，血压100—60，很正常。

Confluencia营地海拔3400米，在一个小山坳，风很大，但条件很不错。营地由一对年轻夫妇负责，管理得非常好，看得出这里的工作人员都很热爱自己的工作，个个乐在其中。

我们安顿下来后，就在露天大棚下晒太阳、聊天，十一郎和孙斌放起他们喜欢的音乐，整个营地飘荡着我们熟悉的中文歌。旁边一桌是一支日本队，队里几个老人过来和我们聊天，其中一位上世纪90年代登顶过珠峰、卓奥友和希夏邦马，顿时让我们觉得很亲切。

在登山的过程中，常常会遇到这样的老前辈，他们是真的一辈子和山打交道，一直到老。我很羡慕他们这种生活方式，也不止一次的说过，真希望自己老了以后，也能像他们这样，仍然这样精力充沛，仍然与山如此亲近。

今天是平安夜，到了晚上整个营地一片欢腾，不停地有人过来敬酒，我们也开了一瓶红酒庆祝。因为明天要到大本营，据说要走24公里，所以我们没太闹腾，早早的睡了。

半夜零点左右，我被突如其来的腰痛疼醒了，痛得几乎不能呼吸、不能翻身，好长时间才缓过来。然后我就那么静静地躺在帐篷里，正好能看见外面的夜空，不断有烟花在夜空中绽放。慢慢的，我忘记了腰痛，只觉得心里一片平静喜悦。

12月25日　Confluencia营地——大本营

今天我们到大本营，全程24公里。

前半程路比较平缓，一直走在宽大的河谷中，感觉永远不到头似的，一路上，大风从四面八方吹过来，但太阳一直晒在后背，晒得我的后腰很舒服。这种感觉甚至让我想起南北极的徒步。

开头四个小时我们就走完了四分之三的路程，但才上升了200米，之后就是上升路线了。我和范范都喜欢走这样的上坡路，所以跟着米格很快就走到前面去了。登山的时候，每个人都有自己的节奏，跟着别人不管是快了还是慢了都会觉得不舒服。但大家又是一个团队，所以我们会用休息的时间来调节彼此的时间差，大致保持一致。

最后一段是一个大陡坡，一下子上升200米，我和范范走得起劲了，一口气走到大本营，中途都没有休息，走得向导米格都哇哇大叫起来。

最后算下来，我们一共走了7个小时，但是并不觉得有多累。

大本营海拔4365米，规模很大，据说有300个工作人员和向导，能同时容纳500名登山者。大本营的规划管理非常好，每天早上有直升机运送物资进来，顺便带走垃圾和排泄物。营地的工作人员都很快乐，公共厨房大帐里洗碗的做饭的都载歌载舞的，还经常齐声合唱。各队的向导没事时也会去厨房帮忙，真是其乐融融。孙斌煮了些面条，配上我们从国内带来的酱料，很香，吸引得满营地的工作人员都来尝我们的酱料，每尝一种口味，他们都会露出不同的表情，让我们觉得很开心。

阿峰大本营。

今天从一出Confluencia营地，就有只大黄狗一直跟着我们，走到大本营，它也累坏了，趴在我的帐篷边直喘气儿。不知道是谁帮它铺上了一张毯子，它就歇在那儿了。晚饭的时候，范范和孙爷又喂了它不少骨头。后来它就一直跟着我们，总是很安静地依偎在我身边，让我觉得很开心。

12月26日～28日　大本营

我们在大本营休整了三天，期间到1号营地做了一次适应性训练，顺便运送了一点物资上去。

从阿峰的攀登地图看，从大本营到1号营地，高差500米，要走4～6个小时；1号营地到2号营地高差500米，也要走4～6个小时；2号营地到3号营地还是500米的高差，但路难走一些，需要用6～7个小时；最后从3号营地登顶，大概要用8～9个小时，再算上撤回3号营地的时间，最后一天要用12个小时。

但以我们到1号营地作适应性训练的经验，说是要走4～6小时的路线，我们两个小时多一点就走到了，回营地更是只用了1个小时，比登山指引上介绍的时间短了一半都不止。大家都觉得照这个速度走下去，登顶没准也只要4～5个小时就足够了。米格又说每年只有10%的登山者能在登顶当天返回大本营，我们觉得按照我们适应性训练时的时间比，搞不好今年我们就能成为那10%呢。

因为到1号营地走得太顺，我一时激动，提议说既然这段路线那么短，正式攀登时我们不如直接从大本营到2号营地，不在1号营地多住一晚了。而且1号营地那

大本营边上冰川末端的
这片小雪林，听最近
去过的朋友说，由于气
候变暖，现在已经没有
了。

儿没有水，风又大，还得多一趟运输。

范范同意我的意见，米格也说确实有很多人第一天跨过1号营地，直接到2号营地。但领队孙斌担心万一有人体力跟不上，影响以后的攀登；十一郎则坚决反对，他是登山圈里著名的"人形搜索引擎"、"登山理论学家"，道理一套一套的，我们都说不过他。最后，"狗头军师"十一郎舌战群儒、力排众议，再加上向导公司也站在他那一边，没有采纳我的意见，还是按照常规路线攀登，每个营地歇一夜。

虽然我们适应训练很轻松，但阿峰开始展示它"严酷"的一面。有一支俄罗斯队，一个队员得了脑水肿，折腾了一夜，弄得我们都很担心，后来来了架直升飞机把他送下山去了。

阿峰大本营每天都有例行体检，遇到比较严重的病患，只要有医生签字，就有直升飞机免费将患病的队员送下山。这是为了保证登山者的安全，减少事故发生，但也难免出现"矫枉过正"的情况，比如孙爷，去年就曾来阿峰攀登，结果在大本营被诊断为肺水肿，五分钟后就被直升机紧急送下山去了，最后发现情况并没有那么严重，而孙爷就这么铩羽而归。所以孙爷对每天的体检总是很紧张，特别认真的应对，生怕又被送下山去了。

到大本营的前两天都下了雪，天气很冷，特别是夜里，我用的是零下40℃的睡袋，竟然要拉上拉链才不觉得冷。

最后一天天晴了，我们忙着晒被子，晒鞋子，整理山上用的装备，为明天的攀登做准备。

阿峰一号营地，我在帐篷里写日记。

12月29日　大本营——1号营地

今天我们正式开始向上攀登，要到海拔5000米的1号营地，这个营地又叫"加拿大营"。

一早来了三个背夫帮我们运输一部分物资，他们每人分了19～20公斤重的东西先出发了。说实话，这三个背夫看上去细皮嫩肉的，都还像孩子似的，原来阿峰的规矩是成为向导之前必须先当背夫，所以他们都是"向导后备军"。

孙斌安排我和范范跟着米格先走，他和十一郎、孙爷走在后面。因为我的腰一直不怎么好，时不时就会疼起来，一疼就是好半天，而范范一向很能背东西，所以他"当仁不让"地把我俩的东西都背了起来，还加上4升水。而我就背了一个小背包，装了一件羽绒服。结果我们走得很快很好，超过了所有的队伍，只用了两个小时就到了1号营地，中途只休息了两次，遇到的背夫、向导，都向我们竖起大拇指。

我们到达营地时，背夫们也刚到不久，还在搭我们的帐篷，于是我们也参加建营。没多久孙斌和孙爷到了，也只用了两个半小时。可怜的十一郎落在了最后，他的新鞋不跟脚，脚上磨起了大泡，整整走了三个小时

在1号营地的这顿晚餐太美妙了，有大米粥、煎牛肉片和煎肉肠，大家围在我的帐篷门口吃。饭后我们还是这样聚在一起，看着阿峰极其壮美的夕阳。孙爷感动得长吁短叹，我仰面躺在帐篷里，头伸出帐外，静静地看着眼前的美景，很少用这样的角度长时间仰望天空，眼前的天地渐渐地变成了一片灿烂的红色，然后，蓝色

在阿峰一号营地看到的落日，也许是全世界最美丽的。

渐渐染上来，红色一点点地退下去，退到只剩下天边的一丝红线，新升起来的月亮很弯很细，像是一只指甲不小心勾破了天空的深蓝，旁边有一颗很亮的星星，不知是不是金星。

这里是南半球，离北京19000多公里，大家围坐在一起，一起看这也许是世界上最美的落日，静静的好幸福的感觉啊。

12月30日 1号营地——2号营地

今天我们从1号营地到2号营地，2号营地叫作"鸟巢"，海拔5400米。

从1号营地出发就是一个大坡，然后走一段很长的横切，但大家状态很好，都走得很快，我和范范、孙斌只用了两小时十分钟，就连脚上起泡的十一郎，也只用了两个半小时。

2号营地的条件也很好，开阔、风景好，可以一直看到阿根廷和智利的界山，直至更远的太平洋。登山常常是这样，营地越高，风景越好。让我们惊讶的是，这里居然还有一个"宜家"的大帐篷。

我们队最先到达，选了一处最好的位置扎营，又在公共大帐篷里用我们自带的燃气罐煮面、煎肉，还把煎肉供应给随后陆续到达的外国登山队员们，他们都有点不好意思，边吃边夸，让我们很是得意了一把。

傍晚，风渐渐有些大了，我在帐篷里，听着隔壁帐篷俄罗斯队员们放着音乐，还有孙斌爽朗的笑声，一阵阵地传遍营地，觉得很舒服。但还是小心地用了两个护

孙爷、范范、米格、孙斌（从左到右），啧啧，看这造型，看这构图，像不像在cosplay人民币的画面。

腰，干完活儿就平躺着，后天就要攻顶了，我生怕腰痛又犯了。

一直到九点差一刻，最后的一抹阳光才离开我的帐篷，我忍不住想，为什么在山上，日落总是那么美，又那么持久。

12月31日　2号营地——3号营地

今天我们从2号营地到3号营地，3号营地海拔6000米。

今天的路程更短，虽然有一个稍微有点陡的岩石坡，但我们还是走得很轻松，只用了3个小时，又是速度最快的一支队伍。

到目前为止，我们每一段路线所用的时间，都比常规要短。因此我们认为明天登顶的8～9个小时，应该也只是保守估计的常规数据，我们可能用不了那么久。

天气预报说明天会起大风，风感温度是零下40℃，会很冷。到了3号营地后，整个下午我们都在认真地为明天攻顶作准备。我睡得很早，大约是7点半，天还亮着。睡着前还想着今天是2008年的最后一天了，明天醒来，就是崭新的2009年，我们要在元旦这一天登顶阿峰！

向3号营地行进的途中，阿峰周围连绵壮美的群山逐渐在我们的视野里展现出全貌。

2009年1月1日　登顶

今天是2009年1月1日，我们冲顶的日子。

凌晨风就很大，耳边的风声就像大海的潮汐一样发出巨大的声响，一浪推着一浪涌过我们的帐篷，我闭上眼，觉得我的帐篷就像一个沙滩上的小贝壳，随时都可能被巨浪冲走。

因为天不亮就要出发，所以昨晚睡觉时我一直穿着连体羽绒服，再整个人裹进睡袋里，所以不觉得冷，早上起床也没费什么事儿。冲了一包能量餐，又吃了些苏打饼干。还有肉和芝士，但都冻住了，我不太想吃。不知为什么，觉得不太舒服，胃里很难受，想吐，还有点拉肚子。我想可能是能量餐包吃多了，有些反胃，或许走走就好了。

出发时周围还是一片黑暗，我们打着头灯，此时风不是特别大，但我不舒服的感觉越来越强烈，甚至停下来呕吐了两次，可什么也没吐出来。米格原本以为今天我会遥遥领先，结果我只是勉强地跟着。

就这么着坚持走了4个小时，我们终于走完了一段大坡，天已经亮了，在海拔

一片黑暗中，我们向着顶峰出发了。

6450处，看到了一个没有屋顶的小木头房子，是阿峰的紧急避难所，据说有70多年的历史。木屋周围有一小片平地，看上去似乎曾经用作冲顶前的"突击营地"。我们在这里休整了20分钟，上厕所、抹防晒油、吃能量棒、扎紧衣服，然后继续出发。

往前上了一个坡，到达山脊，紧接着就是阿峰著名的"大风横切路线"，沿着山腰横切过去，得走两个小时才能通过。而且从这里开始，就需要穿冰爪了。

风果然很大，我们看到有更早出发的队伍从坡的那一边被吹了回来，很是狼狈。他们回到小木屋，一个个都累得说不出话似的，也不知他们是打算就此撤退，还是积蓄一下体力和勇气继续再上。看来坡对面的情况不容乐观，这段大风横切路线，每年都会挡住无数的登山英雄，听说甚至有人来了几次也没能通过。

见此情形，我们每个人都很紧张，如临大敌，不敢轻视。从小木屋出发前，大家相互检查了装备。

我们刚到坡顶，从对面坡底向上吹来的强劲的大风就直扑向我们，这感觉我顿时觉得很熟悉，和珠峰7500米的那个大风口很相似。我们沿着山脊走了一段，开始向右横切，这个横切比想象的要长很多，而且山脊很狭窄，只能容一个人通过，没有任何可以停留的地方，也就没有任何休息的机会，我们所能做的就是全神贯注地贴着山壁往前走，不去理会扑面的大风和脚下的深谷。但大风不放过我们，从深深的谷底冲上来，扑打着，很凶猛。这段路冷极了，我穿的是曾经历过珠峰大风口考验的连体羽绒服，都觉得有些顶不住了。

米格和另一个叫汉姆的向导走在最前面，我们尽可能地跟着，我超过了孙爷，走到范范身后，还是非常难受，但没有任何办法，我只能扛着，继续向前走。

这条路的后半段是向上的横切，整段路都背阴，没有太阳，风很大，很冷。我越走越辛苦，远远地看见米格和汉姆已经走进了有阳光的地方，他们走得也很慢，边走边歇，但始终没有真正停下，直到路边一个有阳光而又背风的石窝，他们才停下来，米格冲我们招手，示意我们赶紧过去和他会合。

我已经走得很艰难了，几乎不能迈步，每走几步就得停顿一下，调整呼吸。听到后面的孙爷开始破口大骂，我知道那是他累极了的一种宣泄。年纪轻轻的孙斌这时候表现得很像一个队长，一直在鼓励大家，范范看我实在狼狈，就把我的东西都背了过去，尽量让我轻松一点。

此时此刻，我们的目标已经不是峰顶，而是米格他们所在的那个石窝，因为那里没有风，有阳光，坚持走到那里，就能置身于阳光的温暖中了。被这平时看起来微不足道、现在却无比珍贵的目标鼓舞着，我们终于艰难地挪到石窝附近的一块大石头旁，看上去那个石窝已经近在咫尺了，但我们就是没法一鼓作气地走过去，只好先坐下来，喝了点水、吃了点能量啫喱，这才艰难地挪到了那个石窝里。

没有风，阳光很好，那一会儿，我真想就这么窝在这里，让一切到此为止。但这是不可能的，我们前面还有长长的通向顶峰的路。

终于，孙爷也上到石窝来了，大家窝在一起休息，抬头向上看去，天哪！前面的路线是先到山脊，而后向左横切，才能到达顶峰。而向上到山脊的路线很陡很长，看上去非常可怕。

说真的，那一刻我后悔了，我真的轻视了这座山。今天出发时范范说带4升水，我还说3升就够了，觉得六个半小时肯定能登顶。然而我们走到这里，已经用了近八个小时，刚才经过的那个横切就用了两个多小时。米格说登顶至少还需要两个半小时，而我知道我的体力已经消耗大半，还要再向上攀登两个半小时，几乎是不可能的。就算最后能够登顶，很可能也没有足够的体力下撤到3号营地了，那将会是非常危险的。

想了又想，我对大家说："我想下撤。"

听米格说还有两个半小时的路，大家都有些泄气，孙爷和十一郎也都累得够呛了，孙斌和范范状态还好。我不想因为自己的放弃，使得我们整支队伍都无功而返，所以又对大家说："要么我下撤，孙斌和范范继续上，孙爷和十一郎量力而

路边一个有阳光又避风的"石窝"，成为登顶途中最后的"避难所"，我真想就留在这里，不再向上了。但我们大家商量之后，还是决定继续向上。

行。"

但孙斌、范范、十一郎都不同意，说如果我下撤，他们就陪我一起下撤。此时孙爷已经累得说不出话了。为了不让我太愧疚，范范还说："反正这山登不登顶对我来说也没多大意义。"

可我知道，对于登山的人来说，有哪一次登顶会是没有意义的呢。何况矗立在我们面前的，是南美洲的最高峰阿空加瓜。而且，尽管前面还有三个小时的路程，但都已经走到这里，他们与登顶的成功，可以说只有一步之遥了。

那一刻，我忽然有一种想要哭出来的冲动。是悔恨和自责吗？好像有一点。但更强烈的是温暖和感动。因为我清楚的知道，这时候孙斌和范范想到的是我的安全，他们中至少会有一个人陪我下撤，因为他们体力好，能保障我下撤时不出意外。

我只觉得自己的喉咙里胀胀的，心里暖暖的，看着一起顶着大风踩着积雪克服了艰难走到这里，一起窝在这小小的避风处，共同享受着珍贵的阳光的弟兄们，我张了张嘴，想说什么，但不知从何说起，又好像什么也不用多说。

此时，登顶了阿峰27次的向导米格说："我们离顶峰还有200多米高差，如果两点钟我们能登顶，就没有问题。我现在按照两点到顶的节奏在前面走，如果你们跟得上，我们去登顶；如果跟不上，就全体下撤。"听了米格的建议，孙斌试探地问："要不，我们先上到那个山脊再决定？"

他的一句话，仿佛说出了大家的心声，我们几乎是异口同声的、再不多加思索地回答："好！"

从石窝到山脊的路，比看上去要远得多。孙斌走在我的前面，范范在我后面。刚开始我还能支撑着跟上大家的节奏，但走着走着，那种无法言喻的、又难受又虚弱的感觉又抓住了我，越抓越牢，有那么几个片刻，我几乎错觉那种难受虚弱的感觉把我抓离了地面，到后来，我已经是走几步就得停一下了。身后的范范一直关注着我的状态，每当我艰难地抬腿迈步的时候，他就从后面推我一把，帮我省一点力气。为了给我打气，偶尔他还会喊我一下，让我回头，说给我拍照，但我一点也没法回应他，事实上，我已经无法理会任何事了。

快到山脊的一段路很陡，我时不时下意识地抬起头，看看前面已经和我拉开一段距离的十一郎和孙爷，他们向上的挪动也非常艰难。快到山脊的时候，我看见孙爷在一个雪坡前停了很久，走在我前面的孙斌冲着他大喊："孙爷，你得走！你得赶紧走！"

后来我才知道，那时候孙爷饿得浑身发抖，几乎体力透支，停下来问十一郎有没有吃的。十一郎掏出仅有的两颗糖给他，汉姆又掏了一块威化饼干给孙爷，孙爷吃了点东西，这才又鼓起了点前进的勇气。——所以后来孙爷总是说，关键时候，十一郎的两颗糖救了他。

但当时我已经自顾不暇了，等我挣扎到山脊的时候，孙斌问我："要么回去吧？"范范没说话，看着我，显然他们都看出我的状态很不好。当时我心里也在想："回去吧，不然就算登顶了，下撤的时候我怎么可能走得回去？"可是从我所在的角度看上去，顶峰似乎并不远了，我看了看状态很不错、显然能登顶的孙斌和范范，再看了看顶峰，几乎是本能地说："继续走吧。"

这时候孙爷已经到了顶峰下最后一个石壁下面，而十一郎几乎已经登顶了。横在我面前的，是一个很大的、几乎呈弧形的向上的横切，距离也似乎并不算遥远，于是我鼓起了最后的力气，继续向上。

然而，就在我离顶峰还有大概40米的时候，一直远远挂着的云团突然间变成了暴风雪，呼啦一下压到了山顶，天地间顿时一片白茫茫的，正登顶的十一郎和孙爷一下子就看不见了，只有满眼的风雪。风更大了，卷着雪扑打过来，按说这突发的恶劣天气，会让我措手不及而惊慌失措才对。但实际情况是，当时我已经没有任何思维、也没有任何感觉了，完全凭借着人最后最原始的本能在向上移动。而这种本能的力量也在风雪中越来越微弱，我很清楚它随时会在风雪严寒体力透支中熄灭，但我连这也顾不得了，只是一点一点，无比艰难地向上挪动。

那可以说是我登山以来走得最艰难最痛苦的一段路了，最后的最后，与顶峰只有一步之遥的时候，我实在是没法从自己的身体里再榨出半点力气了，只好对前面的孙斌说："扶我一把。"孙斌在风雪中艰难地伸过手来，拉住我；后面的范范也伸出手，推着我，就在他俩的帮助下，我爬上了最后的雪坡和石壁。

阿峰那个著名的十字架赫然出现在我眼前——那是顶峰的标志！

已经登顶的孙爷在拼命地向我招手，风雪太大，他的喊声我听不见。我只清楚的记得顶峰并没有积雪，因为风太大了，雪根本积不下来。

终于到了这里，而我第一个想到的却是，为什么这个十字架是倒着的呢？

确实，在我们登顶的时候，阿峰的十字架是倒着的，还是孙爷过去把它扶了起来。然后大家赶紧拍照、合影，对摄像机说话。风雪太大了，我们在顶峰停留了一

越来越大的风雪中，我们终于到达了顶峰。

这是阿峰顶峰的标志——一个十字架，旁边的国旗是我们带上去的。

小会儿，就赶紧下撤。在我们之前已经有几人登顶了，但今天出发的大部分队伍都还在我们后面。

下撤的时候，汉姆带着十一郎和孙爷走在前面，范范状态还好，也跟着米格下去了，我和孙斌在最后。风雪中，看着下撤的路，我终于问出了今天一直萦绕在我脑中的那个问题——

"我可怎么下去呀？"

路很陡很陡，我的腰和腿几乎没有一点力气了，感觉走两步就要摔下去了似的。孙斌走在我前面，让我扶着他的肩膀，我们这样走了一段，然后米格折回来了，他拿出一根绳子，一头系在他的腰上，一头系着我的腰，让我走在前面，他从后面拉着我，这个方法挺好，比扶着孙斌的肩膀更有效。

过了一会儿，范范不放心我们，也折回来了，他每隔一会儿就给我吃点东西，喂我一点儿水。就这样，在大风雪的陡坡上，他们三个竭尽全力地为我提供最周密的照顾，保护着我下撤。

尽管已经难受得恍恍惚惚，但我还是觉得很感动，也还能在心里给自己打气，对自己说："坚持！到那个有太阳的石窝那里，就可以坐下来休息一下了……那儿没有风、有阳光……温暖的阳光……"在那种极端的情况下，这个小小的念想，似乎成了我最后的、唯一的信念和支柱。就这样，用了一个小时，我们四个在大风中一步一拖地捱到了我无比渴望的那个石窝。

我一看到那个石窝，立刻就崩溃了，所有的力气和希望一瞬间离我而去。

原来我们上来时，这儿还是有太阳的背风处，但这会儿却成了一个背阴的"风窝子"。于是，在我的想象中唯一能稍做休息的地方，已经不存在了。

不知该怎么形容那种绝望的感觉，好像身体都已经不是自己的了，意识变得非常模糊……他们四个把我拉到了一个大石头边坐下，但我已经什么都不知道了，只知道我非常非常冷，体温用我不能想象的速度流失着，就像身体哪里有了一个漏洞，体温就像流血一样哗哗地流走了……耳边还隐约能够听见孙斌的话，他说："下面是横切，我和范范一人架你一边，咱们走吧。"我也能感觉到自己好像答应了一声，但他们试着把我从地上扶起来的时候，我却无论如何也迈不开腿，身体一软又坐在了地上，但这些好像都已经和我没什么关系了。我明明就坐在那里，明明听见他们三个在商量，范范说最好有飞机来救援；米格说这个位置飞机到不了，何况这么恶劣的天气飞机也没法飞。这些话我都能听清楚，但就是觉得和他们隔得老

从顶峰下撤，情况危急、风雪交加，相机上全是雪，只留下几张有点模糊的照片。

远，仿佛我们并不在同一个地方似的。

我能听到他们在商量着把我往外背，米格问我有多重，孙斌马上回答："53公斤。"我甚至还能迷迷糊糊地想："奇怪，我的体重孙斌怎么知道的那么精确。"但是一切又都很缥缈，近乎虚幻，好像是发生在另一个时空的事情，和我没有一点关系。

又过了一会儿，似乎范范背上了所有的包和雪杖，孙斌和米格开始轮流背着我往下走。但他们才背了两程就不行了，孙斌后来说当时觉得肺都要炸了，毕竟这里是海拔6700多米，他每次背上我，走上几十步就得换人，米格相对好一点，他长期在这里，高山适应显然要好得多……尽管这些情形画面我都能看见、听见，也明白是怎么回事，但就是有一种凉凉的漠然的隔膜，好像真正的我已经到另一个世界里，这些都离我很远，也和我不相干，而我的脑子里反而一片空白，只有一个隐约的念头，觉得自己这回要死在这里了。

有那么一会儿，我清楚地觉得自己回到了北京东单父母的家中，还看见爸爸坐在饭桌旁，看得非常清晰。而宝哥后来回忆，那时是早上5点多，他听到我喊了他一声，喊的是他的小名，他下意识地把这个时间和事件用手机记下来了，事后一看，正是我身体开始迅速失温，失去知觉的时候。

据说——所有这些都是我后来听说的——就在大家几乎绝望的时候，忽然有一个人仿佛"从天而降"，是法国高山向导学校的一位滑雪教练，是玻利维亚人，曾经是米格的滑雪教练。他在远处看到我们的情况，估计出了事，就主动赶过来参加救援。他加入之后，就和米格、孙斌、范范把身上所有的带状物——腰带、背带都解了下来，想要做一个背我的绳套。

他们忙着做绳套的时候，范范一直在和我说话，我知道他是怕我睡过去了，因为登山的人都知道，在山上体力衰竭失温的时候，人如果睡过去了，通常就意味着死亡。然而我已经没法好好地回答范范的话了，恍惚中能够听见，也想让他知道我听见了，但每次挣扎着想要说点什么的时候，只有喉咙深处发出的依依呀呀的声音，也不知范范到底听不听得见。

后来孙斌回忆说，当时范范也被我搞崩溃了，帽子被风吹走了都不知道似的，头上的雪越积越厚也完全不管，就像戴了个白色的爆炸式的帽子，还在那里一个劲地围着我问问题。而我尽管神志不清，也能感觉到范范已经是故作镇定，其实他已经有点绝望了。

忽然，这一认知让我真切而强烈地感觉到情况的严重性，就那么一下子，好像一个激灵一样，我突然坚强起来，动用自己最后的残余力量，调动自己的全部意志力，努力配合着他们，坚决不让自己睡着……我很清楚、很坚定地告诉自己：我要活着回去，我一定能活着回去。

然后似乎是绳套做好了，我被背了起来，刚开始的时候，我还能用胳臂腿抱住背我的人，让他省点力气，但不一会儿我就没法控制自己的手脚了，加上绳套做的有点大，我不停地往下滑，弄得背我的人步履维艰。

但我已经完全没感觉了，只知道大风雪中他们在来回地折腾着，十分艰难着急。而我眼前不断地变换着米格的那顶红帽子，和法国向导的那身蓝色冲锋衣，然后就是漫天风雪的白色。我还知道范范紧紧地跟在我身边，因为他一直在对我大声地叫："姐，我是谁？今天几号？今年是那一年？你有多久没写日记了？你有多久没练深蹲了？……"我觉得自己在努力地回答着他的每一个问题，为了让他安心，为了让每一个人安心，为了向大家证明我没有睡着，证明我还活着……

但我不知道大家有没有听到我的声音，每次休息的时候，米格和范范都会扒拉我的眼皮，掐我的人中。米格是医生，他担心我瞳孔有没有扩散，范范则是在尽

这一天席卷阿峰的，是一场几十年不遇的大风雪。

他所知道的办法，努力让我不要睡着。其实这些我都知道，我能听见米格在大声地喊："Don't sleep, You are a strong women!"我也能听见孙斌激动地嚷嚷："宝姐，千万别睡，我们要活着回去，我们还有很多地方要去玩！"他们掐我人中的时候，我能感觉到痛，也想让他们知道我很清醒，也认为自己还很清醒。但不知为什么，我就是没有办法控制自己的任何一寸肌肉，就是没有办法告诉他们，我有信心，我要活下去！我一定能活着回去！

我已经不知道我们走到哪儿了，但我明白离3号营地还很遥远，而我一定、一定、无论如何不能睡过去！

又不知过了多久，眼前的颜色多出了一种，是黑色，应该是又多了一个人来背我，速度也明显在加快……又不知过了多久，也许只有一会儿，我们终于到了上山时休整的没有顶的小木屋，这时我还能看见东西，眼珠似乎也能转动，因为记得自己眼角的余光看到了那个没有顶的小木屋，在大风雪中显得很凄凉。

后来我才知道，到这里我们用了三个小时，十一郎和孙爷原本一直在海拔6450米的小木屋旁等我，觉得不对劲儿的十一郎还迎上去了一段，并且把他的羽绒服脱给了我——谁都知道在这样的地方，脱掉一件羽绒服意味着什么，但十一郎还是脱给了我。躺在小木屋旁的雪地上，我还能辨别清楚，左边是范范，右边是孙斌，头顶靠右边是孙爷，脚下是十一郎，他们四个人围成一圈"人墙"，为我挡住风雪，同时用力地揉搓我的四肢，一起喊我、鼓励我，我还仿佛听见有谁在大声地哭似的……忽然之间，在最危险的时候，我却有了一种无法言喻的、很幸福很温暖的感觉。我死不了！我无比坚信我死不了！我一定能活着回去！很不可思议的，那一会儿我想起了小时候看过的童话《卖火柴的小女孩》，我觉得自己就是那个卖火柴的小女孩，但在寒冷刺骨，能够夺去人的生命的暴风雪中，我是被人关怀着的，所以我什么也不害怕。

到那时我仍然保持着清醒，甚至在大家的照顾下找回了一丝力气，因为我的声音终于被大家听见了，我说的是："对不起大家，连累大家了，我很好，我不冷，我真的不冷……"但是我越说"我不冷"，大家越哭得厉害。当时我反应不过来，后来才意识到，原来在山上，冻死的人到后来都不会觉得冷，反而会觉得很舒服，很好。听说当我说出"我不冷，我很好"的时候，范范彻底崩溃了，跪在地上放声大哭，边哭边喊："我们为什么要来登这座山啊！阿空加瓜我恨你！！！"孙爷就扑上去打他拽他："宝姐需要你！现在不能哭。"孙斌则彻底傻了，他后来说他想的是"宝姐如果死了，我也完了"。只有十一郎还稍微清醒一点，用他的话说是"如果我再朝崩溃的方向发展，就彻底乱套了"，但他已经冻得什么也不能说，什么也不能做了，因为他的羽绒服已经裹在我身上了。

也许，在那时，我反而是最有信心的一个，坚信我能够活下来，坚信我和大家还有很多事要一起做，很多地方要一起去，和他们在一起，我就什么也不害怕了。

这时，几个别的队伍的向导又加入救援，他们开始用手杖做担架，但绳子和扁带不够，担架没有做成功。后来还是那位玻利维亚老教练有经验，教大家把背包的带子拉长，先套住我，再背起背包，我就在人和背包的"夹层"中，就这么背着我走。

仍然不知走了多久，终于有一副救援担架被送上来了，大家终于可以抬着我下撤了，但还是走得非常艰难，总有人摔倒，反而没有背着走得快。所以大家又放弃了担架，还是轮流背着我走，先是4个向导，接近3号营地时又增加了两个向导，连我都能感觉到速度变的很快。这一段的记忆变得非常混乱，我仿佛记得自己问了好几次："3号营地快到了吗？""看得见帐篷了吗？"好像每次他们都回答我说看见了，但不知为什么我心里很清楚，知道他们肯定根本还没看见3号营地的影子。

终于，我又恢复了一点点力气，清楚地对背着我的米格说："我要尿尿。"而且声音足够大。

所有的人都因为我这句话而惊喜，立刻把我放下，一大帮男人帮助我上了个厕所。

如果真是快死的人，到我这种状态，应该已经是大小便失禁了。而我的一声"要尿尿"让所有的人看到了我活过来的希望。于是大家满怀希望地继续向下，速度越来越快，我觉得应该是到了3号营地，因为眼前似乎出现了帐篷，还涌出来很多人，把我抬进了米格的帐篷，帮我脱掉了连体羽绒服，把我塞进了睡袋，又塞进了几个装着热水的太空瓶。

失温的感觉猝不及防地突然爆发出来，我一下子觉得冷得超出了人能够承受的范围，不可思议不可想象的冷，冷得我的身体不由自主地剧烈地抽搐起来，像是在跳舞，又像是触电。身边的人大叫大喊地压着我的四肢，可怎么也压不住，折腾了好半天，我还是冷，非常可怕的冷，但意识还在，无论他们问什么，我总是回答"我很好"，米格忙着给我测各项指标，我还听见他说"血压都很正常"。到这时候，我才真正意识到，我活着下来了！

然后，又是猝不及防地，我一下子陷入了近乎昏迷的睡眠里。

登山结束后我们得到的消息是：就在我们从登顶到下撤的过程中，一场几十年不遇的大风雪席卷了阿空加瓜，在我们之后，有7个登山者在那次大风雪中遇难。

我们早走了那么几个小时，与死亡擦肩而过。

而我因为下撤途中体力透支、迅速失温，又是另一重意义的"在死亡边缘走了一遭"。

事后和大家一起分析出事的原因，大家都认为，除了天气突然发生恶劣变化，还有一个原因是之前三天都走得太顺，路线所用时间比常规要短，因此对最后一天攻顶时的困难估计不足。一旦遇到气温下降，比预期时间走得长，计划被打乱，心理上就先乱了。还有，阿峰的突击营地被山峰管理者故意设置在了相对低的海拔，最后一天的攻顶高差有接近1000米，以此提高登顶的门槛。此外，我们可能在3号营地接触到了不干净的食物或水，十一郎回忆说，三号营地烧出来的水，有一股很重的碱味儿，而我的肠胃一向不好，结果导致体力透支。

而我更直观和强烈的感觉是，当我下撤时，看到那个原本有太阳、能避风休息的石窝，成了背阴的"风窝子"，就是那一刻，仿佛压倒骆驼的最后一根稻草，我的意志彻底崩溃了。

不可避免地，王队的话又涌上心头，但没有哪一次这么刻骨铭心："真的不能小看任何一座山峰啊！"

但是，尽管如此，我更清晰地记得，在3号营地，经过死里逃生后混乱而多梦的一夜，第二天早晨醒来，我感觉到了身体的温度，动了动手脚，能动，手脚也都是自己的，那是一种无比神奇的，找回了身体和手脚的感觉。

转转眼睛，看看自己身上，发现我套着两个睡袋，其中一个是范范的睡袋。一转头，就看见了范范，小心地看着我，还穿着前天出发时穿的那身连体羽绒服，显然就这样守在我身边过了一夜。

我看到他，说出的第一句话竟然是——"登山真好"。

我还清楚的记得，听到我这句"登山真好"，范范像受了多大委屈的小孩一样大哭起来，边哭边说："好什么好，再也不登了！"

我笑了，想到昨天下来的四个小时，感觉就像四十个小时甚至更久，而队友们和向导们带给我的感动，我知道我这辈子都不会忘记。

如果不是登山，哪来这份珍贵的体验！

隔壁帐篷的队友们听到我的动静，都过来了。这时我觉得自己已经没什么事儿了，只是虚弱。米格又给我检查了一番，然后建议我今天下撤到大本营，而且建议我自己走回去。他解释说阿峰救援是用一种拖斗把人拖下去，路上非常颠簸，他觉得坐在"拖斗"里会比走路更难受。

回到大本营要跨越1号、2号两个营地，米格问我行不行，我说可以。

于是我们起来收拾，吃过东西就开始下撤。米格、汉姆还有另一个向导，加上孙斌和范范，轮流在后面用绳子牵着我的腰，我们竟然走的很快。

中途我们在2号营地休息了一会儿，看到有穿着制服的救护员上来了，带着那种"救援拖斗"，看上去果然很不舒服，我发自内心地感谢米格，又庆幸还好我自己能走，要是坐在这玩意儿里被拖下来，估计我的腰就要报废了。

那时我们还不知道，这些拖斗，是为山难中的7个遇难者准备的。

路上我们还遇到了一支俄罗斯队和一支法国队，他们都听说了我的事，每个人都笑着祝贺我，让我觉得好感动。

回到大本营，一钻进公共帐篷，我就觉得太温暖了！太舒服了！

休息了一会，孙斌建议我去体检一下，如果状态不好，可以拿到医生的签字，免费坐直升飞机下去。但米格看我恢复得挺好，开玩笑说我肯定蹭不到免费飞机，

阿尔希鲁士·北极·乞力马扎罗·南极·文森峰·珠穆朗玛·阿空加瓜·澳大利亚·麦金利

撤往大本营的途中，大家轮流用绳子牵着我的腰。

和弟兄们经历了这一番生死，我心中满是感激与感恩，"登山真好啊！"。

顶多批给我一头骡子。

弟兄们不死心，非拉着我去医务室，果真，女医生给我检查完后笑着说："只能给你一头骡子。"

骡子就骡子呗，我也认了，谁让咱恢复的好呢。没想到过了一会儿，米格又带来一个好消息，今天有伤员要用飞机运下去，我可以搭机，但是要交700美金。大家都劝我还是搭飞机下山比较保险，我就很"借坡下驴"地被大家说服了。

飞机是下午到的，护送下去的是一个俄罗斯人和一个英国人，那个英国人沮丧极了，说他已经来过两次，都是因为严重的高反被强制送下山去。

我告别大家，登上飞机，看着他们几个仰面看着我，都绽开大大的笑脸，我再一次深深地觉得，自己是一个幸运之极的人。

下撤的飞机沿着河谷低飞，两边全是山壁，飞行员技术高超，每次我们都以为快要撞上山壁的时候，他就来一个灵巧的拐弯，感觉就像看动感电影似的。回到宾馆，我还有点恍惚的、恍若隔世的感觉。

第二天，弟兄们骑着骡子下来了，一个个颠得都不能坐椅子了，我再次由衷地感谢米格的"英明决策"。又想着要好好感谢一下参与救助我的向导们，还准备捐助他们公司添置一些救援的设备。

到第三天，我们已经又开始一起大酒大肉、"花天酒地"了，喝得迷迷糊糊的孙爷，忽然笑着问我："宝姐，你有没有觉得这事情好像怎么过去了很久似的？"

孙斌

范范

十一郎

孙爷

米格

是呀，真的已经是很久以前的事了似的。

有时候，我们会觉得生死只是一瞬间，可事实上，真正经历了那一瞬间生死的边缘，才懂得人的生命力是多么顽强，活下去的愿望有着怎样的力量，可以把那一瞬变成一场多么艰苦卓绝而不肯言输的搏斗。

孙斌和范范经历了整个过程，直到下山后他俩好像还失魂落魄的，我开玩笑说回去得给他们招个魂。而十一郎是另一种情况，那天把羽绒服脱给了我，他被彻底冻成了冰棍儿，多大的太阳下还是有点木木的。

但是，这都是真真正正共过生死的弟兄们啊。

从我登山的第一天起，我就知道，会有一座山，会有一个时刻，我与死亡的危险不期而遇。然而，当我在阿空加瓜，真正与死亡几乎是面对面地撞上的时候，最让我刻骨铭心的感觉却是：登山真好！活着真好！

这样的经历给予我的最珍贵的收获，是让我无比清晰地意识到，我对生命是何等的热爱，而这份热爱能让人多么顽强、多么坚韧！我想，无论以后的人生中遇到什么样的危险和绝境，我都会想起阿空加瓜，只要想起阿空加瓜，我就知道，我永远、绝对不会放弃希望！不会对生命的力量失去信心！

"谢谢你们！"

前往Confluencia营地途中，已经可以看见阿峰了，但是看不见顶峰。

Confluencia营地前往大本营的途中，一只大黄狗一直跟着我们。

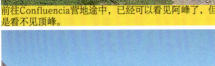
阿峰的小鸟都不怕人。

这就是我们登阿峰用的背包。

进山途中——Confluencia营地——大本营

Confluencia营地。

中遇到一个漂亮姑娘在玩"抱石"，后来弟们也都上去一试身手。

阿峰的大本营管理的非常好，营地的工作人员都显得那么开心。

看到美女，孙爷笑得多开心，孙斌就"含蓄"了很多。

从大本营出发，（从左到右）十一郎、范范、我、米格、孙斌、孙爷、汉姆。

从一号营地去二号营地的路上，这时大家的状态都很好。

山上的风开始大了起来。

这个没有顶的小木屋，是阿峰的紧急避难所。

途中，我们还装模作样地对范范进行了"采访"。

阿峰的三号营地，也是登顶前的最后一个营地。

向着顶峰出发。

凌晨，太阳渐渐升起。

一号营地——二号营地——三号营地——登顶——下撤

顶着大风，继续艰难的攀登。

从这里开始，是长达两个小时的横切，风非常大。

登顶前的最后一段路，风雪越来越大，走得很艰难。

下撤途中，向右是正确的路，但在风雪中经常有人走错了路，而翻过左边的山坡，就是万丈深渊，极其危险。

查 亚
惊魂大逃亡

在我"7+2"的历程里，2010年2月登顶大洋洲最高峰查亚峰（以下简称查亚）的那一次，绝对是我"知名度"最高的一次登山经历，甚至超过了登顶珠峰。

因为在这里，我和队友们差点成为食人族的盘中餐，经历了一场仿佛电影情节般的"惊魂大逃亡"。

海拔5030的查亚，在七大洲的最高峰中，是仅次于南极洲文森峰的"矮个儿"。位于赤道附近，炎热的气候使查亚顶峰没有太多冰雪，也就用不上冰雪技术。从海拔4300米的大本营登顶，通常要1天的时间。

攀登查亚的难度并不仅限于此，查亚是一座公认的技术型山峰，是玩攀岩的好地方。

查亚位于印度尼西亚巴布亚省的一个岛上，处在印尼同巴布亚新几内亚交界的位置，由于当地政局极其不稳定，战火硝烟和恐怖活动不断，以至于这座山很长时间都被封闭，不对登山和旅行者开放。所以登山者一般选择地处澳大利亚，海拔2228米的科休斯科峰作为大洋洲最高峰来攀登。

而事实上，查亚在地质构造上与澳大利亚大陆非常接近，甚至有一个大陆架相连接，而且巴布亚新几内亚比新西兰更靠近澳大利亚，所以根据地理学家的见解，查亚的的确确属于大洋洲。但直到近年，查亚开始对外开放后，才找回它"大洋洲最高峰"的地位，逐渐有人来攀登。

尽管如此，要真正走进查亚峰，还是要费很大的周折。

印尼西部局势长期动荡，地方武装势力纷争林立，冲突不断，查亚周边的情况更为特殊，不仅有多股武装势力，还有300多个原始部落，这些部落语言不通、是非恩怨源远流长，仇杀不断，与武装势力形成盘根错节的纠葛，再加上查亚山脚下有美国人开采的弗里波特铜矿，是世界上最大的铜矿之一，相当于美国在当地的一块"飞地"，是军事管制区，也是当地武装势力仇视的目标之一。

总之，在我们这些生活在和平时代的人看来，这片土地仿佛是属于另一个时空，充满了危险和恐怖。因此，前往查亚最安全而合法的办法，是直接乘直升飞机到大本营。

可这种办法受气候影响很大，不确定因素很多，曾有登山队等了几十天也等不到飞机进山。

还有一个比较快捷的办法，是从查亚南侧Timik小镇驾车105公里抵达弗里波我们全体队员（从左到右）：孙爷、建哥、陈芳、次落、我、范范、孙斌。

特铜矿边缘，再从矿区进山。但这座铜矿是军事管制区，不允许当地居民随意进入，登山者也不容许入内。因此这种做法其实是不合法的。登山者必须化装成矿工或军人，像跟着"蛇头"偷渡一样，悄悄通过矿区。这种做法也很危险，因为铜矿的保安工作都是由美方雇佣的类似于黑水公司的那种保安公司担任，如果他们判断非法侵入者有危险性，完全有权开枪射杀。

还有一个办法，就是像我们登顶查亚时一样，从北面徒步进山，穿过热带雨林和土著聚居地，到达大本营。路上就得走6天，一路都要和各个部族的土著打交道，不像是登山，更像是一场带着探险性质的徒步穿越。

但是这个看上去好像最稳妥而又合法的办法，却带给了我们一段几乎有点不可思议的惊险之旅。而且，不知和我们的遇险经历有没有关系，这条查亚的路线现在已经被封闭了，所以短期内，应该不会有人再有机会重复我们登顶查亚时的奇妙而惊险的经历了。

我们的查亚惊魂之旅，已经成为"绝响"。

我们攀登查亚的时候，还是孙斌做队长，队员有建哥、次落、孙爷、范范，还有我和陈芳——这次我不再是唯一的女队员了。

我们从北京飞往印尼伊里安查亚省西南的小城帝米加，再从帝米加飞往小镇苏伽帕——这里是我们前往查亚大本营的漫长征途的第一站。

飞苏伽帕的是一架包机，只有九个座位，我们七人加两个向导就坐满了，后半

前往查亚大本营的第一站：小镇苏伽帕，我们的飞机还没有降落，就看见地面上一队一队的土著向机场涌来，就像好莱坞电影《战争之王》里的场景。

个机舱几乎全是我们的装备。飞机在云层和丛山间飞行，飞得很低，能清楚地看到下面的一切，景物非常有特色，美丽而奇幻，让我想到出发前看的电影《阿凡达》里的潘多拉星球。

大约10点，到苏伽帕，飞机还在空中，就看见地面上一队一队的土著向机场聚拢过来，场面很是浩大。飞机一降落，我们还没明白怎么回事，呼啦一下就被土著围住了，感觉有好几百人似的，而且还源源不断地有人赶过来，好像是赶集。飞机还没停稳，就听陈芳失声说道："天哪！这真象是电影《战争之王》里的场面，飞机迫降在土著的公路上，不到十五分钟，飞机上的一切就被土著搬光了。第二天，飞机都被拆了，我们不会吧？"

原来这些土著还真都是过来帮我们搬东西赚外快的，我们的物资就被土著一抢而空，他们或搬或扛或背或顶，拥簇着我们往镇子上走，走在队伍中的我们，有时想和他们合个影，但他们也不笑，只是瞪着黑大的眼睛看着我们。

走着走着忽然到了一个三岔路口，只见人群立马自动地兵分两路，去了不同的方向，我们当即站在路口有些傻眼，随后上来的向导Meldy看出了我们的疑惑，说："没事，随便走哪条路，最终物资都会送到我们住的地方的。"

可我们还是很忐忑。

当地土著都很瘦小、黝黑，表情严肃，我看到有很小的小孩也在人群里搬着我们的东西。之前听说这些土著都是不穿衣服的，可到机场的土著都穿着衣服，顶多光着上身。直到来到镇子上，我们才真正看到完全赤身裸体的土著，最抢眼的是年长的男性，他们会在生殖器上套一个葫芦型的套，造型很夸张，让人想不注意都不

看看这位"猛男"！当地有些土著男性会在生殖器上套上夸张的"葫芦"——这是一种身份和地位的象征。

行。据说这是男性身份的象征，不同的长度、高度和造型代表着不同的等级。

到了住处一看，果真物资不少，都被堆放在小院篱笆边。

在苏伽帕住了一夜，我们就开始了前往查亚大本营的徒步，这条路线曾被《国家地理》评选为世界上最危险但也最美丽的徒步路线之一。

我们此行有三个向导，主向导叫Meldy，他的两个助手，Boxyt和Beeers。但出发的时候我们身边围满了人，有一些是来给我们背运物资的，更多的是来看热闹的，最后大概有二、三十个当地人和我们一起走。其中有一半是和各部落谈判"买路钱"的"谈判专家"，因为这些部落语言和风俗各不相同，和他们谈判真的非得"专业人士"不可。还有几个带着M16自动步枪的警察，其他都是背夫，一些女人和孩子也跟着，还有正在吃奶的婴儿，感觉像一个流动的小小的村庄。

我们和他们语言不通，没法交流，但眼睛对上的时候，会给彼此一个灿烂的笑容。笑容表示友好，这是全世界都看得懂的。

我和陈芳趁弟兄们睡着后，偷拍了一张"艳照"。他们醒来以后强烈要求删掉，但我没删……

沿途经过的部落和村庄设下重重的"关卡"，我们得一道一道的"闯关"。

一路上"交钱买路"的程序是这样的：到达某个部落的"领地"，部落里就有人出来拦住我们的队伍；然后我们随行的人群中，就有人带着枪上去和他们谈判。谈判的结果可能是立刻放行，也可能要讨价还价，搞不好还会争吵起来，但最后多半都是顺利通过。

路过这些部落时，我看到他们的村子、田地，说是田地，好像种的只有地瓜和芋头，偶尔几只散养的猪，其他的家畜都没看到，他们还不算进入农耕时代，过的还是以狩猎和采摘为主的原始生活。

一上路，向导就很严肃地提醒我们，万一遇到纹面的土著要非常小心了，这些人有可能是"食人族"，说不定真的会对我们动手。他说他曾经被食人部落的人追着跑了几天，追他的人都拿着货真价实能射死人的弓箭，非常惊险。

还真被他说着了，我们路过的最后一个村庄，村民就是纹面的，看上去确实很狰狞。向导一边和他们谈判，一边悄悄地给我们做手势，让我们赶紧趁他谈判的时候从村庄旁偷偷溜过去。虽然不知道他为什么要我们这样做，也不知道我们偷偷溜过去，万一惊动了纹面的村民，会不会认为我们怀有敌意，立刻追杀。但我们也不敢犹豫，更不敢停留，因为这个村庄看上去就给人凶险之感，围着很厚的土墙，墙外还挖了护城河，村子在高处，像碉堡一样，可以想象曾有过多少攻打和杀戮，才让这座村子建立起如此坚固的防卫设施。

溜过村子的时候，我总觉得厚厚的土墙后面，或者高高的"碉堡"上，有浸过毒药的弓箭和乌黑的枪口正静悄悄地对准了我们。

在热带雨林中穿行，另有一番风味，好像走在电影《阿凡达》所演绎的神秘而奇异的世界中。

这种想象中的恐怖比现实的恐怖更可怕，我们跑得太慌张，居然失散了。我跑过一片地瓜地和灌木丛，跑进丛林，忽然发现身边只剩下范范一个人，孙斌、孙爷和陈芳都不见了！

那一会儿我只觉得心一下子被提到了嗓子眼，汗毛都竖了起来，又不敢大声喊，怕惊动了村子里的土著，压着嗓子地喊他们三个，丛林很茂密，能听见他们在不同的方向回答我，似乎并不远，但就是没法辨别清楚方向，也看不见路。能听到水声，提示附近有一条河，而且还是条大河，我的心怦怦直跳，抓紧了范范，生怕再和他跑散了，一边继续和他一起喊着其他队员，想办法努力辨认他们的方向、寻找可以行走的路径……我们就这样互相喊着，找着，深一脚浅一脚地在林子里跋涉着，终于找到了一条不知荒废了多久的隐约的小路，沿着小路走到河边。

谢天谢地，其他队员也都陆续找到了这条路，大家总算在河边会合了。

其实这段时间并不长，我们的向导随后也跟上来了，但大家再次聚到一起的时候，简直有一种"劫后重生"的感觉。

那个时候，我们还不知道，比起之后那段惊心动魄的逃亡，这次队员走散，只是一个小小的序曲。

进入真正的热带雨林后，路上就没有村庄和部落了，除了我们和向导、背夫，只遇到了一队加拿大人，他们也是来攀登查亚的，但是没能登顶，带着遗憾回来了。极度的懊恼，加上这艰难跋涉的回程，个个垂头丧气的。

雨林越来越茂密，树叶、树枝、蔓藤、奇花异草，交织成天地间郁郁葱葱的巨大的网，颜色浓密而丰饶，饱满鲜艳仿佛要滴落下。张爱玲的小说里曾形容，热带植物总是长得杀气腾腾，到了这里的雨林，才觉得她这个"杀气腾腾"用得真妙，而且这不是男性的阳刚的"杀气"，是女性的丰茂柔软韧性十足的"杀气"，或者不应该说是杀气，而是一种难以言喻的强烈的生命力，仿佛这些植物都在无声的呐喊、喷薄而出。

也不知我们路过了多少参天大树，看见了多少奇花异草，又经过了多少大河和小溪。走过了各种各样的"桥"，有的没有栏杆，有的根本就是独木桥，走起来确实很吓人。因为地面潮湿泥泞，大树盘根错节，我们得攀上攀下的，感觉一直走在奇形怪状的大树根上，而整个森林就是由这样的大树根连接成一个整体，无比壮观，真的就像《阿凡达》里所描绘的无数生命连接成一个完整的、有感知的生命体。

走着走着，我一头栽进一个大坑，稀里哗啦地掉下去，掉到一半被兜住了，下面是一个小池塘，还好我没继续往下掉。尽管摔得有点狼狈，但又很好玩，我实在忍不住大笑起来，躺到坑里还笑了好一会儿，才被范范拉上来。我是真的很喜欢走这种路，在大树和巨藤间攀爬的感觉真好，而且我从小在福建山里长大，什么虫子也不怕，这也算是徒步中的一个优势吧。

陈芳虽然是研究基因科技的博士，但她非常爱好植物学，堪称半个植物学家，走进热带雨林，把她乐坏了。一路上就看见她不断地停下来观察、拍照、采集。有一次我眼看着她走在我前面，忽然惊叫了一声，整个人就消失在芦苇丛中，建哥手疾眼快，一把拉住了她，次落和范范也赶紧冲上去帮忙一起把她拉了上来，下面就是一条大河，比我摔的那一跤危险多了，大家被她吓得一身冷汗，但她也是一点不觉得害怕，继续精力充沛兴高采烈地搞她的植物学研究。

虽然路很难走，人也很累，但我们走的开心。路过河流溪水的时候，还能够洗漱，这在登山的过程中是非常难得的。

一路上雨很多，但是都很有规律，一般是在下午三点以后，我们扎好了营，雨才下来。只有一天，雨落在途中，我们撑起伞走了一段，是另一种美好的感觉。

第三天我们走出了热带雨林，走进了森林和沼泽之间。用队友们的话说，是从《阿凡达》走进了《侏罗纪公园》。

风景变得很开阔，终于见到了远处的雪山。孙斌感叹："真不容易啊，我们明明是来登山的，一连走了三天，连山的影子都没见着。"

路上看到很多桫椤树，这种树仿佛巨大粗壮的蕨类，给人的感觉仿佛古老而原始的年代幸存下来的遗迹一般，再配上经常下雨的灰色的天、一片片铁色的地，更显得古老而洪荒，让人恍惚间觉得会从远处跑来恐龙或者猛犸这样的原始动物。

树上往往寄生着大刺球一样的另一种植物，而这种植物里又寄生着蚂蚁，实际上整个刺球就是一个大的蚁穴。蚁穴的构造很复杂，看上去绝对像是经过智慧生物精心设计过一样，也吸引着我们饶有兴味地观察。

在"侏罗纪公园"里又走了一天半，期间不停的穿过沼泽地，一不留神就会陷入齐腰深的泥沼中不能自拔。一路上雨很多，但很有规律，一般都是下午3点以后，我们扎好了营，雨才下来，只有一次我们撑起伞走了一段，冲锋衣都是鲜艳的颜色，加上各种花雨伞，这一队人马五颜六色的，很是好看。

　　海拔越来越高，气温越来越低，出汗少了，消耗也少了，其实人在雨中走也很舒服，除了雨声没有其他声音，特别安静。

　　第五天，我们终于离开了湿地沼泽，开始在雪山的边缘山脉行进。地势平缓起伏，海拔高度基本上没有变化。经过了喀斯特地貌形成的"天生桥"，造型奇异，千姿百态的，建哥说像贵州。还经过一些很美的河，弯延曲折，秀美空灵之处，竟然很像桂林山水，河滩上还有很美的鹅卵石点缀，水质也都很好，水流清澈。

　　因为水源丰富，到了营地，我们都能擦洗一下，在登山的过程中能有这样的清洁条件，实在是太幸福了。而且一路上伙食都很好，每天一到营地，就有热水送来，还配备着茶、咖啡、牛奶、巧克力粉等等，吃的都是蔬菜、鱼干、鱼丸、鸡肉等等，主食也很丰富，饭和面都有，有一天甚至还做了布丁。

　　每天扎营的时间也早，基本上能在太阳下山前干完所有的活。建哥和陈芳没事儿就去跟着我们的那群土著背夫的大帐篷里玩，通过向导和他们聊天，总能带回不少有用的信息，还能顺回些东西。建哥就比手划脚的教背夫们照相，打动了一个女背夫，送了他一个贝壳的项链，他喜滋滋地戴上，自个儿在那儿美呢。背夫中有一双小情侣，每天都幸福的走在一起，很是可爱。每天晚上我们的背夫们都会聚在一

途中休息，大家自然而然地凑到了一起，留下了一张笑容灿烂的合影，见证着我们一路走来的开心时光。

起唱歌，他们的歌声非常动听，没有歌词，甚至没有旋律，就是一些最原始的节奏、简单的律动，分成不同的声部，交织在一起，似远似近，又朴拙又空灵，在这样的歌声中入睡，人会觉得被带到了远离这个世界的地方。

所有这些，再加上每天都在变化的沿途的美景，一路走来，其实是很幸福的时光。

第六天，我们翻了两座山，爬了两段大陆坡，上升了700米。已经看不到高树了，地貌以高山草甸为主，山是石灰岩的，途中经过了几个漂亮的大湖。真的像镶嵌在山间的巨大的翡翠或者宝石一般。

雾气也越来越重，经常是走着走着雾就来了，不动声色地环绕着我们，又给周围的景色蒙上了朦胧的轻纱，很美，是另一种风景。

第六天下午3点，我们到了查亚的大本营，总算第一次看见查亚的顶峰了。

背夫们把我们的东西送到大本营后，因为这里海拔太高、太冷。大部分人都回到前一个营地去了。

查亚大本营的海拔是4300米，登顶只需要一天，但要上升接近600米，预计会用12个小时。我们计划当晚在大本营略作休息，晚上6点半晚餐，休息几个小时，

快到查亚峰的大本营了，沿途的景色变得奇异诡谲，我们似乎"穿越"到了月球表面。

↓查亚峰的大本营营地。

第二天凌晨1点半起床、早餐，凌晨2点出发登顶，争取在下午3点前返回，因为下午3点后可能会变天。

    登顶的那天，凌晨1点半不到，我们就开始早餐，是简单的饼干和牛奶，我吃的是范范的营养餐。然后我们快速地收拾好东西出发。

    昨晚的雨已经停了，天气挺好，今天次落走第一个，我第二，范范第三，之后是陈芳、建哥、孙爷和孙斌，最后跟着两个向导。

    出发后大概走了1个小时，我们到达山根下的大岩壁下，在那里系上安全带，做好攀登的准备。从这里往上，一路几乎全是石灰岩山壁，不过这一段攀岩还并不最难，因为大多数地方都有路绳，手脚落点也很清晰，很好用力。就是攀爬得有点长，感觉一段连着一段，没完没了，还不断有石块落下来，先是范范被打中了膝盖和腿骨，好一阵子哇哇大叫；接着建哥又被打了头，据说还打得不轻，耳朵后面一直在流血，所以这段路也挺辛苦的。

    就这么攀爬了3个小时左右，天开始蒙蒙亮，我们到了一个平台处，向下看去，一片朦胧缥缈的云海，云层在晨光中舒卷流动，美极了。

    从这里还可以看到著名的弗里波特铜矿，其实昨天在大本营，就一直能听到隆隆的采矿声。弗里波特铜矿是世界级的大铜矿，已经有30年的历史了，从山上望下去，铜矿里灯火通明，就连那一方的天空都被照得红通通的。

    不一会儿天就全亮了，我们把头灯、水等等物资存放在这里，继续向上攀登。

登顶了！兴奋之余，弟兄们纷纷扯出各家赞助商的旗子拍照！太敬业了！我也帮着吆喝吆喝：走过路过的各位赞助商看过来！看看我们这些敬业的好弟兄！

又经过一段笔直向上的路，我们到达了山脊处。到这里就有雪了，雾也越来越重。我们沿山脊继续向上，云雾缭绕中，顶峰就在眼前了。

沿着山脊的路线还挺长，山脊上有几处裂隙，走过去时有些可怕，因为下面就是看不见底的深谷，得鼓起勇气一脚迈过去，对心理是不小的考验。尤其是快到顶峰的时候，有一处两个山峰间的巨大的深谷，大概有十几二十米的距离，中间牵着绳索，得挂着安全索滑过去，很有意思，但也很要点胆量，听说有很多人走到这就不敢往前了。

向导在我们前面做示范，非常轻松潇洒地就过去了，轮到我们的时候，次落先上，姿态和向导示范的完全不一样，我们看着笑得东倒西歪。但轮到自己的时候，不用看也知道，样子好不到哪里去。说真话，攀登查亚，虽然辛苦，但有很多好玩的小地方，不仅仅是攀登，让人觉得这座山很有趣，和我以往攀登的那些山都不一样。

滑过了这道裂缝就是顶峰。我平时攀岩玩得少，今天这一路就很有点较劲。但到了顶峰，又觉得一切都不算什么。

查亚顶峰的风貌和一般的"顶峰"不太一样，山顶四望，并没有常见的白雪皑皑，只有一片片的白雪点缀在近于红褐色的石灰岩山体之间，像是到了月球表面，荒凉、奇异，而又壮美。

在顶峰大家各自激动地忙着拍照，我还吃了点麦片粥，这也是范范的经验，不管什么情况，到了什么地方，坚持每隔一小时就补充点食物，以碳水化合物为主，人就会很舒服，体力也不至于跟不上。阿空加瓜峰之后的教训之一吧。

就这一会儿工夫，雾又来了，周围的风景渐渐朦胧起来，到我们下撤的时候，雾已经很浓，大有山雨欲来的样子了。我们撤到大本营的时间是1点40左右，一共用了11个小时。

我回到帐篷，才发现自己用护踝和护膝时间久了，小腿肿胀，变成一种很奇怪的形状，膝盖都看不出来了，赶紧拍照留念。

下午3点左右，又"按时"下起了雨，大家几乎都在各自的帐篷里休息。大本营里一片宁静。来了一队挪威人在湖边扎营，他们准备今晚登顶。这种宁静，和其他山峰的大本营真的不同，因为来查亚登山的人确实不多，听说直到现在，连徒步带登山，大概一年也就150人左右，算是非常"冷清"了。

为了庆祝登顶成功，今天的晚餐极其丰盛，范范还拿出了一瓶威士忌和一罐酸黄瓜，大家意外极了，敢情他还一路揣着这两样"宝贝"呢。孙爷看到了酒，而且是意外之喜，高兴得像个孩子。

攀岩时脚法不够正确，这一趟冲顶下来，我的腿被岩石磕碰得青一块紫一块。

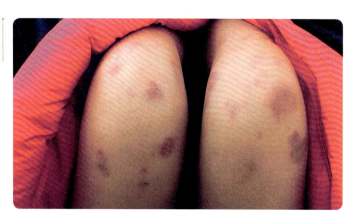

晚饭后，我们又各自回帐篷休息，今天真的好累，浑身酸疼，听着唏唏哗哗的雨声就熟睡过去。

结果，等我们一觉醒来，意外就发生了！

早起没有任何征兆，大家很积极地收拾好帐篷装备，穿戴整齐，等着背夫们上来运送物资。尽管走出去还要用四天时间，而且我们都很累，但一想到四天后就可以在巴厘岛晒太阳了，大家还是觉得很幸福憧憬，有点小兴奋。

就这样，我们等啊等啊，等了好长时间，背夫们一直没有上来。

最后等来的却是向导Meldy，告诉我们有一个背夫生病了，很严重，可能有生命危险。Meldy建议背夫们把这个人送到铜矿的医院去，但他们不肯接受现代文明，不相信医院，要把这人背回村子。

他所说的村子，就是我们最后路过的那个村民纹面、仿佛碉堡的村子，但这时我们还没觉得情况有多严重，觉得这事应该好解决。

没想到过了一会儿，一群背夫阴沉着脸，抬着一个人上到营地来了，那个人看上去的确病得很重，背夫们个个面色不善，看向我们的眼神很凶、很冷，Meldy和他们交涉，双方语言不太通，也没怎么听到他们太多的说话，更多的是那么对视着，一种凶险的气氛在空气中流动，我们的心都提了起来，但又什么都不知道，什么都没法做，只能在一旁看着。

对峙了半天，没有结果，最后背夫们又扛着那个病人走了，我们稍微松了口气，没想到，他们一走，我们所有的背夫都跟着走了，只剩下Meldy和三个协作。

而且那些背夫走的时候，看我们的眼神都透着古怪，让人觉得背上发寒。

Meldy这才向我们解释，原来生病的那人正是我们最后路过的那个村子的村民，而那个村子的土著本来就不友好，再加上背夫们都认为这个人生病是因为我们把疾病和邪魔给带来了，所以他们不敢再多作停留，只拿走了我们在苏伽帕付的定金，连余下的钱都不要了。而且很明确地告诉Meldy，不准我们再经过他们的村庄，如果我们胆敢再路过他们的村子，他们就把我们杀了吃掉！

这下我们傻眼了，原本计划用四天的时间原路返回，没想到此路不通。如果不找到新的出路，我们很可能被困死在这里。

Meldy还告诉我们，这片部落林立的地方，本来就是"法外之地"，土著们杀掉仇人，是不用承担法律后果的。可以想象，如果他们真的对我们动手，出了什么事，恐怕我们真的是叫天不应、叫地不灵，国内再多的援助力量，都是鞭长莫及。

我们只能确定无论如何不能再原路返回了，Meldy说还有另一条路线，但要经过一个特别野蛮的部落，而且那个部落和他们有过摩擦，他和Boxy曾被村子里的六七个人拿着弓箭追得亡命奔逃。Meldy还说那个部落也有吃人的习俗，如果走这条路线的话，我们同样得做好和他们一起逃命的准备。

还有一个办法就是协调直升飞机，只有一种军方的大型直升机可以把我们都载出去，但因为天气的缘故，能联络到的直升飞机都不敢飞进来。

最后一个办法就是经过弗里波特铜矿离开，铜矿离我们很近，而且从铜矿到帝米加只需要3个小时的车程。但问题是向导公司之前在警察局签过保证书，带领客人登山的过程中，不能走进铜矿，甚至不能靠近，铜矿方面有权射杀他们认为的入侵者，所以向导们都不敢带客人走铜矿这条路。

问题变得很严重了，我们只得赶紧联系国内。向导公司的亚星电话没法和国内接通，还好我自己带了一部铱星电话，但电已经都用完了。于是建哥又开始"搞科研"，用三节五号电池，想办法给铱星电话续上了电，孙斌联系上了王队。

可是这个营地里信号非常不好，电又不太足，电话断断续续地打了好几次，我们急得冒汗，王队才搞清状况。王队让我们在大本营坚持两天，他会想办法协调大使馆，看能不能允许我们通过铜矿。我们有四天的食物，坚持两天倒是问题不大，而且这种情况下，也没有别的办法可想了。

下午3点多，那队挪威人登顶回来了，看到我们还没走，很吃惊，问明情况后，他们也很替我们担心，但是也没有什么更好的办法。

Meldy说，万一那个生病的人有什么三长两短，村子里的人一定会追杀过来为他报仇！这是当地部落的习俗，否则他们认为厄运会一直伴随着他们，所以我们在营地要提高警惕。

天一直在下雨，我坐在帐篷里，听着雨声滴答，总像是有什么人悉悉索索地在潜过来，而且人越来越多似的，白毛汗都冒了出来，越琢磨越觉得情况不对，Meldy说让我们在帐篷里提高警惕，可要是村子里的人真的带着武器杀过来，不管我们怎么警惕，等在营地里，就是自己等死！

我赶紧冲出去找大家商量，孙爷和建哥表示得走。大家都从向导脸上看到了深藏的恐惧和忧虑，猜测可能实际情况比他说的更严重，或者还有什么问题他隐瞒着我们，越是这样，越让人觉得不寒而栗。

遇到一队挪威登山者，热心地借给我们铱星电话的电池。

　　情急之下，大家只能再向王队请示，临时改装的"电池"也没电了，我们赶紧跑到挪威队的营地借他们的电话，总算又和王队通了话，我向他说明了问题的严重性和我们的担忧。最后的决定是不等王队和国内其他人协调的结果，直奔铜矿！

　　我的想法是，宁可非法闯进铜矿被美国人抓起来，也不要留在这里面对愤怒的土著。至少铜矿会给个说法，真要落到有吃人习惯的土著手中，还不知会发生什么样可怕的事情。

　　挪威队的三个人也很紧张，热心地帮我们想办法，答应帮我们把信息带出去，又把移动电源借给了我们，说等我们脱险后再寄还给他们。虽然移动电源和我的电话接口不吻合，但有"搞科研"的建哥，应该不成问题。在这么紧张的时候，这块移动电源还真是能"救命"的。

　　临睡前，我们又商量要不要把帐篷围成一圈，要不要安排人站岗，这时候大家真的都紧张了，营地里也再没有笑声和歌声了，只有一片死寂，雨仍然在下，哗啦啦地冲刷着帐篷，不远处传来铜矿里的轰隆声。那一刻，我忽然觉得很冷，觉得帐篷外似乎有无数双眼睛。

　　第二天一早，挪威人撤营了。大本营里只剩下我们，更加静得可怕。

　　Meldy带来最新的消息，说向导公司派人从苏伽帕出发，带着警察和协作往我们这里赶过来，大概两天后会到，他们会护送我们从铜矿边上走出去，大概需要三天的时间。但是因为进入铜矿是违法的，所以进铜矿的时候得夜里行动，偷偷地走。还说如果我们不同意这个方案，他们就不再管我们了。

我一口答应了，让他们赶紧赶过来。但同时和队友们商量，我们也要做两手准备，有自己的打算。

这时建哥"科研"成功，把挪威人留给我们的电池接口改好了，我们终于能够和王队保持联系了。

王队告诉我们，中国驻印尼大使馆已经启动了相关援救和保护程序，正在积极和美国大使馆、印尼政府交涉。我说我们准备今天就撤到铜矿边上扎营，因为总感觉这里太不安全了，他也说好，让我们别再犹豫，赶紧走。

然后我又给宝哥打了个电话，他也正心急如焚。昨晚建哥给《华西都市报》发了篇稿，今天《北京青年报》、《京华时报》等各报都发了头版头条和整版报道，说我们在查亚遇险，各个媒体都在转载，甚至潘石屹也在微博上转载消息，有更多的人开始通过各自的渠道想办法，同时也冒出各种说法，宝哥那边得到的消息居然是我们已经被军队保护起来了，局面真的混乱起来了。

孙斌和Meldy商量下撤的事，他们又争执起来，Meldy说什么也不敢去铜矿，但最后在我们的坚持下，他还是勉强答应随我们下撤到铜矿边上。

我们很快安排好了下撤方案，只带走贵重的东西和必须的帐篷、睡垫、睡袋等，大家动作极快，不一会儿就都整出了远超乎自己寻常体力的巨大的背包，开始下撤。途中得下降好几百米，大概是一个小时的路程。

好像为了配合气氛，天又开始下雨，还越下越大，我们打起伞，穿行在依然美丽的风景里，沿途经过了很多湖泊，但大家只是沉默地走着，越走越急，仿佛身后有什么在追，又像脚下有多少陷阱似的。雨打在伞上的声音，像弓弦颤动，又像是远远的子弹声，当时我心里想的是，如果纹面的土著真的追过来了，背着大包的我们能跑得过从小在山间穿梭的他们吗？来得及在他们的箭射出之前跑进铜矿吗？我努力驱赶着这个念头，告诉自己这种可能性很小，但内心深处始终知道，这种可能性并不小。这是远离我们熟知并依赖的现代文明、法规和秩序的地方，在这里，我们是绝对的"弱势群体"，无论从人数、装备还是体力来看，都完全没有任何抵抗能力。

这么胡思乱想中跌跌撞撞地走着走着，终于，我们看见了铜矿的封锁线。

虽然铁丝网缠得并不密集，但还是很有震慑力，还有很大很醒目的警戒牌！写着"严禁进入"。看到这块牌子，孙斌和陈芳都有些犹豫了，说是不是就到这里，到了著名的斑马墙（左）下，雨下得越来越大，让人担心前方的尾矿坝会不会"溃坝"。

别再往前走了，我和建哥说继续走，不要回头！不要犹豫！因为Meldy和协作远远的跟在后面，他们的态度本来就很犹豫，不能让他们觉得我们退缩了。

就这样，我们越过了一道道挂着警示牌的封锁线，闯进了禁区。

其实那时候，我内心深处还真的希望能遇到什么人，因为我们闯禁区而把我们关起来。如果进了他们关押的地方，也就表示我们彻底安全了。

所以我一直让大家往前走，用我的话说就是"走到无路可走为止"。到最后，巨大的山一样的矿山尾坝挡在我们面前，再往前就是茫茫无边的矿渣了，没有水源，也就没法扎营了。

到这里，我们才停下来，等Meldy跟上来后一问，他说这就是铜矿很有名的"斑马墙"了，于是我们决定在这里扎营。这里在矿区边缘，万一"食人族"追杀过来，我们可以退入矿区避难，如果没有追杀的事情，我们也不会违反矿区的规定，被矿警射杀。

平心而论，这里的风景是我们寻常根本不可能见到的，接近科幻片的布景，大家都说像走进了电影《魔戒》里，两边是高耸的石壁，中间是草滩，我们在矿沙和草滩之间选了一块平地搭起帐篷，帐门口朝着山的方向。

安定下来后我们赶紧给王队打电话，他告诉我们已经找到了驻印尼大使，印尼方面对我们遇到的情况很重视，正出动军队寻找我们的位置。

雨越下越大，是这些天来我们遇到的最大的一场雨，而且一直不停。建哥和范范又开始担心这么大的雨，我们的营地会不会遇到溃坝。而我到了这个时候，心里一直紧绷着的那根弦，总算松了下来，笑着对他们说："放心吧，我们的运气不会那么坏的。"

说实话，这里也实在不是什么安全舒适的地方，不远处一直传来机器挖掘的轰鸣声，声音非常大，听上去挺可怕的，可以想象是多么巨大的机器。但我们至少可以确信，在铜矿里肯定会比留在外面安全。

到北京时间5点钟，我们又给王队打了个电话，王队告诉我们中国大使馆、美国大使馆和印尼政府三方已经联合起来对我们展开营救，现在印尼大使馆要我们的坐标，我赶紧掏出我那带GPS功能的手机，查了查坐标，是南纬4.06070度，东经137.1398度，刚报告给王队，还没核对清楚，电话就没信号了。

因为我们在一个山谷里，山谷很窄，卫星经过山谷上空的时间很短，所以电话有信号的时候也很短，总是话没说完，信号就断了，也不知道王队有没有听清楚我们的位置。

傍晚开始我有些发烧，怕大家担心，就没说。这里海拔3980米，比大本营暖和多了。Meldy他们几个也惊魂初定，看到大家围着我不断地打电话，每次打完电话后脸色就从容一点，他们也跟着放松了一点。Meldy还说他的生日快到了，希望能回家过生日。

过了一会儿，Meldy又带给我们一个好消息，向导公司协调了铜矿安保人员，明天可以让我们去他们的办公室休息，那里有加热器、充电器。

听到这个消息，我心里的那根弦，才算是彻底放松了。

情况有了进展，建哥又在勤奋地发稿了。看着他，我忽然觉得咱这帮弟兄还真是难得啊。出了这么大的问题，遇到这么危险的情况，大家就能立刻各自发挥特长，就那么自然而然地彼此分工配合——这是长年一块儿登山探险养成的默契啊。

这种感觉，真的很好。

第三天一大早，我的头脸就开始肿胀，估计是这里的水源有问题。建哥又开始"搞科研"，满地找矿石，我刷牙的时候，看见他爬到旁边的半山的石崖上蹲着找。不知怎么让我想到《甲方乙方》里那个趴在村口等人来接的家伙，这么多天来第一次，我肿着脸，含着满嘴泡沫，还是忍不住大笑起来。

正笑着，就听见建哥开始大叫，两个被他忽悠着帮他找矿石的协作也正朝着营

矿区警察长的办公室。我们每个人都盯着自己的手机，无数国内亲友关怀的短信向我们"涌来"，真感动。

地奔跑过来，边跑边大声地喊叫。

大家都被他们惊动了，以为又出了什么状况。结果他们喊的是："有人来接我们了！有几辆插着红旗的车在朝我们这个方面开来了！"

所有的人都激动地出来了，果真来了一辆车！

车旁站着一个人，戴着头盔，像是警察。孙斌迎上去和他说了几句，然后兴奋地跑回来说真的是来接我们的！是矿上的警察！

我们这会儿哪里还顾得上早饭啊，赶紧拆帐篷，收拾东西，手忙脚乱地背着搬着抬着我们所有的东西，跟着来的那个警察爬上矿坝。

那警察一副很严肃的样子，让我觉得我们是被他抓了。但不管了，被抓了也好，我不是一直说宁可在铜矿里被抓吗，要是真被抓了，那就彻底的安全了。

爬上矿坝，发现还不止这一人一车呢，一共有三辆警车在等着我们，好几个警察。

警察说只有我们七个外国队员可以从矿区通过，向导不能入内。于是我们又兵荒马乱地告别了Meldy他们几个，大家胡乱地、慌张地、热烈地拥抱一番，我们就急急忙忙蹦上车了。

三辆警车穿行在巨大的铜矿区中，途中经过了好几处检查站，可见这里管理得很严格。

途中不时地看到巨大的矿石车，听说每辆车至少可以装60吨，还有装100多吨的。又看到巨大的矿坑，露天的呈锥形，层层向下，也非常宏伟，同样带着一种非人间的气息，和电影《阿凡达》里那种巨大的矿坑几乎一摸一样，亲眼看到科幻电影里才有的情景，让我们叹为观止。

到这时，回头想想，这次登山还真不白来，竟然能经历这么多事儿，连一向被列为禁区的铜矿都给我们进入了。

行驶了好一会儿，也不知方向，而且手机仍然没有信号，终于到了一处铁皮房子，车停了下来，我们以为警察局到了，下来一看，原来是警察们很体贴，考虑到我们可能需要上厕所。

再上路大家就都比较放松了，我们开始和警察聊天，了解到这个矿上有12000名工人，所以美国保安公司配备的警力也不少，和我们同车的这个警察已经在这里工作十几年了，对铜矿非常熟悉，他开始沿路为我们作介绍，真是大开眼界。

穿过了矿坑，翻过一座山，气候立刻变了，大雾一团团地弥漫过来，警察指着山下像一个小镇一样的建筑群，说那里是铜矿工作人员的生活区。

但这时，我们的手机开始有信号，我们的心思立刻都放在各自手机上了。几天以来，我终于给家里打通了电话。电话是妈妈接的，贝贝多多还没起床。妈妈也知道我们遇险的事，实在是在国内太受关注了，想瞒也瞒不过她。妈妈没多说什么，只是反复叮嘱我要小心。

警察局在生活区边上，我们被带到局长的办公室，有人给我们拿来了矿泉水和点心。局长带着警察们很认真的办起公来，查验护照、确认身份，并向我们问话，大概前后用了两个多小时。渐渐地，气氛变得融洽起来，警察们告诉我们，不知是不是我们提供的经纬度有问题，今天早上出动直升机一开始没找到我们，飞回这里之后再出动，才找到我们。

然后他们开始检查我们的包，查得很仔细，范范捡的矿石，建哥"发掘"的化石，都被没收了。因为登山下来，所以每个人的包里都有很多臭衣服，被这么仔细一翻，还真挺难为情的。最后，又让我们每个人都签份"生死状"，内容是如果我们离开铜矿去帝米加的路上发生什么不测，和铜矿没有一点关系。我们也不知道去帝米加的路上还会有什么问题，为什么会搞出"生死状"这种东西来，但在这种情况下还能怎样，也就都签了。

检查完行李，警察们又带着我们去领盒饭，是他们的工作餐，有米饭、炸鸡块、豆角，担惊受怕这长时间，忽然被这么亲切地接待了，一顿手抓饭吃得我们挺感动的。饭后还有一堆当地媒体过来报道，没想到因为这个事情，我们也变成了这就是运送我们的"红色巴士"，座椅都是铁的。

当地的"名人"。

饭后，警车又把我们送到了巴士站，让我们从这里坐巴士去帝米加。这时已经有三辆红色大巴士等在那儿了，座椅都是铁的，看上去很酷，估计是他们的区间车。和我们一起下山的还有矿区的工作人员和休假的矿工。值得注意的是车站里有许多警察，穿着防弹背心、背着长枪，走来走去，让我们觉得那份"生死状"果然是有的放矢的。更"严重"的是，发车前又上来两个美国来的安全顾问，很认真地对我们宣讲并示范安全注意事项，特别说到这一地区武装力量很多，很不安全，万一遇到枪击，我们应该立刻趴下，并用手护着头。看来他不是在耸人听闻，因为我们看到巴士的司机都穿着防弹背心、戴着头盔。安全顾问还告诉我们，上个月这段路上刚有八人被打死，目前的风险系数评估为"中"。

我们一行共有六辆大车，前面三辆红色巴士，除了我们，还有很多休假外出的矿工，后面三辆运输物资的白色箱式卡车，前后还有好几辆护卫的武装吉普，浩浩荡荡，威风凛凛，一路上不断地路过掩体和岗哨，水泥墙面上都绑着巨大的轮胎，缓冲和防弹，看上去给我的感觉是随时就会响起激烈的枪声，甚至隆隆的炮声，越发让我们觉得安全顾问对我们说的话并不夸张。

一个小时后，我们到了一个更大的车站，美方在这里把我们正式移交给印尼军方。我们换乘一辆白色巴士，车站周围有很多装甲车，还有很多全副武装的军人，显然这一段路程情况更紧张，因为已经不是警察保护，而是军队在保护了。

再出发时，好家伙！竟然真的是装甲车护卫，沿途有更多的掩体和岗哨，还看

"在矿区行动，都得这种级别的武装"押送"保护。

见更多的部队，我们这才觉得那份"生死状"看来真的是很有必要。但紧张归紧张，这种情形下，肾上腺素继续大量分泌，大家都有点兴奋，实在是想不到逃离了食人族之后，还会有这么一段难得的经历啊。

渐渐地，我们进入了低海拔的平原，周围逐渐开阔，气温也越来越高，护卫的装甲车越来越少，我们不断和车上的军人们挥手告别。

终于，我们到达了帝米伽，结束了我们意外惊险的查亚之行。

但直到回到国内，我们才意识到，我们在查亚的"惊魂大逃亡"，牵动着多少人的心，引起了多么广泛的关注。

甚至直到现在，每当我遇到一个很久没有见面的朋友，或者是新结识的朋友，他们都会问：在查亚，被"食人族"追杀的时候，你害怕吗？当时的心情怎样？

于是我也就一次次地回忆起查亚，回忆起当时的情形，回忆起自己的心情。

要说完全不害怕，那是吹牛，但感受和印象更深的是在危急情况下，队友之间那种甚至不需要太多言辞的默契配合，以及从未有片刻失去的乐观积极态度。

更重要的是，在那种情况下，国内家人朋友的牵挂关怀，从政府到民间、从媒体到商界，无数人在用他们自己的方式，为我们奔走操心，直到我们最终摆脱困境。让我深深的觉得，我不是一个人，在我身后，有太多的支持、关爱和陪伴。

或许，正是因为这样的支持、关爱和陪伴，才让我在"7+2"的道路上一路走来，走向属于我自己的精彩。

当地土著的食物，红通通的很吓人。我们这伙人号称什么都敢往嘴里放，但也愣是没谁上去尝一口。

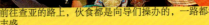

前往查亚的路上，伙食都是向导们操办的，一路都很丰盛。

走出热带雨林，灌木、草甸、杪椤树，又让人觉得走进了《侏罗纪公园》的世界。

进山徒步途中

走在热带雨林中，有时这样横倒的大树的树干，就是我们的路。

在湿地沼泽的树干上，常常可以看见这样奇形怪状的"瘤子"，其实是蚂蚁窝。

砍开一个蚂蚁窝，里面是这样的构造。

路上不断变化而又丰富多彩的植被，让陈芳这位生物学爱好者兴奋不已。

这里的小河非常清澈，我们就在河边扎营，还能把衣服清洗一下。

就算穿着高帮雨靴，在沼泽中跋涉一天，袜子也成了这个模样。

途中常常经过这样的小溪，我们会在溪边休息洗漱一下。

穿行在茂密的热带雨林中，树上挂着大片大片层层叠叠的蛛网。

凌晨两点，我们出发冲顶。

攀登查亚峰，一路上以石灰岩山壁为主，和我们以往的登顶体验大不相同。

攀爬了3个小时左右，天开始蒙蒙亮。

登顶途中

遇到山谷和裂缝，要借助绳索挂上安全索滑过去。

查亚峰的云海朦胧浩渺，云层在晨光中舒卷流动。

查亚的顶峰标志。

途中经过一处牵着绳索的深谷，绳索上结满了冰凌，滑过去时冰花四射。

建哥用三节五号电池，给我带的铱星电话充上电，我们这才联系上国内。

范范在练习打弹弓，如果"食人族"真的杀来，这点"战斗力"恐怕无济于事，但至少是个心理安慰。

这么紧张的时候，弟兄们还"苦中作乐"用自制简易扑克"斗地主"，至少心理素质可嘉。

在警察局检查完行李，签了"生死状"，我们吃上了他们的工作餐——手抓饭。

临走前和帮助我们的警察及矿区工作人员合影，发自内心地感谢他们。

这条横栏是铜矿美方保安公司与印尼军方的"分界线"，过了这里，我们就在印尼军方的保护之下了。

我们换上了更大的白色巴士，在多辆装甲车的保护下，前往帝米伽。

「逃亡」途中

我们最终决定冒险向美国弗里波特铜矿撤去，过铁丝网，从写着"严禁进入"的警戒牌旁过，"非法"闯进禁区。

有车来接我们了！大家手忙脚乱地收拾东西上车。

途中遇到铜矿里巨大的运输卡车，车轮比我们的车还高！

我们一直走到弗里波特铜矿著名的"斑马墙"，才停下来扎营。

麦金利
风雨后的彩虹

要说来话就长了，北美洲的最高峰麦金利（以下简称麦峰），是我"7+2"历程里最后一站。因为靠近北极圈，气候严寒，每年最佳的攀登季节很短。阴差阳错，好几年的安排都被迫取消。这是客观原因，但其实主观上拖到最后这也成了我磨蹭了最久，迟迟不愿前往的一座山峰。一直拖到2010年7月，才朝着麦峰出发。

因为是最后一座，所以我总有一种奇怪的想法，总觉得登这座山，好像就是为了完成"7+2"而去攀登的，结果登山变成了一个任务，"必须"去完成了。

原本登山和探险于我，是非常快乐的事，不管过程中遇到什么样的状况，我都能乐在其中、享受在其中，那真的是一种发自内心的"拿不走"的快乐。而这种"快乐"最大的源泉，来自登山和探险途中那种"自由"的感觉。这么说好像有些老套，"自由"这个词，大概从小孩子挣扎着要自己走路的那一刻起，就根植在每个人的心里；但它又似乎是世界上最奢侈的东西，没有一个人，无论是谁，敢说自己是真正自由的。

我的想法是，面对人生中的很多事情时，我们确实不能太多地考虑自己的"自由"，但一定有一些事情，是完全留给自己，只属于自由的，就像是传说中的净土和桃花源。

对我而言，登山就是这样的事情。是否登顶、是否能完成"7+2"，和保留自己内心自由的净地相比，我其实一直是觉得后者更为重要。

所以常常有人会奇怪，以我的情况，如果有心要完成"7+2"，应该能在很短的时间里完成，为什么我用了六年的时间。

因为在登山这件事上，我不想执著于"完成"什么，"做到"什么，我想用最自由的状态，与山相对，与山里的自己相对。

我以为登山于我应该享受的是过程，而不是一个结果。直到有一天，和儿子们聊天，说到去不去麦峰的问题，小儿子多多忽然一拍桌子："妈妈！你怎么能不去呢？完成'7+2'，那是你的使命啊！"

他说这话时那副毋庸置疑的样子特别可爱，我大笑起来。而就在笑声中，心里一直纠结着的某种东西，一下子消散了似的。

是啊，有什么好纠结的啊，不就是再登一座山吗？不就是完成"7+2"吗？自己搞得那么纠结，不也是自己把自己放到了一个"不自由"的状态中吗？该登就登，该去就去，顺其自然就好嘛。

再说了，儿子都说了，那是我的"使命"，能不去吗？

麦峰脚下的小镇塔肯那，我们住的小旅馆外草坪上的纱帐篷，坐在里面吃水果、听音乐、写日记，悠闲享受。

就这样想着，我踏上了前往麦峰的征程。

麦峰位于美国阿拉斯加州东南部，在阿拉斯加山脉的中段，我们从北京先飞西雅图，在西雅图转机，飞阿拉斯加最大的城市安克雷奇。

到了安市的机场，我们的行李不知为何没转过来，只好先去酒店。结果第二天早起就什么洗漱用品都没有，连换洗衣服都没有。加上这段时间，我在墨脱落下的腰上的旧伤又发作了，这天好像特别严重，又酸又疼，几乎不能动。随后又听说我的两个托包中的一个没运到，不知落到哪儿了，我的食物、药品、电器、尿壶、高山靴、风镜全在里面，真要丢了，一时还真不好配齐。机场方面说继续找，但从他们的态度，给人的感觉十分之不靠谱。几件事凑在一起，我忽然就觉得烦躁不堪，似乎麦金利这座山峰于我从一开始就什么都不顺。

不顺归不顺，烦归烦，麦峰就在那儿，我还是得调整好心态，继续去攀登它。

从安市出发，大概3小时车程，到了麦峰脚下的小镇塔肯那，准备第二天坐小飞机飞大本营。

没想到在小镇的一家餐馆里，遇到了我们在南极和文森峰时的向导托德，他现在在这里开了个小公司。意外相遇，大家都非常惊喜。

登山就是这样，往往转了很大一圈，在一个小得不能再小的地方，却会遇到了来自世界上不知多么遥远的地方、你想都想不到的人。

这次我们的队伍由王队带队，我的"7+2"之旅由他带着开始，理应由他带着划上句号。队员有次落、阿贵和我，是个很MINI的小团。

我们有两个向导，一个叫飞儿、一个叫啫喱，年龄分别是34和28。飞儿褐色的头发，人挺帅、够强壮、责任心强，就是感觉有点紧张兮兮的。啫喱是个高个子，新西兰人，长相很可爱，身材和发型都像贵宾犬，耳边两大圈黄毛的那种，他平时在新西兰带队徒步，这是第一次来登麦峰。

到了小镇，继续很不安地打听我的行李的消息，几次三番，机场方面最后明确表示：丢失的行李找不到了！

我只好忍着郁闷盘点损失，行李里的东西大概有：一双矮帮高山靴、头盔、饭盒、两个药包、三包食物（麦片、牛肉、鱼、梅子），日常换洗的衣服，凉鞋、能量胶、电源包（里面有多功能电源插头、备用电源、MP4充电器、MP3、备用手机）、卫生纸、干湿纸巾、尿壶、袜子包、风镜、相机充电器……猛一想就有这么多，仔细想应该还有。越想越急，一时真不知该怎么办。

麦峰海拔6194米，不仅是北美洲的最高峰，也是著名的技术型山峰，地势险峻，气候寒冷，由于山体靠近北极圈，虽然顶峰只有6194米，但周围景象却酷似北极，无数冰河纵横，在七大洲的最高峰中，它是最寒冷、技术难度最高的一座。

从这个意义上来说，登顶麦峰的难度，不会比珠峰少多少。因此，丢失行李这种看似很小的意外，才会让我如此烦恼。

塔肯那小镇外的机场，飞往麦峰大本营只要半个多小时，草地上都是我们的物资，白色塑料袋里是我们每天的食物，上面写着日期。

从飞机上看到拖着雪橇的登山者。看着很美，身处其中才知道艰辛。

麦峰大本营，每年5~7月份，是麦峰最佳攀登季，大本营变得很热闹。

6月25日　塔肯那——大本营

尽管诸多不顺，但此行已经"箭在弦上，不得不发"了，我们在塔肯那住了一夜，到镇上超市的户外小店里努力补充了一些物资，勉强凑齐，就从小镇飞麦峰大本营了。

机场就在小镇边上，在这里我们又有"奇遇"，先是遇到孙斌，他带队登顶麦峰回来。孙斌把他的能量啫喱都留给我了，这是很关键的物资。听孙斌说罗塞尔也在这里，是陪他的邻居来爬山。接着又遇到梁群，她是孙斌队的，还有一些其他山友。

大家相见甚欢，也再次验证了登山的世界的奇妙之处。

麦峰的管理很规范，在机场，我们还接受了一个老爷爷的培训（好玩吧，登山基地的工作人员常常是老爷爷），每人领了个便筒，只能便便，不能尿尿，装便便的袋子要一路带回来。

从塔肯那飞大本营只要半个多小时，而在1951年布拉德福·华斯伯恩开辟麦峰新路线前，登山者只能沿着最早的登顶者特德森·斯图克队的路线进山，那是需要经过艰难的长途跋涉才能到达大本营的。

因此，布拉德福开辟麦峰新路线，被认为和第一次登顶麦峰有着同样的意义，而他开辟的路线，也就成为登顶麦峰的"传统路线"了。

6月26日　大本营——1号营地

麦峰位于美国第二大国家公园——迪纳利国家公园内，大本营海拔2225米，在麦峰南侧山谷中，一条循着山势形成的大雪坡，就成了这里天然的飞机跑道。大本营挺热闹的，但我们没有多作停留，昨天下午4点到，匆忙安置下来，今天凌晨4点就出发上路去1号营地了。

麦峰在北极圈里，这时正好是极昼，尽管夜里见不到太阳，但什么都看得见。只是温度相对白天就低多了，雪也就硬了。一路上冰裂缝很多。飞儿、次落和我一个结组，啫喱和王队、阿贵一个结组。我们每人一个拖车，踩着踏雪板一共走了四程，休息了四次，上升了800米，到了1号营地。

按照我们原来的计划，在1号营地不打算停留，而是准备再往前多走一段。但我们到达1号营地后，卷着雪的大雾却突然涌了上来，非常冷。我们只好临时扎了一顶帐篷，进帐篷里躲一会儿，但雪一直还没有停的迹象，气温越来越低，于是我们临时决定就留在帐篷里不走了。等凌晨1点再出发，计划走7个小时，努力一下，争取到达2号营地。

极昼的好处是白天夜里都可以行军。

6月27日　1号营地——3号营地

没想到昨天的风雪持续了一夜，帐篷上积了厚厚的一层。

今日凌晨1点谁也没醒过来，一直睡到6点多钟，才听到向导在叫我们起床。那一会儿真是挣扎得好难受，就想这么一直睡下去，但王队也说得出发了，只好挣扎着起来了。

从1号营地出发，一路上不断和雪坡较劲，在新雪中拖着拖车、踩着踏雪板，走得很辛苦。

大雪把路径全都掩盖了，我们只能沿着依稀可见的道旗走，向导不断地在补充着道旗路标。一上路就是一个大坡，刚翻上这个坡，眼前又出现一个大坡，大坡后接着一个小坡，小坡后又接着一个大坡，就那么大坡小坡一个接一个地不断地出现在我们面前，感觉整段路就是在和层出不穷的坡较劲，没玩没了地翻坡，因为是新雪，拖着拖车，用踏雪板上坡的确走得很辛苦。

走了很久，向后望去，除了我们行走过的痕迹，什么都没有，向前望，连这样单调的痕迹都没有。太阳越来越晒，我们越走越闷，除了踏雪的声音，还有次落的背包上挂的那个他女儿给他的小铃铛发出的清脆声音，只余一片安静。偶尔旁边的山峰传来一阵小小的冰崩的声音，更偶尔，天上会飞过一架飞机。然后就什么都没有了，仿佛整座麦金利只有我们这一支小小的、沉默的队伍，烈日下要被融化了的感觉。

大约走了5程，才有另一支队伍从后面赶上来了，原来他们脚下穿的是滑雪板，所以这样的路况下速度比我们快，而我们穿的是踏雪板，今天雪这么深，很不好走，可是如果没有踏雪板的话，那这路就更没法走了。

后面这支队伍越过了我们，我们的向导可高兴了，这下他们不用在前面开路了。

今天我只吃了一点东西就上路了，所以每次休息时就吃一包能量啫喱，加一点苏打饼干，同时注意喝水，所以体力保持得还不错。走到最后一程时，天已经非常热了，我们都有点受不了了，才走了半小时，飞儿就忽然大叫一声坐下来，抱起一漫长的一天，我们跨越了2号营地，直接从1号营地来到3号营地。

大块雪就直接啃起来，看来他实在是热得累得受不了了。

我们一共走了8个小时，没完没了的雪坡终于到头了，翻过最后一个坡顶，各队的营地逐渐显露在我们眼前了，但走到这份儿上，我们已经没什么精神头去感受惊喜了。两个向导几乎都累趴下了，到了营地也就次落还有力气干活，真了不起！直到这时，我才知道这里其实已经是3号营地了，海拔是3376米，也就是说我们今天已经跨越了2号营地。

望着营地前的又一个巨长的大坡，想到明天还要休整和往上运输装备，我就觉得头疼。好些登顶下撤下来的人们都穿着滑雪板，刷刷地往下"滑"，潇洒优美，很惬意的样子，忽然觉得很羡慕他们，这会儿他们已经轻松了。就好像考试，他们已经交卷了，可以尽情放松了，可我们还在憋着劲儿准备进考场呢。

搭好帐篷，我先冲了一碗麦片粥。今天我的体力还好，没有累得喘不过气来。主要是天气好，但就是太热太晒。麦片粥下肚后，炊事帐那边也烧好了水，煮了面汤，我又喝了不少，看来今天是严重缺水。

吃晚饭时得到一个好消息，明天我不用参加物资运输了，他们几个运输就足够了。向导建议我和大家一起往上走走，既熟悉一下路线，又能做一下高山适应。但王队认为不用了，他说我的高山适应没问题，还是注意腰伤休息节省体力吧。

6月28日　3号营地

今天我在3号营地休整了一天，队友们往上运输装备，埋到3号营地和4号营地白天晴朗的时候，帐篷里的温度能到30℃—40℃，把大羽绒服和睡袋之类的放在帐篷顶上晾晒，同时能让帐篷内阴凉下来。

之间，等到了4号营地再下来取一次。

白天晴朗无风的时候，帐篷里的温度能达到30℃~40℃左右，但如果坐到外面，估计该被猛烈的阳光烤成木乃伊了。当然想让帐篷降温也不是没有办法的，只要把大羽绒服和睡袋等潮湿了需要晾晒的东西都搭在帐篷的外帐上，帐篷里一下子就能荫凉下来。

但是夜里又总是被冻醒，这个背阴的山坡，早晨太阳上来得太晚了。

6月29日　3号营地——4号营地

今天我们从3号营地到4号营地，上来就是一条背阴大坡，特别冷，手指头都是麻的。第一程我走得很不舒服，叫停了好几次。

在一处相对缓的坡上休息的时候，我趁这个机会想上个"大号"，就从拖车上解下了"便筒"，刚套上塑料袋，这时喏喱、王队、阿贵他们组也上来了，一看就知道我要干啥。

正在这时，后面上来了另一支队伍，我本想让他们先过去再方便，没想到他们看我们歇在这里，累得不行，就在我们边上也歇下了。

这下可尴尬了，我只好在众目睽睽之下，和另一支队伍距离非常近、而且前后都有人的情况下，开始坐在"小马桶"上方便。旁边那支队的人开始一愣，接着都会意地笑起来。啥也不说了，在这种时候，登山的人之间就只剩下理解万岁了。结果就是大坡上，结着组，我在人堆中埋头拉屎，其他所有的队友们围着我，脸朝外这是我们的便桶，攀登麦峰，大便和小便还要分开来装，并且只能扔在指定地点。

四处撒尿。

　　都解决清爽之后，太阳也出来了，"轻装上阵"，我忽然觉得浑身什么地方都舒坦了。

　　接下来的这一程我走得很好，倒是飞儿，走着走着就落后了，越走越慢，开始时，我还和次落开玩笑，说一定是因为前一程里他心仪的另一个队那个女向导已遥遥领先，他失去了动力。到后来，他抱着头蹲在路边，很难受的样子。原来要强的他竟然最先出高山反应症状了。喏喱把飞儿拖车里的东西都尽量往自己拖车里搬，而飞儿就在那儿躺着，一动也动不了。

　　长得挺酷的飞儿很要强，这次带了我们这支"高实力队伍"（不吹牛，翻翻我们的简历，个个能唬人），他真的很紧张，压力也很大。诸多要求，甚至很有点教条，看在王队、次落这些登山老手眼里有点好笑，但又被他负责的态度打动，所以大家都尽可能地配合着他那些时不时冒出来的、没完没了的规矩。

　　今天的路还是一直在上坡，一个坡连着一个坡，层出不穷，我们花了4个小时才到他们昨天埋物资的地方，又花了两个半小时才到达4号营地。

　　麦峰4号营地4300米，营地规模挺大，一般各个登山队都是在这里休整，等待好的天气周期。我们选了一处有现成雪墙的地方搭营地。到4号营地，终于有真正的厕所了，两个厕所都是雪墙加纸板的围挡搭出来的，足有半人高。一个是坐厕，一个是蹲坑，底下都是深不见底的冰裂缝。但坐着拉屎的时候，放眼面前的风光，真是很惬意的一件事，还不时的有人从我面前经过，虽然是还在上厕所，我还是会友好地和他们打招呼，传递着我的好心情。

我就这样，边享用难得的厕所，边看着4号营地到5号营地之间那条著名的、一眼能望到顶的600米的大陡坡（Head Wall）。在这个角度望去，真的好可怕，简直就是直上直下。

回到帐篷，才发觉我的帐篷门就对着这大坡，越看这坡，畏难情绪越重，都不想说话了。躺下来，继续看着大坡，几组人在坡上蠕动着，有的上，有的下，象小蚂蚁一样，我突然就感到一种深深的疲惫感，紧接着，眼泪也止不住地落了下来。可刚才上厕所时的自己明明还是欢欢喜喜的呢，这是怎么了？

队长路过，见到我郁郁寡欢，显然这很不正常，赶紧喊来次落一起逗我。王队向来是个大忽悠，而次落是我信赖的兄弟。他们俩一唱一和，配合熟练，我立刻就被他们逗乐了，显然他俩是在给我鼓气嘛！

是啊，都走到这里了，有什么理由不坚持到顶呢。而且这次我体力还行，高山反应没有，能让我难受的，除了腰伤和疲累，然后就只有这里的寒冷了。

而且，这个营地多美呀！更好的是热闹非凡，每天晚上我都是听着俄国队的歌声入睡的。

在这个营地，我们还遇到了南极时的竞争对手沃那！真奇妙，好像上天知道这是我"7+2"的句号了，所以之前遇到的那些人纷纷在这里露脸。

6月30日～7月3日　4号营地

在4号营地，我们等了4天。

天气一直变化不定，山上风大，好些队伍都被困在那里了，我们也只好就留在4号营地待命。

王队在和向导商量想趁这个机会上到5号营地算了，但和向导公司商量的结论是：先在4号营地原地待命。其实营地的生活于我向来是很享受的，我并不真正着急登顶。因为这个营地很舒服，而5号营地条件差，海拔更高，如果遇上大风天气的话，帐篷都能被压扁了，会严重影响睡眠。

这期间我们上到5100米做了次适应性训练，顺便运输东西，因为陡峭，4号营地向上就不能拖雪撬了，这段路一上来就是个30度的大坡，我们花了57分钟；然后是一段十几度的缓坡，这时海拔上升了250米；要上升600米才到坡顶垭口，然后再沿冰雪混合的山脊走一个小时。人们说，Head Wall通常要用6小时才上得

四号营地，我、王队和次落住一个帐篷，阿贵来我们的帐篷里"串门"。

去，我们全程用了3个多小时，速度还是很快的！

一路上不停遇到被迫下撤的队伍，显然都极端疲惫。喏喥是个好性格的人，当我们翻上大坡，看到太阳照上来的时候，他就兴奋地大叫：我太爱我的工作了！我太高兴了！我们太厉害了！

原来这是他第一次登这山，所以会这么兴奋。我们都会意地看着他，因为大家也都有过这样的体验。说真的，我还有点淡淡地羡慕他，因为他那种感受和喜悦，是最单纯的。而我这次显然是给自己有任务的，会觉得自己没有以往纯粹。

其实沿着山脊的横切路线还是挺难走的，好在各向导公司在这一段做了保护点，结组队伍都可以挂在路绳上。到下撤的时候，我一直担心我又会因为巨大的暴露感而害怕，走起来也的确很较劲，比向上更耗费体力，让我觉得这段路怎么也走不完似的。好在次落总在后面和我之间的绳子收得比较紧，让我心里踏实了很多。

坏消息是我们的主向导飞儿要下撤了，他高山反应严重，不能上去了。这下有点麻烦，因为喏喥以前没有登顶麦峰，按他们公司的规定，他不能做主向导，而我

4号营地到5号营地，上来就是一个30度的大坡。

们又不能在没有主向导的情况下登顶，结果就僵持住了。好在几经交涉，因为王队和次落都曾经登顶过麦峰，公司最终同意我们几个自己上了，这个结果令啫喱也兴奋不已，因为这也是他的一次机会呀。

7月4日　4号营地——5号营地

飞儿下撤后，我们和啫喱向5号营地出发。

5号营地海拔5200米，到达最后一段那个横切的大坡前，我们用了两小时。上大坡时，因为一根路绳上的前面的队伍耽搁，导致塞车，我们又用了两小时才到垭口。休息的时候，大风雪中看到前面队伍里有一个队员放弃前进，由一名向导带着下山去了。

又用了一小时翻过几个山头，才到达我们之前埋物资的地方。

我们要在这里挖出部分物资带上5号营地，但也还留下一些，以备需等待天气时应急，但这时候啫喱也已经没有什么行动能力了，重任落在次落和阿贵身上，他

从5号营地看4号营地，944米的垂直高度，让4号营地变成一片小黑点。

俩带了好多东西，装不下的就直接挂在登山包的外面，尤其是次落的背包，挂得很夸张，背在他身上，整个人看起来像个变形金刚。

再往后的一个小时，走的全是山脊横切，周围的景色异常壮美，可我不太敢太多地四顾欣赏。沿着这条山脊走到头，有一片开阔地，那就是5号营地。

一共用了近八个小时，真是挺累。

5号营地队伍不少，所有有雪墙的位置都已被其他队伍占据，我们只好用雪锯、雪铲现做了一块块雪砖，建起了雪墙搭我们的帐篷。

7月5日 5号营地——垭口——5号营地

在5号营地，我们好好地睡了一觉，大概睡了近10个小时。

虽然昨晚雪不大，但风却不小，各队都在犹豫今天是否登顶，最后我们还是决定登！

我们将近中午12点才出发的，天晴，风大，眼前一个大坡就花了差不多4个小时才上完，昨晚的新雪，啫喱在前面开路相当辛苦。没有队伍跟上来，诺大的山脊上只有我们一支队伍。

风越来越大，大风中走大坡横切向上的路线实在是太可怕了，我们都走得好痛苦。好不容易熬到垭口，期待着风能小一点，结果并没有如我们的愿，风反而更加肆虐。最后王队、次落和啫喱一致决定：风太大了，下撤！

天哪！！！

我都快哭了！

我知道今天上来也许并不是个错误决定，但这会儿决定下撤肯定是无比正确的决定。可我真是累死了才上到这坡顶啊，真是死都想往前走。

但我什么也没说，接过次落递给我的水喝了，吃了能量啫喱、苏打饼干，短暂的休息后我们在大风中开始下撤。

我最怕的就是这种下坡横切，因为暴露感强何况是在如此挫败的心情下。次落很了解我，下撤的时候一直跟着我，又故意缩短了他和我之间的绳子，让我心里感觉好很多。但不管怎样，我都知道，这次我的体力消耗太多太多。

风越来越大，能见度越来越低，阿贵走在最前面。一直到了离营地很近的地方，我们才看见营地，其他队伍里纷纷有人从帐篷里钻出来，像看怪物似的看着我们。

来回用了6个半小时！回到帐篷里，我们谁都不想说一句话。真的是一句话都没人说，实在是不想说话，也实在是没力气说了！

后来才知道，这一天的风速是每小时80公里！

7月6日　5号营地

今天，5号营地大部分队伍都下撤了，昨天还是满满的营地，到现在忽然就只剩我们和另外一支美国队伍了。

但还有不少队伍正从4号营地往上来，从5号营地的悬崖边可以清楚地看到4号的营地，以及上来的路线，我们粗粗数了一下，有20多人正串在那根绳子上向这里爬过来呢。

我们在5号营地休整了一天。

调整身体，心情，状态很重要。

7月7日 登顶

王队曾说过，攻顶这天，只要你能从突击营地的帐篷里走出来，攻顶的成功率基本上就有一半了。

因为到了这种时候，环境和天气一定会很严酷，你要在极端的寒冷下，克服所有困难，包括自己的畏难情绪，勇敢地走出帐篷，面对眼前的大山，这会是非常艰难的挑战，因为你首先是要战胜自己！

前天在大风里我们冲顶失败，铩羽而归，昨天各队都没往上走。而今天，除了我们队之外，还有一支美国队伍也准备攻顶。

我们9点45分出发，啫喱说走在前面的队伍要踩着新雪开路，会很艰苦。不知他有没有抱着侥幸心理，希望另一支队伍先上，我们跟在后面，或者对方也抱着这样的心理也未可知，总之，最后还是我们先上路。

比起前天来，风真的小多了，不用顶着大风走路，感觉好很多的，没那么较劲，也不会消耗那么多体能。当我们走完第一个横切时，那支美国队还是赶上了我们，在前面为我们开路了。那个队的向导很壮，每做好一个保护点总是会习惯性地大叫一声，一路上我们就听着风声和不远不近处传来的他的喊声。

前半段路几乎都有雪椎打的保护点，只是结组通过时要注意换锁防止滑坠。前天我们用了3个小时才爬上的大坡，今天2个半小时就翻上来了。

之后就是漫长的连绵不断的各种角度的大坡，就看见一个接一个的山头不断地在眼前冒出来，真有一种"按下葫芦浮起瓢"的感觉。好在天气还不错！翻啊翻啊，那支美国队伍又落到了我们后面，我们终于率先翻过了所有的坡，到了一片开阔地。

这里还不是麦峰著名的"足球场"，不过已经可以看见顶峰了。

到这里大家都很累了，休息时，啫喱在大风中从容地拿出个口袋众目睽睽之下拉起屎来。我们就在一旁泰然自若地吃东西。说起来好像是相声里的段子，不过在山上是不会有人计较这点小事的。这时美国队伍的前组也到了，经过时和正在拉屎的啫喱挥手算是打招呼。

再往前翻过一个坡就是"足球场"了，他们队打算在那儿休息，因为那儿相对低洼，风也小一点。啫喱拉屎结束，我们也休息好了，翻过坡，真正见到了传说中的麦峰"足球场"。

到了足球场，麦金利的顶峰就真的在眼前了。

走过这条漫长陡峭、仿佛直通天际的山脊，前方就是顶峰。

"足球场"大约在海拔5900米左右，距离近在眼前的顶峰还有300米的高差。

我一看这矗立在面前的直坡，就有些傻眼，尽管之前有充分的思想准备，知道这是一段非常险的山脊横切线路，但还是没想到它竟然有那么高，那么陡。

我们刚奋力地翻上山脊，大风立刻就扑面而来，就听着前面的啫喱突然发出一声歇斯底里的大吼。

我们赶紧跟上去一看，原来是一条很长的山脊纵向地出现在我们眼前，陡峭而漫长直上天际。好像把天地都分成了两边。我们必须沿着这山脊直至那天空中的最高点——顶峰。

而且是在这几乎能把人吹飞的大风中！

难怪刚才啫喱会有那一声大吼。能不吼吗？不管是因为疲惫，因为惊险，还是刺激，还是兴奋，都让人觉得按捺不住的是一种要失控的情绪，感觉自己要疯了！

真的是巨大的风，这道山脊最窄处，只有一个人的脚长，在大风中，必须保持好身体的平衡，手里虽然提着冰镐，其实根本没处可扎，像在走平衡木一样，这时候不能走在雪檐的太顶端，因为还要担心塌方，掉下去可是万丈深渊，而恰恰是最艰险的这段路，却大多没有保护点，真的就靠三人结组的相互保护了。

这原本是我最担心的一段，没想到在筋疲力尽的最后关头，我却表现极佳，始终没往两边看，甚至也没看面前一米之外的地方，就这样，小心翼翼极其专注地走了两个小时，终于，顶峰就在面前了。

在顶峰，大家的表现各异其趣，次落是"耶！"阿贵是"看我飞！"我是"准备起飞……"队长是"我先睡一会儿，下撤的时候叫我……"

没有一点悬念，四周的山峰白云都在脚下，没有比此处更高的地方了。

我稳稳地踏在了麦金利的顶峰上。

天空晴好，峰顶的标志物是一根铁杆和一根刻着字的钢钉，在阳光下清晰如刻。我们站在顶峰，喏喱忽然兴奋地从背包中掏出他的一路背上来的Mini吉他，在大风中开始弹唱，真服了他这性格，这一路上都背着那吉他，就为了这一刻。

而我们就站在顶峰的阳光下、大风中，静静地听着他的歌声，仿佛可以穿透天宇。

在顶峰呆了20多分钟，美国队陆续上来了，然后我们下撤。因为山脊很窄，很多地方交汇都会是件难事。

我最怕的就是下大坡，膝盖不行，技术也不如人，因为始终是结组，前面的人一快，我就在后面大叫"等一等我"。后来喏喱和次落让我不走原路，而是踏着新雪下来，这才避免了深一脚浅一脚的状态，好不容易折腾下来了。

今天我一路上都极其专注，除了走路没想过任何别的，当然也从未想过要退缩。

但下了这大坡，快走到足球场时，我开始放松了，我忽然失声痛哭起来，走在大风中，前后的人都听不到我的声音，只有自己知道，只有自己的眼泪，毫无顾忌吧嗒吧嗒地落在了雪镜中。

是悲喜交集？是喜极而泣？是委屈？是欣喜？我不知道……我也觉得没有必要去深究自己究竟是怎样一种情绪，只是觉得痛快淋漓！这一刻，在天地之间，我终于彻彻底底、无比忠实地做回了自己，忠于自己！

说要来麦峰已是三年了，总有各种原因而没来成。这次终于来了，之前和之后却又体会了那么多的烦难。现在，登顶成功下撤的时候，我实在感觉无法控制也没有必要控制自己的情绪了，就这么很放松地边走边大声地哭着。或者并不仅仅是为了这次登顶，也许还有许许多多其他的事情，生活中的，生命里的，各种感情，各种思绪，此刻走马灯似地一下子都涌进了我身体里。这么些年过来，关于爱，关于责任，关于选择，无所谓对错，无所谓悲喜，一切都是我自己的选择，是我自己的路，在这本应该是最放松的时候，就让我的眼泪痛痛快快地落下来吧。

我不后悔，从来不后悔，永远不后悔。所有我自己选择的路，我都会好好地走下去！

终于走到了"足球场"的中央，大家休息，这才发现我哭了，纷纷走过来拍一下我的肩膀，这时大家都是笑着的，因为是如此同舟共济、肝胆相照的好兄弟，他们都知道这时候的我其实并不需要安慰。

而且，在大风中把雪镜一摘，我也不可能再哭了，这里的环境太恶劣，眼泪立刻就冻成冰渣子了，眨眼都困难，不过反正我也哭够了。

再往下依旧是险象环生的横切路线，回营地的最后一段坡我真快累得趴下了，除了能感觉到膝关节的每一步的刺痛，其他似乎什么感觉也没了。

回到帐篷是晚上10点多，我们用了12小时15分钟，走完来回的全程。

很幸运！

无论是天气还是队伍！

我终于成功登顶了"7+2"的最后一座山峰！

从麦金利登顶后下撤的过程，是出人意料的艰苦卓绝。

下降到3号营地的时候，我左腿膑骨疼得晚上都睡不着觉了。王队看我这个情况，说联系一下看是不是让飞机来接我。虽然有点"晚节不保"，但这个情况下，"晚节不保"我也认了。

结果对方一听都笑了，说哪有走到3号营地还坐直升飞机的，都是吃个镇痛片坚持走下去，还说这种情况太多了。

最后，我们在3号营地休整了一个白天，到了下午5点才开始继续往下走，还盘算着正好在夜里通过1号营地和大本营之间的冰裂缝区，避开了白天的暴晒，正是冰被冻得最坚硬的时段，会容易通过些。

没想到就是这冰裂缝区，可把我们害苦了。

回想我们进来时，也是在凌晨通过冰裂缝区，但那次没有什么感觉。没想到在山里过了半个月，天气越来越暖，我们出发的时候又早了点，暗夜里走着走着，结组走在队首那么大个子的喏喱忽然就不见了，原来掉冰裂缝里了，还是次落赶上去把他拉了上来。

从这时开始，我们全队就无人幸免，大家不停地踩空，摔倒，此起彼伏、"前赴后继"，好在是结组，一个人掉下去了，后面的人赶紧向后倒下，拉住。要是拖车掉下去了，大家就一起往上拉。

越往下走，裂缝越多，大家心里越慌张，不知什么时候才能走出去。我走在队尾，好处是体重和负重都最轻，但坏处是往往一个原本的暗裂缝，经过大家前面的踩踏、振动，到我通过时就塌陷裂开了。

还有很多暗裂缝和雪桥我们是小心地爬行通过的，大家都太紧张了，有时爬过宽度1米的暗裂缝，前面的队友几乎都爬出了3米远，还在紧张兮兮地问后面的人："我爬过了没有？"

天色是暗的，前面的山上不时传来冰崩、雪崩、岩石开裂、石头滚落的声音。走着走着，我开始出现幻听，总仿佛听到人类的男人女人的嚎叫声，却不知从什么方向传来的，又到底是什么东西发出的。我在队尾，又总是感觉到背后有只巨大的冰川怪兽在瞪着红色的眼睛，悄悄地尾随着我们的队伍，随时就会扑上来。

加上我使的是双杖，经常有向下戳空的感觉，也不知底下是什么样的万丈深渊，越戳越害怕，好容易通过了一个，下一个裂缝又在张嘴等着……真的，当人很渺小无助地置身于这么偌大的一片冰川中的时候，才觉出在大自然面前人是多么的卑微。

夜色中穿过冰裂缝区，险象环生，差点把我们走崩溃了。

　　经过两个小时的奋战，我们终于走到了一处比较坚硬的地方，喏喱彻底走不动了。也真是难为他了，一个从来没有登过这山、新鲜出炉的、崭新的向导，要在这么惊险的情况下，在前面开路，我们感觉他快要崩溃了，最后一段他已经明显的成了"惊弓之鸟"。终于休息下来后，因为是冰裂缝区，整个队伍是结组的，休息时彼此都不能靠近，所有的人这会儿都长长地出了一口气，总算是通过了，看看表，两个小时，不由得一片唏嘘感叹。

　　再出发时，刚走没几步，喏喱居然又掉下去了！

　　更恐怖的事儿发生了，我们这才发现进入了一片布满了明暗裂缝的区域，而且波涛的声音从空空的脚下汹涌地传上来。天哪，我们的脚下有一条大河！

　　一向不怎么说话的阿贵声调都变了，大声地喊道："快快！快！赶紧通过呀！"

　　又是四十多分钟的惊慌挣扎，我们用了足足2小时40分钟，才通过了这片恐怖的区域。

　　没想到，这还没完呢！

　　从冰川走出来，缓缓地、不知不觉地，我们开始上一个缓坡，这是到达营地前的最后一个坡了，它有一个名字，叫作"破碎的心"。

　　真的是太形象了！

　　登顶回来的队伍走到这里，几乎都已经是筋疲力尽了，再遇到这种缓缓的要上100米高巨长无比的大缓坡，真的是心都碎了！

这时，天上开始飘雪。啊呀！真险，幸亏刚才在冰裂缝区里没有遇到这种"白毛天气"！刚才那三个小时，要是再赶上这天气，我们肯定就被困在里面了，真是太危险了！

所以这时看着渐亮的天空，还有天上开始飘落的雪，我们感到的却是一种无比的欣慰。我们终于是真的安全了！

回到大本营，我们不由分说地支起帐篷大睡了一觉，不知多长时间等到了来接我们的两架飞机。

我被飞行员老爷爷安排坐在驾驶副座上，看上去很老的老爷爷很认真的向我们演示安全须知，不厌其烦的样子让我觉得他很值得信赖。

飞机的轮子被滑雪板取代，在雪面上，飞机很短滑行之后，就拉升起来冲入云雾中。沿着山谷，蜿蜒向前，两峡都是山的石壁，似乎伸手可及。

小飞机只坐着我、王队、次落三人，整体感觉又轻又薄又破又小，外面就是那么近的山，我们似乎从一个山谷飞出来，又进入另一个山谷，雾气一阵一阵的扑面而来，有一段时间什么也看不见。迷雾中，老爷爷还是那么从容那么无所谓的样子，让我很放心。

飞机在浓密的乌云层下，在山体间超低空地飞行着。我望着眼前大片的雨雪落在前窗玻璃上，然后立刻变成细小的水珠向后散去，这才知道，哦，原来飞机是不需要雨刮器的。

盯着这些细小的水珠，看着看着，我就走神了，忽然百感交集。天啊，就像做梦似的十五天，攀登、登顶、下撤，刚才在梦中还挣扎在冰川裂缝中，这会儿忽然就已经在这架小飞机里，冲出山谷，飞向人间了。

我忽然意识到要回到人间了，脑子里像过电影似的，孩子、家人、朋友……模模糊糊地想着，要是他们在这里就好了，就在此刻，和我一起，似乎张开胳膊就能立刻变成翅膀，和这架小飞机合为一体。

经历过了那样十五天，此刻，我真的有一种飞翔的感觉。

是的，这样的壮举也许对我来说不会再有了。

但是，每一刻的生命都是那么的不同，那么有意义，我们要好好地活着，要好好地活着啊！

而这一切，不经历，又怎么懂得！

风雨啊彩虹啊，感动得我不住地落泪，忽然间我深刻地意识到自己就是注定活在这大悲大喜的人生里的！

我不停地拿起相机，拼命地想记录下眼前的一切，好像这样就能记录下此刻的心情。

雪雾茫茫冰山大川之后，我终于看到了一小片野生苔藓。然后随着相机快门的按下，绿色越来越多，我们飞越了无数冰川、山谷，我们飞出来了！眼前满是树、平原，还有曲折蜿蜒的溪流、湖泊。

啊，这山真的是太大了！

这个世界，真是太伟大了！

谨以此书，献给我的父母、孩子、家人、和我所爱的人们……

献给所有那些曾陪伴我走过"7+2"历程的队友们……

献给所有在我完成"7+2"的过程中，注视我、倾听我、鼓励我的朋友们……

献给我经历的每一座山峰、每一个极点、每一处奇迹之地……

献给这充满喜悦、庄严与奇迹的伟大的世界！

在麦峰脚下的小镇塔肯那，惊喜地遇到了我们在南极和文森峰的向导托德。（从左到右）次落、我、托德、王队。

飞往麦峰大本营的飞机上，眺望麦峰。

小飞机降落在麦峰大本营的雪地跑道上。

这条陡峭的山脊连接着5号营地和顶峰。

途中休息的时候，我很注意补充水分和能量。

我们在4号营地等了四天，主向导飞儿因为严重高反下撤了，和向导公司沟通后，我们和啫喱继续向上。

走过一段艰苦的大坡横切向上路线，到达通向顶峰的垭口。

攀登麦金利

飞儿（左）和啫喱（右）带着小吉他，在营地自弹自唱，歌声很好听。

麦峰不愧是技术型山峰，处处都是陡坡、山脊，越往上走，越是"步步惊心"。

五号营地，远处的痕迹是通向麦金利山口的路线。

五号营地看到的浩瀚云海。

冲顶途中，一个接一个的山头不断地在眼前冒出来，好在天气还不错。

我在北美洲的最高峰！我的"7+2"之旅，终于在这里完成！我身边的铁钉是麦峰顶峰的标志。

顶峰横切的特写。

通向顶峰的漫长的山脊，最窄处只有一个人的脚长，大风扑面而来，几乎要把人吹走。

在顶峰，喏喱掏出了他的小吉他，在大风中开始弹唱，我们静静地听着他的歌声，仿佛可以穿透天宇。

登顶麦金利

穿越冰裂缝区，我们筋疲力尽地回到了麦峰大本营。

就是这又轻又薄又小又破的飞机，接我们从麦峰返回。

在飞机上看到的冰川区。

穿过冰雪、穿过迷雾、冲出山谷，我们的飞机飞向"人间"。

后　记

　　今天周四，上午依约照例去牙医诊所看牙，因为每次几乎都被戴了开口器，所以几乎没法说话，只能微闭着眼盖著毛毯，听许智大夫慢声细语地和我聊着各种好玩，从童年往事、医患趣闻、北京交通、美食营养甚至到最近的PM2.5……而我的回应总是被迫大张着口加上可能配合的各种夸张眼神以及表情，因此，我们竟然也聊得很起劲，这些人，那些事，仿佛我最近在读的吴念真的那本书，生活原本其实就是这些，所以，我总是任由她抱着我的脑袋，又磨又钻，一上午，很快就过去了，我如果要是说我总是很享受她的那牙医治疗椅，大家一定以为我这人很变态，但这真是我这一年来在北京这样的都市里很少的几项享受之一，这是真话。

　　今天躺下，刚打过麻醉，就听她在说记得去年这个时候我如何怎样来着，我于是惊奇地问她："怎么？都一年了吗？"我这才意识到我这都市享受断断续续都一年多了，于是这便成了我们今天的话题，也就有了下文。

　　是了，去年的六月份登完了我"7＋2"的最后一座山峰北美的麦金利，很英雄地回到北京，于是，好多媒体蜂拥而至，那一段时间里，几乎天天都是这些山，天天都在回答着各路人等的几乎同样的各种问题，仿佛依然在山里那般亢奋着，当然，我内心的确也觉得自己很了不起，六年的时间，成就自己一个伟大梦想，感动自己那是真实的。记得被问得最多的一句话是："完成'7＋2'后，你的下一个目标是什么？"，是啊，连我自己一直以来都觉得自己应该是一个目标接着一个目标，一个梦想连着一个梦想的那种人，但是当时面对这个问题，老实说，脑子里真是一片空白，只是知道自己很累、很困、很想坐下，快绷不住，要生大病的感觉，于是我脱口而出的就该是自己的真实心愿了，我对大家说："我想无所事事一段时间"。这个需求很切实，大家也很好接受，因为这至少可以被理解为一种积极的休息、调整、再次出发前的准备？但事情其实并非如此。

过去的六年里，我几乎是无意中，但拼尽全力去做了这么一件于我而言肯定是伟大的事儿，因为想想，自己从小虽然淘气，但体育从来都没及格过，当然啦，我那时所处的环境也没什么像样的体育课，按排球女将杨希的话说，我从小就是个没有受过体育教育的人，而我后来竟然能登山，而且登了那么多

山，甚至还登成了国家级运动健将，我那没读过多少书的妈妈怎么都不能明白，在她的眼里我一直是个瘦弱但疯狂的人。其实我也经常自省，对自己说，你身体不够强壮，技术也不见得好，要去实现这样一个梦想，你有什么优势？于是我首先对自己说我高山适应比一般人好，然后呢？剩下的就是自己有不输给任何人的执著向上精神和顽强的意志力了。

于是，那两千多个日日夜夜，对自己的严格要求，真的是从无懈怠，刻苦的训练，记得状态最好的那段日子，我举杠铃深蹲能负重65公斤，卧推能推起40公斤，我的体重才是54公斤呀。

那段日子真是很骄傲，没有走路的时候，出门就是跑，永远穿着运动鞋。

自从去年完成那艰难的最后一座山峰麦金利的攀登后，我的体重一下子掉了5

公斤，至今没长回来，仿佛"我想无所事事一段时间"这句话话音刚落我就病倒了，这些年真是消耗太大，但我以为值得，谁让你说追求的就是怒放的生命呢？所以，是幸福地病倒了，我记得一连睡了很长时间，头些日子里，我白天黑夜地睡，我知道自己透支太多，睡得心安理得。

是啊，所以，我的"7＋2"，我的这个梦想的实现，是我经常在早晨醒来时都会令自己感动落泪的事情，上天是公平的。六年里，九个目标，2000多个日日夜夜，同时还得认真扮演好其他自己的各种角色，工作、生活、家、孩子，伴随这六年里，人生中该发生的一切都如常发生着，但我知道，任何事我从未退缩过，我是个执著的人，欣慰的是家人和渐渐长大的孩子们都能理解我，记得攀登最后一座山——北美洲最高峰麦金利之前，我的状态始终没有调整好，所以有一天，和两个儿子聊天，我总是爱对这两个小男子汉撒娇，于是我说我不想去了，小儿子牧远立马的反应却是很认真地说："那怎么行？妈妈，完成'7＋2'那是你的使命。"当时，我真的很幸福，因为身边最爱的人懂我。

再说这一年的所谓的无所事事的日子吧，其实我一直是个喜欢自然、自在却又习惯了紧张生活，状态矛盾的人，我总是同时有很多事情，面前总是会有目标，按说登山只是其中的一项，可事实是一旦不再登山，我的感觉却是自己像失业了似的，这一年，每天上班、回家、时不常的出门旅行，原本很正常的都市人的生活，却真让我体会到了什么叫无所事事，原本以为这也会是一种享受，结果真实的感觉却是闷得心里发慌，怎么都无所适从，于是这一年终于让我知道了登山其实于我的生活乃至生命是何等的重要了。

直到今年暑期，我和儿子们去了一趟西藏阿里，忙我们的苹果基金会的藏医学院、经书保护，他们正好也去做慈善环山赛、苹果小学的义工，我们一起转山拣垃圾，平均海拔4700米，重新回到山上回到阿里的感觉真好，工作结束后，我们经拉萨，又去了北面，陪他俩到了启孜峰的大本营，也就是海拔4300米的羊八井噶洛尼姑寺，启孜峰海拔6206米，我因为多年来的腰伤、膝伤而当然地留守大本营，目送他们出发，一直挥手到彼此看不见，第二天又目光迎到他们的身影，在远处的山脊上，他们今年一个16岁、一个14岁，能够那么快速地登顶，并安全地撤回，令我真的是很欣慰，尽管我并不真正希望有一天听到他们中的任何一位对我说"妈妈，我要去登珠峰、麦金利。"之类的话，但我真的又很得意他们能有和我一样的爱好，这是另外一种享受。

　　我于是在想，也许未来我的身体条件不再允许我做大的攀登了，但我至少可以，哪怕60、70岁，因为苹果基金会在西藏，而西藏又有世界上最多的山，我仍有机会像这次这样，享受着大本营的酥油茶、看着漫天的乌鸦、耳边是寺庙里的诵经声，就像这么多年来，在地球的各个角落，很多大本营里看到的各国的老头老太志愿者一样，在送走了年轻的攀登者们后，忙完手里的活，坐下来，面朝山的方向，阳光下寒冷中，喝杯热的咖啡，聊着彼此的过往，他们曾经也是登山者，就因为永远爱山，所以汇聚在山里。这是我向往的老年生活，仍然和山在一起，做点力所能及的事儿，为的是在山里享受那自然、自在以及那自由的呼吸。

2011年12月15日

北极
2005年4月

北美洲最高峰
麦金利峰
海拔：6193米
2010年7月

南美洲最高峰
阿空加瓜峰
海拔：6962米
2009年1月

南极洲最高峰
文森峰
海拔：4897米
2005年12月

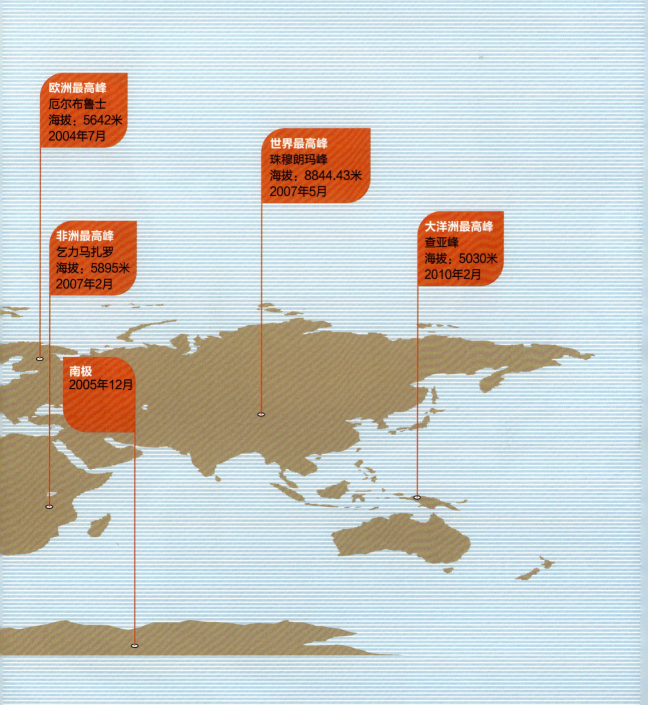

欧洲最高峰
厄尔布鲁士
海拔：5642米
2004年7月

世界最高峰
珠穆朗玛峰
海拔：8844.43米
2007年5月

大洋洲最高峰
查亚峰
海拔：5030米
2010年2月

非洲最高峰
乞力马扎罗
海拔：5895米
2007年2月

南极
2005年12月

附 录

苹果基金会：
在高原播种幸福

本书所有版税收入，都将捐献给苹果基金会。

西藏阿里，一片托起苍穹、绵延群山、收纳艰险、坚守荒凉的土地，平均海拔超过4500米，喜马拉雅山脉、冈底斯山脉、昆仑山脉和喀喇昆仑山脉在这里汇聚，被称为"千山之巅"、"万川之源"、"世界屋脊的屋脊"、"高原上的高原"。它距离拉萨还有1600公里，面积将近34万平方公里，人口却仅有8万，一半以上都是无人区，条件艰苦、气候恶劣，年均气温零度以下，大风日超过200天，农作物基本不能生长，雪崩、泥石流时有发生……然而，就在这样一片广袤、壮美而又苍凉、贫瘠的土地上，一个基金会，一群人，整整九年的时间，用爱心、热情、勇气、坚守、韧性，在这里默默地付出、默默地耕耘，播种着希望，播种着幸福。

风过高原，"苹果"的诞生

2003年，当时已经成功穿越了南极的王秋杨，独自驾车从北京出发，进行西藏教育原生态考察，经青海湖、唐古拉山口、可可西里、希夏邦马……经历了数十天风餐露宿后，进入到海拔最高、环境最为恶劣的西藏阿里地区。在这里，她发现在户外探险的过程中，除了长河落日、大漠孤烟外，自己还可以完成更大的梦想，甚至帮助更多人完成梦想。

当她到达海拔4700米的塔尔钦时，看到当地自然环境恶劣——寒冷、贫瘠，藏区的学校没有窗子，缺少桌椅板凳，甚至没有黑板，而孩子们却拥有无比渴望知识的眼神……已经是两个孩子母亲的王秋杨停下了脚步。

从此，阿里多了一群忙于播种幸福的人，多了一个苹果基金会。

从2003年至今的9年多时间里，苹果基金会的"苹果教育工程"和"苹果赤脚医生工程"两大公益慈善项目体系为阿里的农牧民和孩子们培养医生，修建学校，一点一滴地传递关爱并分享幸福，收获着让人无比欣喜的感动。担任苹果基金会理事长的王秋杨，更是把阿里当做了自己心灵上的另一个故乡。每年，不管多么忙碌，她都至少去一趟阿里，去看看苹果基金会在阿里的工作成果，去看看阿里的孩子们。

孩子们的未来最重要

在西藏阿里，教育不仅仅是让孩子们获得书本的知识，更是为孩子们打开一扇认识外面世界的窗口。

西藏阿里地区天高路远，8万农牧民分散居住在34万平方公里土地上的7个县134个村落中。在这样一个平均每4平方公里才居住一个人的地方，从孩子们纯净、透彻的眼睛中，可以深刻地感受到他们对知识的无限渴望与好奇，每个去过阿里的人无一不被这种感受震撼。

王秋杨女士第一次进藏与牧区的孩子们在一起。

苹果基金会为达巴苹果小学的学生捐献文具。

西藏阿里苹果图书室挂牌。

一年级的学生在等待体检。

送药下乡到西藏阿里普兰县科迦村。

接受过苹果基金会培训的接生员拿到了发放的制服和医药背囊等装备。

抱着药箱的人是革吉县古昌村的村长，笑得很灿烂。

苹果赤脚医生曲珠在为病人诊断病情。

在阿里，由于环境所限，对于这些孩子们来说，升学率并不是教育发展的重点，"知识改变命运"，在这里，有着完全不同的诠释。

因此，苹果基金会做的就是尽己所能地为当地的孩子们创造条件，让他们能全面发展。

2003年9月，首所苹果小学在西藏阿里普兰县巴嘎乡塔尔钦破土动工，并于2005年9月交付使用。随后苹果基金会又在札达县达巴乡和曲松乡楚鲁松杰捐建了两所苹果小学，并援助了普兰中学。

在这几所苹果小学建设过程中，基金会从最初的基础建设援助到现在的全面扶持，基金会在苹果学校的建设上把让孩子全面发展的因素考虑进去，除了必备的桌椅、操场、宿舍、图书馆等学习设施外，还有齐全的文体设施，健身器材等。现在，塔尔钦苹果小学已经是阿里面向牧区的设施最完备、硬件水平最高的全日制六年完全小学了。

为了确保项目的有效开展，基金会还会定期对项目的进展进行调研、回访。根据苹果基金会近几年的跟踪数据，发现阿里每100个孩子中只有13个最后上了大专或者大学，余下的87个孩子只停留在了初、高中教育阶段。因此，在阿里，职业教育刻不容缓——让这些年轻的孩子们拥有一技之长，让他们可以更好地融入到工作和社会中去。

2010年，坚持着从基层牧区小学开始建起的苹果基金会，在对当地职业教育情况深入研究考察后，投入2000余万元全面支持阿里冈底斯藏医学院的发展。

冈底斯藏医学院，将那些具有一定文化水平，但没有深造而是进入社会的年轻人们送入职业院校，通过职业教育培养，传承传统藏医技术和文化。对这些孩子来说，有了工作就有了基本的生活保障，就会有安定的家和幸福的生活，这是一个人社会生活的健康成长轨迹。人们观念的转变需要良性刺激，这种良性刺激则需要社会为他们提供机会，所以苹果基金会在阿里的教育不是大包大揽，而是通过创造条件和提供机会，让那里的孩子自立自强，实现自我价值。

冈底斯藏医学院的毕业生们将被基层乡村医务单位吸纳，于个人来说，他们有了安稳有保障的生活，于当地社会来说，这些当地培养出来的医生无论在语言还是环境上都没有障碍，他们拥有自己造血的能力。

苹果赤脚医生——基层的救命人

阿里的基层医疗也是苹果基金会关注的重点之一。王秋杨第一次去阿里，就把一箱随身携带的药品全部发放了出去，看到藏民们信赖和渴望的眼神，她一个劲儿地自责，"怎么不多带一点？！"。

这最初的，最简单甚至有些"无序"的付出，却催生出了苹果基金会另一个扎扎实实

阿里军分区的车辆在为苹果基金会运送物资。

苹果赤脚医生正在接受培训

每年一次的"冈仁波齐公益环山赛"倡导身体力行的高原环保。

爱护神山圣湖
带走废旧电池
Prevention of Cruelty to Kailash Mansarovar Yatra
Away used batteries

收集点：塔尔钦苹果小学
Collection points: Taer Qin apple Primary School

苹果基金会 Apple Foundation
普兰县路政所 Champlain County

规划和构建神山圣湖垃圾回收体系

海拔4700米的西藏阿里塔尔钦苹果小学——2005年建成投入使用

的项目——"苹果赤脚医生工程"。涵盖了从村组医生和接生员培训到雪域流动体检车、乡村医务室、免费赠送医药器械等众多项目。

从2005年至今，苹果基金会在阿里地区捐建了5所村级苹果医务室，同时还全力捐助了10所卫生院。在开展了长达6年的村组医生和接生员培训后，在阿里的7县134个行政村中已经有了261名村组医生和141名接生员。

这6年间，基金会会定期根据当地赤脚医生的流动、缺失等实际情况，从基层挑选、吸收有一定医药常识和文化水平，并且有能力担任基层医疗工作的人员，分批、分阶地进行有针对性的医疗培训，包括高原常见疾病、医药常识、医疗器械使用方法等。同时配备御寒服装、所需医疗器械、医药箱、摩托车等，让医生们在实际给百姓看病的时候学有所用，方便出诊。学员完成学业后，要进行综合考试评估，对合格者由地区卫生局统一颁发苹果赤脚医生培训结业证书。

同时，苹果基金会还持续实行免费药品发放项目，从北京出发，一路翻越喀喇昆仑、喜马拉雅两大山脉，遥遥7200公里，通过一箱箱药品，将首都北京与边陲阿里连在了一起……经过多年的摸索，基金会形成了完整的免费药发放体系：包括药品需求的确定、药品规模的确定、运输和发放的流程、执行和监督的方法。

此外，为了提高新生婴儿的成活率，苹果赤脚医生工程中的接生员培训项目从基础的孕产妇护理开始，营养卫生、产妇注意事项、新生儿保健等，转变孕产妇传统生育观念，提高医疗卫生意识，从而更大地保证母子平安、健康。

冈底斯藏医学院职业教育项目的启动更是将当地教育与职业发展紧密连接，从根本解决阿里地区医药和医疗人才缺乏的困难。

从开始坚持至今，9年过去了，2008年，"苹果赤脚医生工程"荣获国家民政部颁发的"最具影响力慈善项目奖"。国家民政部授予苹果基金会理事长王秋杨 "2008年度十大慈善家"荣誉称号。

现在，如果你在西藏迷了路，只要说自己是苹果基金会的工作人员，藏民们就会非常热情无私地给予帮助。苹果基金会，在藏区甚至已经成为一个符号，一种信任和温暖的象征。

未来，苹果基金会计划将"分享成果，传递幸福"的理念传递给更多人，让更多的人关注西藏，为了历史的传承，为了那一片天蓝水绿，为了每个人心中美好的家园。

图书在版编目(CIP)数据

自由呼吸：王秋杨"7+2"探险全纪录 / 王秋杨著. ——桂林： 漓江出版社，
2012.9（2017.10重印）
ISBN 978-7-5407-5530-0
Ⅰ.①自… Ⅱ.①王… Ⅲ.①游记－世界 Ⅳ.①K919
中国版本图书馆CIP数据核字(2011)第268770号

自由呼吸：王秋杨"7+2"探险全纪录

作　　　者	王秋杨
策划统筹	符红霞
责任编辑	符红霞　王欣宇
责任监印	周　萍

出 版 人：刘迪才
出版发行：漓江出版社
社　　址：广西桂林市南环路22号
邮　　编：541002
发行电话：0773-2583322　　　010-85893190
传　　真：0773-2582200　　　010-85893190-814
电子信箱：ljcbs@163.com
网　　址：http://www.Lijiangbook.com
印　　制：北京汇瑞嘉合文化发展有限公司
开　　本：965×1270　　1/16
印　　张：20
字　　数：100千字
版　　次：2012年9月第1版
印　　次：2017年10月第4次印刷
书　　号：ISBN 978-7-5407-5530-0
定　　价：50.00元